東アジア都市の居住と生活

福祉実践の現場から

全 泓奎 編著

東信堂

はじめに

　アジアの国や地域では、共通して産業社会の再編に伴う労働市場のフレキシビリティの増加、男性稼得層を中心とした家族モデルの崩壊や可処分所得の世代間のギャップの拡大、若年層を中心に安定した雇用市場へのアクセスが困難な状況の拡大等の問題を抱えている。これらの新たな社会問題の中には、世代間・ジェンダー間の格差に加え、エスニシティに対する差別も指摘されている。90年代以降に本格化した格差問題に対し、政府をはじめ民間でもその対応が急がれ、欧米社会では1970年代以降、経済危機に伴う財政逼迫による福祉国家の撤退にかんする議論が相次ぐ中、社会統合の崩壊が憂慮され始めると同時に、社会的排除へ政策的な関心が強まるようになった。社会的排除とは、貨幣主義的な貧困アプローチではなく、多次元的なメカニズム（関係性）による貧困化の「プロセス」、つまり「プロセスとしての貧困」に注目したアプローチである。これは、EUなど西欧社会の新たな社会統合システムの構築という政策的関心から始まったものだが、いまや全世界で政府・非政府、そして国際機関を問わず幅広く議論されている。一例として、日本を始め韓国や台湾等の東アジアの都市では、社会的排除は土地や住宅等の資産、所得や雇用機会、教育や健康等のような社会サービスへのアクセスからの排除という側面から説明されている。それらの国や地域に共通する点は、経済成長を中心とした政府の強いリーダーシップによって、社会政策や都市政策が経済政策に従属された形で、非常に残余的なシステムとしてしか存在していなかった経験を共有している。そして、社会サービスへのアクセスから排除されている生活困窮者が様々な形で都市空間の中に散在している。ほとんどの場合、彼ら彼女らは特定地域に集中しており、都市の経済発展から取り残されたまま既成市街地やインナーエリアに「社会的不利地域」が作られている。都市や社会問題に対する政府のアプローチや制度に相違が

あるにせよ、社会的排除の出現が都市住民の生活空間を侵食し、脆弱な都市空間の拡大に結び付く背景となっており、その対応に注目が集まっている。一方、アジア都市において、資本や人口移動に伴う社会的排除は「域」を超えて他の都市への移転が加速化していることも近年目立って見受けられるようになっている。

本書は、編者が研究代表を務め実施してきた、二つの研究プロジェクトによる共同研究の成果を集めたものである。

その一つは、日本学術振興会科学研究費基盤研究(B)(海外学術調査)で、研究課題名は、「東アジア都市における包摂型居住福祉実践に関する研究(研究期間：2016〜2019年度)」である。そしてもう一つは、2017年度採択の公益財団法人トヨタ財団国際助成プログラム(企画タイトル：「東アジア包摂都市ネットワークの構築：引き裂かれた都市から包摂型都市へ」、研究期間：2018年11月〜2019年10月)である。

両プロジェクト共に、対象とする地域は東アジアで、それは日本をはじめ、韓国、台湾、香港(特別行政地域)、中国が含まれている。東アジアのカバー範囲は諸説あるが、本書では共同研究者の研究領域等によって設定した上記の地域・国を対象として取り上げた。その主たる理由は、先述の通り、それらの地域や国が類似した社会経済的な発展プロセスを経験する中で、生産主義的な福祉制度や実践経験を共有してきたためである。しかし本書はそれぞれの経済発展や開発手法に関心を持っているわけではなく、それらの地域や国における、居住と生活に着目し、そこからしたたかに生み出された福祉実践に焦点を当てることにした。

そのため、上記の二つのプロジェクトによる資金支援を得て、とりわけ居住と生活、そしてそこから派生した問題の解決にかかわる福祉実践に関心を向け、国際共同による実地調査を行う形で研究分担者や協力者との共同研究を進めてきた。

これまで4年間にわたる共同研究を通じて、東アジア各地に出向いて現地の生活や居住にかかわる実態や課題を調べ、それらの問題を解決していくための支援実践にかんする各地の取組みについて分担して調査を進めた。帰

はじめに　iii

国後は調査内容の整理や研究報告会を行うなかで知見の共有や実践への還元の機会を模索した。

　本書は、東アジアの各都市にかかわる現状や実践の報告を中心とした部構成に分けられている。移住労働者の居住地や高齢者等が集住する既成市街地の団地、世代間の格差に悩まされより積極的な支援に向けて国より自治体の方が先行した形で施策を実施している新たな実験、社会的企業等のようないわゆる社会的経済組織が創り出す新たな社会システムの可能性、貧困運動の経験を活かして中心市街地内の社会的不利地域への地域福祉実践の支援に乗り出している経験、不利地域のなかで学齢期の子どもの学習支援をはじめとした総合的な支援を制度・非制度の間隙を埋め合わせながら行っている取組み、移住者としての生存戦略を講じるための自助組織の試みのみならず、移住者としてホスト社会の一員としてのアイデンティティを確保していくための実践、典型的な社会的不利地域でもある都市部の被差別部落における新たなコミュニティ開発の実験、ホームレス問題への伝統的な支援実践とは異なる新たな支援手法としての農福連携という挑戦的な実験の経験的ナラティブ、エスニシティにかかわるある自治体の行政実践や民間支援とのコラボレーション、そしてエスニックコミュニティを取り巻く地域空間の再編の中での人権保障や多文化間共生の課題等が各章で取り上げられた。ここに各都市の特徴的な居住と生活問題にかんする実践事例をコラムという形で加えている。東京で行われているハウジングファーストというホームレス支援の取り組み、韓国の代表的な住宅公企業による公的支援の実践やソウル市のホームレス問題や支援実践、青年手当ての実験、そして出所者支援、そして大阪の社会的不動産業の実践事例の紹介がそれである。

　本書で取り上げられた地域や実践はごく限られた例ではあるものの、本書が読者の皆さんにとって、東アジアの地域研究への関心を広げる一助となることを期待したい。

目次／東アジア都市の居住と生活：福祉実践の現場から

はじめに　i

第1章　生産主義から社会開発アプローチへ……………………全　泓奎　3
　　　──東アジア社会的不利地域における社会開発型地域再生論の試み
　1　生産主義的福祉資本主義国における社会開発実践　3
　2　地域と社会的排除　5
　3　包摂的な地域再生に向けた社会開発戦略　8
　4　東アジア各地における参加型社会開発実践の展開　10
　5　今後の課題と展望──排除に抗するための社会開発アプローチによる地域再生の実践に向けて　18
　　注　19
　　参考文献　20
　　さらに勉強したい人のための文献案内　21

　コラム：東アジア福祉資本主義の類型化は可能か？……箱田　徹　22

第2章　東アジア先進大都市におけるサービスハブの
　　　　形成過程や重要性 ………………コルナトウスキ ヒェラルド　27
　　　──シンガポールと香港を事例に
　1　サービスハブ論をめぐって　27
　2　サービスハブ地域内の住宅市場と空間的なコンテクストへの着目　29
　3　方法論　30
　4　香港とシンガポールにおけるサービスハブ　31
　5　今後の課題と展望　42
　　注　43
　　参考文献　43
　　さらに勉強したい人のための文献案内　44

第3章　台北市における社会的弱者が集住する整建住宅団地の
　　　　更新に伴う居住支援について ……………………蕭　閎偉　46
　　　──台北市斯文里三期整建住宅を事例として

1　台北市における整建住宅の歴史と現状　46
2　台北市による社会的弱者向けの整建住宅における都市更新　53
3　斯文里三期における更新事業中の従前居住者への支援　57
4　今後の課題と展望　60
　注　61
　参考文献　62
　さらに勉強したい人のための文献案内　63

第4章　「不安定居住者」に対する居住支援……………………中山　徹　64
　　　――台北市を事例として
1　台湾における遊民支援策の枠組みと実態　64
2　台北市における遊民支援施策　69
3　民間支援団体による遊民支援と展開　73
　注　77
　参考文献　77
　さらに勉強したい人のための文献案内　78

第5章　分断の中国都市社会と空間的排除……………………閻　和平　79
1　戸籍制度と外来人口　79
2　都市からの排除・城中村　83
3　持家主義と住宅政策　87
4　分断の都市社会と空間的排除　91
5　今後の課題と展望　93
　注　95
　参考文献　95
　さらに勉強したい人のための文献案内　96

第6章　自治体の福祉政策………………………………………阿部昌樹　97
　　　――ソウル特別市青年手当をめぐって
1　自治体の政策実験　97
2　ソウル特別市青年手当の創設および実施　101
3　政策実験としてのソウル特別市青年手当　105
4　今後の課題　110

注　112
　　参考文献　113
　　さらに勉強したい人のための文献案内　113

第 7 章　社会的経済組織が切り拓く新たな社会システムの
　　　　　可能性 ………………………………………………………… 水野有香　115
　　────社会的経済都市を目指すソウル市の事例から
　1　社会的経済とは何か　115
　2　韓国で社会的経済が求められた背景　117
　3　ソウル市における社会的経済の取り組み　122
　4　今後の課題と展望　127
　　注　128
　　参考文献　129
　　さらに勉強したい人のための文献案内　130

第 8 章　地域福祉の新たな地平 ……………………………………… 野村恭代　131
　　────貧困運動を契機としたまちづくり
　1　人口構造の変化と地域福祉　131
　2　東子洞サランバンの活動からみるまちづくり　133
　3　タシソギ総合支援センターの活動と役割　139
　4　今後の課題と展望──地域福祉の新たな地平　143
　　参考文献　144
　　さらに勉強したい人のための文献案内　144

第 9 章　韓国における国際結婚移住女性の生存戦略と実践 … 川本　綾　146
　　────ソウル市と京畿道安山市の結婚移住女性たちによる挑戦
　1　問題の背景　146
　2　結婚移住女性の現在　147
　3　結婚移住女性を対象とした働き場作り　151
　4　今後の課題と展望　162
　　注　164
　　参考文献　164
　　さらに勉強したい人のための文献案内　164

第10章　地域ベースの放課後支援と変遷をどうみるか ……弘田洋二　165

1　社会的ひきこもりについて　165
2　韓国の子どもの支援事例をとおして　168
3　日本の母子支援のグッドプラクティスをとおして　173
4　今後の課題　179
　参考文献　180
　さらに勉強したい人のための文献案内　181

コラム：韓国における住宅公企業「LH」の成果と展望 …林　徳栄　182
コラム：韓国のホームレスと生活困窮層　………………湯山　篤　187
コラム：韓国における若者の貧困とベーシック・インカム　志賀信夫　192
コラム：韓国の矯正・保護と居住支援　………………掛川直之　197

第11章　「農」と「福」は本当に連携できるのか？ ……………綱島洋之　202
　　　　──野宿労働者や若者と一緒に農福連携に取り組んだ経験から

1　脱支援とアクションリサーチのはじまり、そして「農福連携」へ　202
2　若者と高齢野宿者が一緒に農作業した成果　204
3　農作業で求められる技能の特性　210
4　今後の課題と展望　214
　参考文献　216
　さらに勉強したい人のための文献案内　218

第12章　エスニック・マイノリティ「支援」の取組み ………鄭　栄鎭　219
　　　　──大阪府下自治体のケースから

1　八尾市とエスニック・マイノリティ　219
2　教育委員会、公立学校での「支援」の取組み　221
3　八尾市国際交流センターとトッカビの取組み　227
4　今後の課題　232
　注　233

参考文献 234
   さらに勉強したい人のための文献案内 234

第13章　エリア活性化策と人権保障の交錯 ………………… 石川久仁子 235
   ──共に生きるまち東九条の形成と変容
   1　劣悪な住環境をかかえたまち"東九条"の形成 236
   2　共に生きるまち"東九条"の形成 239
   3　共に生きることを支える独自の居住支援実践 241
   4　人権保障としての東九条対策と京都駅前活性化策の交錯 242
   5　崇仁地区への京都市立芸術大学の移転 243
   6　「若者とアート」のモデル地区"東九条"の模索 245
   7　空き地・空き家を活用したゲストハウス及び"民泊"の急増 248
   8　今後の課題と展望 250
      注 252
      参考文献 253
      さらに勉強したい人のための文献案内 253

コラム：東京におけるハウジングファースト型居住支援の実践　杉野衣代 254
コラム：居住支援における社会的不動産業の登場とその実態　水内俊雄 259
コラム：浅香地区におけるまちづくりの新たな展開 ……矢野淳士 264

おわりに 269
索　引 271
執筆者紹介 275

東アジア都市の居住と生活：福祉実践の現場から

第1章

生産主義から社会開発アプローチへ
―― 東アジア社会的不利地域における社会開発型地域再生論の試み

全　泓奎（大阪市立大学都市研究プラザ）

本章の概要

　本章では、生産主義的福祉資本主義国として紹介されてきた、日本、韓国、台湾のそれぞれの社会開発の実践経験を中心に紹介する。最初に東アジア諸国に共有する生産主義的福祉資本主義の特徴について概要を述べ、それぞれの地域で経験してきた社会開発の特徴を述べる。また、本章の基本的な関心が社会的不利を被っているとされる地域にあることから、地域と地域効果との関係について紹介する。既に日本でも1990年代から貧困概念に加え、社会的排除への対応に関心が高まってきた。しかし、そのほとんどが個人や世帯への不利や排除の集中に偏っていたように思われ、筆者はそれらの人々の生活が営まれている地域で、地域効果と関連付けながら社会的排除問題を解決していくことが重要であると、以前より主張してきた（全泓奎 2015）。本章ではまず、そのような地域と社会的不利との関係について簡単に述べたうえで、問題を解決していくための手法として「社会開発論」に着目し、当該概念について紹介する。その概念を切り口に、日本、韓国、台湾の各地域における、地域に根付いた社会開発実践について紹介する。

1　生産主義的福祉資本主義国における社会開発実践

　生産主義アプローチとは、教育等人的資源開発へ重点的に資源を投入する手法で、とりわけ東アジア諸国において特徴ある開発のパラダイムとして取り上げられてきた。西欧型福祉モデルでは、租税による再分配に大きなウェイトが置かれてきたが、東アジアの場合、欧州の福祉国家とは軌を逸する形で人的資本への投資と経済開発による福祉の向上に力を注いできた点が特徴

として挙げられる。これらの議論の柱となっているのが、政府主導による開発戦略である。

東アジアの国々は、西欧福祉国家から区別される共通の特徴をもっている。例えば、儒教という共通の規範を背景にもち、個よりも集団の重視、経済的配慮の優先、公的福祉への抵抗感、つまり福祉の担い手を家族に求めるという意味での家族の重視、そして西欧的アプローチへの嫌悪等である。このような共通の特徴をもつ東アジア諸国の社会政策を包括する概念として、とりわけ日本をはじめ、香港、シンガポール、韓国、台湾について、「生産主義的福祉資本主義（Productivist Welfare Capitalism、以下、PWC）」と論じている研究も注目に値する（Holliday 2000, Mason M. S. Kim 2016=2019）これらの国々では、社会政策が経済成長に圧倒的にまた明示的に従属しており、福祉を向上させる最善のルートとして、「経済第一主義」（economic first）と成長及び完全雇用に力点が置かれている。福祉は経済的目標に従属し、よりいっそうの経済発展を達成するために利用される。つまり、福祉は経済発展を支援するものであって、阻害するものとはみなされない（ホリデイ・ワルディング 2007）。これは、**表1-1**をみればわかるように、政府の財政支出における社会保障関連支出よ

表1-1 東アジアにおける社会経済政策に対する政府支出（1980～2000年代）

	教育				健康			
	80年代	90年代	2000年代	平均	80年代	90年代	2000年代	平均
日本	9.3	15.0	12.4	12.2	13.6	20.6	22.2	18.8
韓国	18.5	17.9	14.9	17.1	1.7	1.1	0.8	1.2
台湾	5.2	9.2	11.5	8.6	1.6	0.6	1.3	1.1
香港	16.4	17.9	20.7	18.3	8.4	11.3	12.4	10.7

	社会保障				経済開発			
	80年代	90年代	2000年代	平均	80年代	90年代	2000年代	平均
日本	18.8	18.6	23.6	20.3	7.4	8.9	9.3	8.5
韓国	7.0	9.6	17.1	11.2	19.3	22.0	21.9	21.1
台湾	15.2	22.3	23.8	20.5	16.7	18.4	19.2	18.1
香港	5.3	7.4	12.4	8.3	22.3	18.6	18.6	19.8

出典：Mason（2016:22）Table2.1を再構成

り、経済開発や教育関連に、より多くの支出を行っていることからも説明できる。

　一方、このようなPWCの制度や具体的な施策展開は、東アジアの各地域において異なった形で枝分かれする。とりわけ、1980年代から2000年代にかけて、このような分岐がいっそう顕著になっている。例えば、シンガポール、マレーシア、そして、香港では、義務加入の個人貯蓄制度が主導的な役割を果たしたのに対し、日本、韓国、台湾では社会保険制度の拡大と公的扶助プログラムが整備された。一方、これらのグループとは異なり、中国では、社会保険と個人貯蓄を組み合わせた混合システムが追求された[1]。また、1980年代における民主化と市民社会の拡大という政治的機会構造の開花とそれを支えた経済発展は、韓国と台湾の社会的保護の仕組みの実現を導いた重大な分岐点であった(李蓮花 2011)。本章の課題としては、このように、一様ではない形で変容しつつある東アジア諸国の福祉システムに注目しつつ、都市内の社会的不利地域の再生における社会開発アプローチの特徴に着目し、各々の地域再生に向けた民間の取り組みを検討することにある。とりわけ本章では、都市内の特定の地域が貧困や排除に陥りやすい、負の地域効果による影響と、それに立ち向かうための地域実践を社会開発(Social Development)という文脈から論ずる。本章では、東アジアの都市という国際比較的な視点から、とりわけ日本、そして韓国と台湾の都市における特定地域への社会的不利の集中とそれに立ち向かうための社会開発実践に焦点を当てる。

　日本との比較的な意味も込めて、韓国と台湾に注目する理由は、開発モデルにおける日本の先行モデル(いわゆる「通産省モデル」)を取り入れたキャッチアップ型工業化[2]のような開発パターンや、両国における民主化の経験と時期、そして経済発展の時期等に類似点が多く、またその両方における経験交流が盛んに行われてきたことによる実践比較が可能なためである。

2　地域と社会的排除

　2000年代以降、既存の貧困概念に対し、社会的排除という新たな概念へ

の関心が高まっている。しかしそのほとんどは、個人や世帯への不利や剥奪等に偏っている傾向があるように思われる。一方、このような新たな貧困概念が、個人や世帯を介して地域への影響として現れる場合や、地域による影響が大きく取り上げられる場合も注目されるようになっている。これらの一連の関連性について、欧米の文献では、都市や地域における不利益の集中に焦点を当てたものが多い。とりわけ、社会的排除のダイナミックな特性において地域の役割が最も大きな関心を集めてきている。なかでも都市における社会的排除には、特定の地域への剥奪の集中が問題として指摘される（Lee 1998, Atkinson and Kintrea 2001:2002, Murie & Musterd 2004）。社会的排除は、人々が完全なる市民として享有できるような利益から次第に閉ざされていくダイナミックな「プロセス」に関連して使われており（Walker and Walker 1997: 8）、剥奪が集中している地域の居住者は、最も市民的権利から排除される結果に陥りがちである。その意味で社会的排除による問題の一つとして不利益を被る世帯の地域的な集中による問題（exclusion from area）と、社会参加への制約や社会からの孤立等、その地域に居住することによってもたらされる様々な不利益の影響にかんする問題（exclusion through area）を伴う。これらの地域による社会的排除にかんしては、「地域効果（area effects）」を中心とした議論がなされている（図 1-1 参照）。

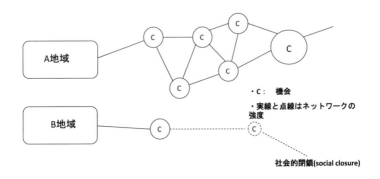

図 1-1　地域における機会のネットワーク

出典：全泓奎（2015:44）

それは、ある特定の地域に生活することによって社会的・経済的機会に影響がもたらされる効果であると定義され、そのような地域に対する対応が急がれている (Atkinson and Kintrea 2001、2002)。

チョーギルは、貧困コミュニティに対する政府の対応によって八つのコミュニティ実践がもたらされると述べ、貧困コミュニティの開発プロセスにおける政府の施策とそれに対するコミュニティ側の対応に注目している (Choguill 1996)。つまり、チョーギルの議論に基づきコミュニティ実践の例を考えると、貧困層コミュニティに向けた政府の機能とそれに対応するコミュニティ実践のプロセスによって、開発の性格も異なってくることがわかる。以上のように国家（もしくは政府）と、地域（あるいはコミュニティ）との相互対応を総合してみると、無能（あるいは無関心）な政府（dysfunctional state）に対しては「自主開発（self-development）」のアプローチが行われ、開発主義的な政府（developmental state）の下では「開発反対型（counter-development）」、そして支援型の政府（enabling state）においては積極的な「参加型のコミュニティ開発（participatory community development）」が取り組まれていると指摘されている（前掲論文）。しかしこれらのアプローチは同一地域に対し無限に続くのではなく、同じ地域や対象に対しても時代や政府の対応の変化によって常に変化してきたことは、これまでの開発実践の経験からも確認することができる。中でも政府の対応の変化にかんしては、コミュニティ側の運動や働きかけ、自主開発による成果の制度的包摂の過程のなかで相互変容のプロセスが生まれてきた。日本では、被差別部落でのコミュニティ住民による反差別運動の結果、「同和対策特別措置法」という被差別地域に対する政府対応が導かれ、それによる支援型まちづくりの実施によって多くの環境改善の成果を得てきた。しかし、2002年に事業の根拠法の失効をもって、その後の地域問題にかんしては、自主開発的な対応がなされているのが現状である。韓国と台湾は、1950年代以降、内戦等により焦土と化した国土や、政府関係者、軍人等が避難してきた地域の丘陵地や川辺にスラムやスクォッター居住地が軒並み広がる、厳しい状況に置かれていた。しかし、いずれの政府もこれらの地域や住民に対する関心が選別的、もしくは欠如しているか、そもそも財政的

に無能力であった。台湾では、政権側の必要性により、軍人や公務員等の特定の階層に限った住宅の供給以外はほとんど無策を通してきた経緯もあり、現在も住宅市場は公共部門がわずかにしか対応していない(黄麗玲 2016)。そんななか、都市化や開発によって急騰した土地や住宅価格に苦しんでいた市民社会が声を上げて都市社会運動としての住宅運動を展開し、それをきっかけに結成された民間団体が政府の住宅政策に働きかけ、自主的な居住支援活動等に積極的に取り組んだ。韓国でも、貧困層居住地の住民側の居住権要求運動が功を奏し、多くの社会住宅(公共賃貸住宅)の供給を導いてきた。なお、それらの居住運動の経験は地域の自主的な開発実践や社会開発的なプログラムへと展開し、住民の生活と資産形成に寄与している。以下では、以上のような政策及び実践領域に対し、ミクロな個別対応(個人や世帯に向けた資源やサービスの割り当てなどの消費主義的な戦略)に終始するのではなく、メゾの領域である「地域(あるいはコミュニティ)」に着目し、排除に抗するための地域(コミュニティ)の戦略(コミュニティに根付いた社会開発戦略)を実践してきた、東アジアの不利地域における社会開発型地域再生の試みについて比較考察を行いたい。

3 包摂的な地域再生に向けた社会開発戦略

前節で論じたような戦略を講ずるにおいて有効な概念として、ミジレイの社会開発論が注目される。これまでの再分配的社会福祉が、消費主義的で依存主義を助長し、経済成長を阻害すると批判されてきたのに対し、社会開発は、生産主義的で投資志向的な、そして経済的な参加を強化し開発に積極的に寄与する社会的プログラムに対し資源を割り当てるべきであることを強調している。つまり、社会福祉と経済開発の二分化を終息させ、生産主義的かつ投資志向的なものとしての社会政策概念を再構築しようとするのである。このアプローチは、生産主義的な社会政策とプログラムを強調するのみならず、社会的目的のために経済成長の力を利用しようとする広範囲な試みとリンクさせようとするものでもある。また何よりもそれを実現させる戦略

として、個人のレベルでは労働市場への参加を増進させるだけではなく、人的資本の構築を促進することや、資産(assets)を蓄積すること、そして小規模の企業活動(micro enterprises)を発展させること等が提示されている。このような方向は、治療的な対応から投資的なアプローチへとベクトルを変えることを意味する。なおそれによって蓄積された資源や資産は結果的に「コミュニティ」に還元されていく。つまり、社会開発の戦略においては、個人にではなく、コミュニティにターゲットが向けられている。多くのアジアの発展途上国で、高費用の在宅ケアや治療的サービスを行うより、支援サービスのための拠点としてコミュニティデイケアセンターを活用する手法が展開されているのも良い例である(Midgley 1999)。またコミュニティのソーシャルワーカーは、地域でソーシャルキャピタルを形成し、住民の生計を促進する事業を行うことにより、地域の経済開発を進めていく役割を責務としてもつべきであるという(Midgley and Livermore 1998)。さらにミジレイらは、コミュニティ開発に必要な物理的な施設の供給のみならず、住民を組織し、地域の開発に向けた活動を強化させる「リボルビング・コミュニティ・ローン」のようなコミュニティの資産(assets)を創り出すことなど、社会的目的のためのインフラ開発について述べ、ソーシャルキャピタルを、「ソーシャル・インフラストラクチャー」と再定義している(Midgley and Livermore 1998)。ミジレイは、ソーシャルワーカーは貧困コミュニティにおけるコミュニティ実践に長らくかかわってきたが、主として社会的・政治的な行為、つまり地域組織間の連携を構築・調整することや、サービス改善のためのキャンペーン行動へ住民を動員すること、そして住民参加を強化させることばかりに焦点を当て、地域の経済開発プロジェクトには無関心なままでいたと指摘している。つまり従来のコミュニティ・オーガナイゼーションは、地域の経済開発プロジェクトに向けて最も焦点を当てる必要があるというのである。例えば高い失業率や荒廃した住宅、そして住民が郊外へと移転してしまい、衰退の傾向を増しているコミュニティでは、最も地域の経済的開発をサポートする方向へと社会的介入が施されるべきだと主張している。ここで特にコミュニティワーカーは、生産的な活動に向けてソーシャルキャピタル(インフラストラクチャー)を形成

表1-2 社会開発アプローチと再分配的社会福祉アプローチとの比較

区分	社会開発アプローチ	再分配的社会福祉アプローチ
概念のベクトル	生産主義・投資主義	消費主義・受動主義
支援の対象	地域やコミュニティ	個人や世帯
動員手段・活動手法	ソーシャルキャピタル・インフラストラクチャー（コミュニティ・ローン）の構築、資産の構築、小規模企業活動	租税、公的扶助、社会サービス
エージェンシー	コミュニティワーカー	ケースワーカー
ゴール	経済社会的参加・ソーシャルインクルージョン	脱貧困・ウェルビーイング
福祉レジーム	生産主義的福祉資本主義	社会民主主義

出典：筆者作成

させ、（とりわけ、女性と低所得層に向けた）新たな企業をつくり、一方コミュニティは地域の企業やコミュニティ開発会社などの設立をサポートすることや、雇用参加者のためのネットワークを構築することなどを手助けする必要がある。そして国家においてもこれに対しより包括的な意味で経済的参加を阻害する要素やジェンダーなど、様々な差別を除去させ、開発が起こりやすい環境を整備していくことが求められるのである (Midgley 1995, 1999)。

以上で述べた社会開発アプローチの特徴を既存の再分配的社会福祉と対比させてまとめてみると、**表1-2**の通りである。

4　東アジア各地における参加型社会開発実践の展開

(1) 地域共同の社会資源を創り出す社会開発型地域再生の実践

「3地区まちづくり合同会社 AKY[3] インクルーシブコミュニティ研究所（以下、AKY研究所）」の始まりは、大阪市立大学都市研究プラザとの連携の下、2009年からはじまった有志の集まりが背景にある。その後、被差別地区共同のまちづくりを模索するための定例研究会を、各地区持ち回りで開催してきた。地域問題に、個別対応するのではなく、地区が協働して連携しながらまちづくりを進めることへの重要性や、地域を束ねるための拠点組織構築の

必要性を共有したのである。そして、地域課題を共に考えるために各地域の持ち回りで研究会を開催してきた。それは、地域が置かれている現況や課題を共有する場となり、研究会を積み重ねるうちに、地域共同のまちづくりを進めるための組織づくりの必要性を切望するようになった。それが基盤となり、「まちづくり合同会社」の設立に向けた検討がはじまった。各地区の抱えている課題が、地区内に留まらず、地区外へも連動して広がる状況のなか、問題を一地区だけのものとして捉えず、地区を越えた地域共同のまちづくりへと展開していくためのコーディネート組織として、まちづくり合同会社の設立準備が合意されたのである。地域が抱える課題をより詳細に把握するため、筆者が研究代表者として2010年度三菱財団社会福祉事業・研究助成を受け、地区共同の地域実態調査を進めることになった。調査は、当事者参加型の調査で進められ、多くの地区住民や住民リーダーの参加を得て、全世帯を対象に調査が進められた。調査の結果浮き彫りになった課題は、高齢者や障がい者をはじめ、生活が極めて厳しい世帯の存在であった。なかでも単身高齢世帯の増加が目立ち、大阪市によって2010年以降進められた3館統合により、地域内のコミュニティスペースや交流空間が縮減して、地区内外との社会関係が断絶したり孤立したりすることへの危惧が高まった。また、空き施設や空き地となった地域の遊休資源の活用に向けた課題も相まって、新たな地域課題にいかに対応していくかが焦点となった。さらにその課題が、地区内だけではなく、他の地区にも共通していることが、2011年以降続けてきた研究会や実態調査の結果を通して確認され、解決に向けたアクションを起こしていくための拠点組織として、「コミュニティ開発会社(まちづくり合同会社)」が地区共同によって設立された。設立に必要な初期資金は、コミュニティアクションのためのアジア連合(ACCA)[4]による支援(3万ドル)に加え、マッチングファンドで各地区が拠出金を出し合い、資本金に充てることにした。

　設立当初のまちづくり合同会社は、本格的な地区開発を進めていくための整地過程として考え、各地区の懸案課題(大都市における限界集落、居住世帯のアンバランス、若者及び単身高齢世帯の支援課題等)に基づいた、地区及び地域

共同のアクションプラン・プログラムの作成・提案(地区内の空き施設等を活用して課題解決に向けたアクションプランの案出、パイロットプログラム(留学生宿舎及び多文化間交流事業、家事代行・買い物代行・コミュニティベースの住宅管理事業団等)を提案)、先進事例の紹介及び共有、まちづくり研究会の開催企画、地域間の人材交流の促進、地域再生関連の事業助成等への積極的な応募等、まちづくり活動のコーディネート・調査研究・コンサルティングに重点を置いて活動を進めた。

そして、2016年11月2日、合同会社が正式に発足した。

以下では、設立の前後に実施した事業の概要について簡単に紹介する。

まず、社会資源を活用したコミュニティ再生拠点形成事業である。これは、大阪市からの公募による「市営住宅の空き住戸を活用したコミュニティビジネス活動拠点」事業の一環として実施したものである。当初は2ヶ所が稼動していたが、現在はコミュニティビジネスの拠点施設として、ふれあいカフェ「コスモス」が営業している。現在「コスモス」は、地域内在住の高齢者のふれあいの場としても積極的な役割を果たしている。

その他にも、2014年から東アジア都市間の経験交流を積極的に進めてきた。例えば、韓国の貧困地域住民運動グループとの訪問交流では、地域住民の就労問題への対応として、韓国で活発な活動が行われている貧困地域住民当事者による社会的企業活動を視察し、経験交流を行うことを通じて日本での応用可能性を探った。

また台湾は、台北国民住宅の住民と高齢者支援にかかわる経験交流を実施し、各地区が抱えている問題及び実践経験の共有と、地区内のまち歩きを通じたまちづくりの経験交流を行った。これに次いで、2016年には台北を訪問し、国民住宅団地を中心とする多様な地域実践について学ぶ交流活動を実施した。

(2) 地域に根付いた社会開発型まちづくり：ボグンジャリ[5]・コミュニティ

韓国の貧困コミュニティにおけるコミュニティ開発の展開は、貧困コミュニティの再編と解体過程に立ち向かう権利獲得運動が並行する形で本格化し

た。1960年代中盤までは、貧困層によって自然発生的に開発された居住地に対し、貧困層の居住環境改善に対し、意思も能力ももたない政府による暴力的な撤去や移転政策が時折行われた。しかし住民側は地域から立ち退いても近くに十分な土地があったため、すぐに移動することが可能で、撤去に反対するための「抵抗」は発生しなかった。しかし60年代後半になると強制的な移住政策による大規模の撤去整備策が推進され、至る所で政府との衝突が起こった。その後70年代に入るとこれまでの政策から方向転換し、新規の無許可定着地は抑制するが、政府によって誘導された無許可定着地を陽性化するとともに、オンサイトの改良事業を通じて住民の居住を安定させる政策が施されるようになった。その過程で「ボグンジャリ」事業がコミュニティ側の自主的な開発事業としてはじまった。一方1980年代には、「合同再開発事業」による本格的な再開発事業が実施された。その過程で住民の対応もより組織的なものとなり、運動の性格も既存のような開発反対型から「居住の権利」に基づいた運動へと質的な転換を見せた。

　そのようなトップダウン型の開発プロセスが展開する中、貧困コミュニティの組織化（以下、CO）が始まった。1968年9月に延世大学校内に「都市問題研究所（Institute of Urban Studies and Development、IUSD）」が設立されたのがその活動の嚆矢である。当時IUSDでは、丘陵地や川岸の定着地等のスラム地域で、COとコミュニティ開発に当たるオーガナイザーを養成するためのアクション・トレーニング・プログラムを実施していた。このトレーニングを通じて相当数のオーガナイザーがソウル市や首都圏のほとんどのスラム地域に派遣され、活動に取り組むこととなった。研究所内の都市宣教委員会が実施した最初の公式的なアクション・トレーニング・プログラムは、1969年1月に始まった。訓練生は二人が1チームとなり、それぞれ異なるスラム地域に配置された。かくして地域に配置された訓練生が最初に着手したのは、地域の物理的な環境を調査し、社会的条件を把握することであった。また住民と接触する過程で、訓練生たちは住民にとって最も切迫した問題を確認することができた。

　先述したように、都市貧困居住地の初期形成期でもあった1950～1970年

代に比べ、都市再開発が本格化し始める1980～1990年代になると、貧困コミュニティはさらに組織化・連帯化が図られるようになった。

1980年代に入り、木洞(1984)・舎堂洞(1985)・上渓洞(1986)で行われた強制立ち退き反対闘争を経て、初めての貧困コミュニティの連帯組織である「ソウル市撤去民協議会」(1987)が結成された。それに続き「居住権実現のための国民連合」(1990)という組織が創立され、本格的な「居住の権利」を目標として掲げた「要求型」の運動が展開されていくことになった。

一方、1977年にソウル都心のスラムに対する強制立ち退きに対し、郊外への集団移住を決意し集まった住民たちが、土地ならしからはじめてセルフ・ヘルプによる住宅やインフラ建設を始めた。そして、それに止まらず様々なコミュニティ開発を展開し、やがて活動が地域名としても使われることとなった。また、このような活動を住民に初期移住の準備段階から働きかけていたグループの名称も「ボグンジャリチーム」と呼ばれていた。

その後、1979年にソウル市内各地から強制立ち退きを受けた住民が集まり、「ボグンジャリ」コミュニティの近隣に新たに「ハンドク住宅」が、また1985年～86年には、ソウル市の「木洞新市街地開発計画」による立ち退きを受けていた住民の再定住コミュニティとして「モクファ・マウル」がそれぞれ開発され、それら全体を合わせて通称「ボグンジャリマウル共同体」と呼ばれるようになった。

ボグンジャリにかんしては、貧困コミュニティに対する政府の認識が欠如していたり、行政支援が非妥協的であったりしたが、再定住に際し、ボグンジャリチームというNGOが中心になって海外援助機関からの財政的援助を受け、再定住の途を拓いた。また、セルフヘルプ・ハウジング、コミュニティバンク(信用組合)の他、生産協同事業等のような小規模起業を通じ、貧困住民のケイパビリティを向上させる機会を増やし、コミュニティの自主開発を実現させた。その他にも共同体意識を高めるため、運動会、コミュニティ祭り等を通じ、貧困者の共同性を向上させることに寄与した。その結果、住民は再定住の費用として借り受けていた融資金の返済を全額終えることができたのである(アンソレーナ他、1987;チョン・イル・朴在天、1998)。ボグンジャリは、

再定住の後にもコミュニティ開発を促進させ、人間的な相互作用のある社会開発型のまちづくりを展開していった。現在は、地域内でコミュニティの拠点として機能していた「ジャグンジャリ」という住民会館を機能強化し、地域内外の住民が広く利用できるコミュニティスペースとして拡大再編するとともに、社会福祉法人格を取得して活動している。その他にも国民基礎生活保障法の主軸の一つである自活事業を担っている「地域自活センター」の委託運営、女性、障がい者、移住者等を支援する様々な社会的企業や社会的協同組合が地域に根付いた社会開発型まちづくり活動として展開されている。

(3) 都市住宅運動の展開と社会開発型コミュニティ再生の取組み

これまで台湾政府は、時には国民の支持を得るための政治的手段として、または経済発展という政策的推進課題に合致する場合に限り、住宅政策を講じてきた。その結果、住宅問題は放置され続け、現在も社会的弱者のための住宅は、総住宅ストックのわずか0.08％に過ぎない。経済成長による所得格差の拡大にもかかわらず、低所得層の住宅問題に対する政府の関心は低いままだったのである（黄麗玲 2016）。そんな中、台湾の民間団体は、2010年に「社会住宅推進連盟」を結成した。ここで中心的な役割を果たしたのが「崔媽媽基金會（以下、基金会）」である。基金会は、1989年から共に住宅運動を行ってきた「専業者都市改革組織（OURS）」と力を合わせ、また他の関連社会福祉基金会等とも連携して同連盟を発足させた。そして政府や社会に対し、積極的なロビー活動及び政策提言、講演活動等を行ってきた。

基金会は、暴騰する住宅価額による居住問題が社会問題として取りざたされ、同問題に対する抗議として1989年に起こった都市住宅運動をきっかけに結成された。

当時およそ40万人に上る市民が、マンションの値段が最も高い台北市内のある地域に集まり抗議活動を行った。住宅運動を契機に、当初は三つの団体（基金会、ホームレス支援団体〔住屋者團結組織運動〕、専業者都市改革組織）が結成されていたが、1990年半ばにホームレス支援団体が活動を中止した。その後は、残りの2団体が一部その機能を引き継ぐ形で、相互に連携を取りな

がら活動してきた。とりわけ基金会は、これまで約20年間、居住関連サービス問題を中心に、賃貸住宅やコミュニティ支援活動に力を注いできた台湾で唯一の居住支援団体である。

　賃貸住宅に関連する主な支援活動は、住宅を必要としている市民に良質な賃貸住宅の情報を提供することである。基金会は、これまで台北市人口の5～10%を占めるおよそ4万人以上の人々に住宅情報を提供してきた。なお、最近は、賃借関係のトラブルが相次いで発生しているため、その解決にも力を入れている。トラブルが生じた時には法律相談支援を実施し、30名の弁護士が年間平均1,500件の相談に対応している。

　最近は、新しい事業として社会的企業を立ち上げ、主に住宅賃貸にかかわるサービスを展開している。その一つは、「賃貸住宅改修事業」である。これまでの伝統的な仲介サービスでは、貸主と借主間の契約が成立したら両者間の関係が終了する。基金会は、このような両者間の契約を支援するだけに止まらず、もう一つのアイテムをプロセスに入れた。例えば、老朽した住宅や高齢の家主のための改修支援サービスの代行である。この事業を通し、賃貸住宅の付加価値を高めて貸主のニーズに応えることはもちろん、借主も良質な住宅に居住できるような支援を行っている。また、引越しにかかわる優良会社情報を提供する「引越し支援事業」を行っている。近年、引越し業者による詐欺等の問題が多発しているが、基金会は全国7大都市圏で優良引越し会社と提携し、必要に応じて利用者にあっせんする事業を展開している。これは、現在台湾全体の引越し請負の5%を占めている。これまでの10年間に及ぶ基金会の活動により、他の引越し業者への波及効果も大きい。マスコミ等からは「静かな消費革命」とも称えられている。

　基金会は、都会に居住する社会的弱者に賃貸住宅の情報を提供することにはじまり、契約支援や、引越し業者の情報提供等、居住関連サービスにかかわるすべての問題に対応し、居住者の側に立った支援活動を展開してきた。この他、毎年200件ほどの大型マンションの管理協会やコミュニティなどの管理者に対し、トラブルへの対応にかんする支援や住宅管理の人材育成も行っている。居住者に対するこのようなきめの細かい支援活動が認められ、

2005年には、政府組織である行政院より「消費者保護団体」という認可を受けた。

　基金会の運営に際しては、公的資金等に頼らず自己資金の安定化に取り組み、先述したような様々な事業収入による安定的な財政基盤も確保し、毎年1,400万元の収益を上げている。そのうち、40～45％は引越しサービスによる収入、15～20％は賃貸住宅関連サービスによる収入、残りの35～45％は、他の団体からの寄付金等である。

　一方、台北には、古くから存在していた国民住宅という集合住宅団地が市内に散在している。とりわけ、台北市内の萬華区にある、南機場忠勤里に立地する国民住宅では、団地を拠点として展開している社会開発型のまちづくりが知られている。

　萬華区は、人口の約15％が65歳以上の高齢者で構成されている。台北市平均（約10％）より高いものの、廉価な家賃水準や利便性の高い生活機能のため、高齢者や生活困窮層には人気の高い地域である。南機場の国民住宅団地は、もともと中国大陸から移住してきた軍人のための代替住宅（整建住宅）だったが、その後、地方からの出稼ぎ労働者等も入り込み、住民構成に多様化の傾向がみられることとなった。とりわけ高齢者をはじめ、近年は結婚等を理由に移住してきた結婚移住女性やその子どもが増えている。高齢者は単身世帯も多く、生活を支える仕組みの改善が急がれている。そんななかで、地元の忠勤里の里長が先陣を切って、高齢者の生活を支える仕組みや地域内の非行少年の就労支援等に乗り出した。高齢者支援にかんしては、高齢者本人の生きがいづくりを兼ねて、高齢者本人が他の高齢者の自宅を訪ねて弁当を配達する活動を行っている。また、高齢者の健康上の異常を早期発見できるように、高齢者に健康チェック機能付きの腕時計をはめてもらい、それと室内の通報システムと管理センターとを連携させることで、異常状態への早期対応が可能になった。なお、高齢者同士の交流のために、以前は軍人の官舎として使っていたが、今は廃墟となっている建物を改修し、一階は高齢者食堂、その隣と二階に子どもの学童保育や学習支援のためのスペースを設け改修して使っている。また、1階の別の空間では台北市の市立図書館と

図1-2 南機場国民住宅団地内の将校の旧官舎を改修したコミュニティ施設
出典：専業者都市改革組織（OURs）より提供

連動したコミュニティ図書館を運営中である。当図書館にない書籍は館内にある検索システムを通して予約すれば、市内他館からの取り寄せも可能である。そのすぐ隣には、バリスタの養成も可能な機材を設置し、地域内の青少年の仕事創出の支援拠点としても活用している。

このように様々な形で地域住民の生活支援を担ってきた南機場の国民住宅の団地コミュニティであるが、最近は老朽化が進み、台北市から団地再生の事業指定が行われている。今後、どのような形で地域のコミュニティを維持したまま建て替えやコミュニティ再生を進めていくかが課題となっている[6]。

5 今後の課題と展望―排除に抗するための社会開発アプローチによる地域再生の実践に向けて

本章では、東アジアの各都市で展開されている特徴ある社会開発の実践プログラムについて紹介した。冒頭でも述べたように、これまで東アジアの都市は、生産主義的な福祉資本主義レジームとしての開発経験を共有してきた。しかしどの社会も同様であるが、開発や成長の波に乗り遅れ、またその流れ

から取り残されてしまったところで新たな都市問題として現れている問題に対し、その課題の解決に向けた民間の取組みが実践されていることも東アジアの共通した経験である。Choguill（1996）も指摘している通り、より支援的な政府や行政施策の下では、より強いエンパワーメントの実践が生み出される。しかしこれまでの東アジアの各政府は、後発的な経済成長のパターンを辿ってきたこともあり、積極的な政府主導の社会政策や支援型の行政施策を推し進めるには限界があったのも事実である。そんな中でも、近年に入り、とりわけ韓国や台湾を中心とした国や都市では、地域やコミュニティを視野に入れ、住民自身が開発に参画できる、かつ単なるサービスのデリバリーではなく、経済開発を伴う実践にかかわるような支援プログラムが多様な形で実施されている。日本のAKYインクルーシブコミュニティ研究所をはじめ、韓国のボグンジャリーコミュニティによる地域に根付いた社会開発実践の取組み、台湾の崔媽媽基金會や忠勤里コミュニティによる様々な自主的な実践の中には、行政施策をうまく活用し、むしろ実践に制度を包摂する形で生まれた新たな実践モデルも見出すことができよう。

　現在、東アジアでは、様々な民間実践や行政支援の経験等を交流し、かつ共有していく中で、それをさらに強化していくための組織的な仕組みが模索されている。例えば、2011年に第1回を台北で開催した「東アジア包摂都市ネットワーク・ワークショップ」がその始まりで、来年には第10回の開催を控えている。本章で取り上げた実践モデルや実践プログラムが、今後東アジアの諸都市、さらに東南アジアの諸都市との交流を経て、欧米諸都市との経験を共有する水平的な交流プラットフォームの形成に至ることを期待している。

注

1　このような変化に対し、Mason M. S. Kim（2016=2019）は、東アジアのPWCモデルを再構築する必要性に注目し、PWCの三つの下位類型を提案した。それは、「社会的保護（包摂型生産主義福祉、inclusive productivist welfare（IPW））」、「市場志向（市場型生産主義福祉、market productivist welfare（MPW））」、そしてその両方を組み合わせた混合モデルとしての「二元型生産主義福祉、dualist productivist welfare

2 末廣 (2000) は、「キャッチアップ型」について、「遅れて工業化に乗り出した国、つまり後発国 (late comer)、後発工業国 (late-starting industrializer) が取ろうとする、そして取らざるを得ない工業化のパターン」といい、工業化を通じて先進国との所得水準の格差を縮めようとする、発展途上国の経済開発の問題と重なると指摘している。
3 浅香、矢田、加島地区の英字イニシャルから取ったネーミングである。
4 タイのバンコクに本部を置くACHR (居住の権利のためのアジア連合) が、ビルゲイツ財団からの資金供与を受け、途上国のスラムなど不利地域のコミュニティ活動を奨励するために設けたプログラムである。
5 「ボグンジャリ」とは、発音上は「温かい我が家」を意味するが、漢字を使う場合は「福音」というキリスト教的なメッセージが含まれることもある重義的な用語である。そもそもはソウル市内の楊坪洞で始められたコミュニティセンターの名称である。
6 詳細は、劉鴻濃、2016、「旧市街地の都市再生：台北市南機場住宅の再開発とその政策」、全泓奎編、『包摂都市を構想する：東アジアにおける実践』、法律文化社、165頁～172頁を参照されたい。

参考文献

全泓奎、2015、『包摂型社会：社会的包摂アプローチとその実践』、法律文化社。
末廣昭、2000、『キャッチアップ方工業化論：アジア経済の奇跡と展望』、名古屋大学出版会。
黄麗玲、2016、「台湾の住宅政策と住宅問題―台北市を中心として―」、全泓奎編、『包摂都市を構想する：東アジアにおける実践』、法律文化社、78-91頁。
ホリデイ・ワルディング編、2007、『東アジアの福祉資本主義―教育、保健医療、住宅、社会保障の動き』、法律文化社。
ホルヘ・アンソレーナ他編、1987、『居住へのたたかい』、明石書店。
李蓮花、2011、『東アジアにおける後発近代化と社会政策』、ミネルヴァ書房。
Atkinson, R. and K. Kintrea 2001, 'Disentangling Area Effects: Ecidence from Deprived and Non-deprived Neighbourhoods,' *Urban Studies*, Vol. 38, No. 12, pp.2277-2298.
Atkinson, R. and K. Kintrea 2002, 'Area Effects: What Do They Mean for British Housing and Regeneration Policy?,' *European Journal of Housing Policy*, 2 (2), pp. 147-166.
Choguill, M. B. G 1996, "A Ladder of Community Participation for Underdeveloped Countries," *Habitat International*, vol. 20 (3), pp. 431-444.
Holliday Ian 2000, Productivist Welfare Capitalism: Social Policy in East Asia, *POLITICAL STUDIES* vol. 48, pp.706–723
Lee, P. 1998, 'Housing policy, citizenship and social exclusion,' in A. Marsh and D. Mullins (eds), *Housing and Public Policy: Citizenship, Choice and Control*, Buckingham: Open University Press, pp. 57-78.
Mason M. S. Kim 2016、*Comparative Welfare Capitalism in East Asia: Productivist Models of Social*

Policy, Palgrave Macmillan（阿部昌樹、全泓奎、箱田徹監訳、2019、『東アジア福祉資本主義の比較政治経済学─社会政策の生産主義モデル』、東信堂。）

Midgley, J. 1995, *Social Development: The Developmental Perspective in Social Welfare*, London: SAGE.（萩原康生訳、2003、『社会開発の福祉学』、旬報社。）

Midgley, J. and Livermore, M. 1998）, "Social Capital and Local Economic Development: Implications for Community Social Work Practice," *Journal of Community Practice* 5, no.1/2, pp.29-40.

Midgley, J. 1999, "Groth, Redistribution, and Welfare: Toward Social Investment," *Social Service Review*, pp.3-21.

Murie, A. and S. Musterd 2004, 'Social Exclusion and Opprortunity Structures in European Cities and Neighbourhoods,' *Urban Studies*, Vol. 41, No. 8, pp. 1441-1459.

Walker, A. and C. Walker eds.1997, *Britain Divided: The growth of social exclusion in the 1980s and 1990s*, London: CPAG.

韓国語文献

チョン・イル、朴在天、1998、「共同体形成ノ意味：シフン・ボグンジャリ・マウルト錦湖・杏堂・下往地域事例ノ場合」、『不良住宅再開発論』、ナナム出版（韓国語）。

さらに勉強したい人のための文献案内

M・キム著、阿部昌樹、全泓奎、箱田徹監訳、2019、『東アジア福祉資本主義の比較政治経済学：社会政策の生産主義モデル』、東信堂。
　東アジアの福祉レジームは、自国の経済成長を最優先に福祉給付が決められる「生産主義的福祉」といわれているが、近年、「包摂型」、「市場型」、「二元型」の三つへと分岐がみられることをマクロの視点から解明している。

全泓奎編、2016、『包摂都市を構想する：東アジアにおける実践』、法律文化社。
　東アジアにおける社会的不利地域の再生にむけた政策や実践を紹介。それぞれの経験を共有することで、包摂都市を実現するための議論の材料を提供する。各都市が抱える様々な不利を乗り越えるために必読の一冊。

コラム

東アジア福祉資本主義の類型化は可能か？

──書籍紹介：メイソン・キム、2019、『東アジア福祉資本主義の比較政治経済学』、東信堂。

箱田徹（天理大学人間学部）

　東アジアの社会保障制度の国際比較を主題とする今回の共同研究に参加し、各国・地域での先進的な実践に触れるたび、次のような疑問が湧いてくる。いったい「東アジア福祉資本主義」なるものは存在するのだろうか。もし存在すればそれはいくつのモデルに分類できるのか。また経済自由化と規制緩和のいや増す圧力、高齢化社会の急速な到来、財政持続性を理由とした自己責任原則と市場原理の強化──こうした現状のなか、東アジア諸国の社会政策は今後どう展開するのか。未来についての問いは開かれているとはいえ、過去と現在をデータに基づき検証することはできる。本共同研究にかかわるこうした問いは、メイソン・キムによる本書『東アジア福祉資本主義の比較政治経済学──社会政策の生産主義モデル』（阿部昌樹・全泓奎・箱田徹監訳 2019、東信堂）の問題意識と極めて近いといってよい。

　アメリカで教鞭を執る著者によれば、東アジア福祉資本主義には、イアン・ホリデーのいう「生産主義的福祉資本主義」という特徴を共有し、経済政策上の目標に社会政策を従属させるという共通の政策的傾向がある。また福祉支出を抑制する一方で、人的資本開発のための教育分野への投資を重点的に行う傾向もみられる。そしてさらに、東アジア（本書が分析対象とするのは、韓国、中国、シンガポール、日本、台湾を中心に、インドネシア、フィリピン、タイ、ベトナム、マレーシアの11の国と地域だが、煩雑さを避け「東アジア」とする）諸国は、全国的な社会保険制度によるリスクプーリングと再分配を行い、その人口カバー率を徐々に拡大する「包

摂型」と、自助原理と市場効率性に基づく強制的な貯蓄制度を軸に社会保障制度を構築する「市場型」、これら二つを組み合わせた「二元型」の三つに大別される。そしてこの分類に従うと、包摂型生産主義福祉国家には韓国、日本、台湾、フィリピンが、市場型生産主義的福祉国家にはシンガポール、香港、マレーシアが、二元型生産主義的福祉国家には中国、ベトナム、タイ、インドネシアがそれぞれ当てはまる。これが本書の核心的主張である。以下、各章の内容をみていこう。

　第1章「東アジア福祉国家への視座」では、東アジア福祉資本主義にかんする研究の現状が考察された後、本書の概要が示される。準拠枠組であるホリデーの生産主義的福祉資本主義論は、文化論的アプローチが退けられるなかで登場した開発主義的福祉主義論と、エスピン＝アンデルセンの福祉資本主義の三つの世界論とを批判的に摂取することで成立した。別言すれば、東アジアの特徴である「生産主義」とは、資本家階級も地主階級も労農階級連合も決定的な影響力を行使することのない、福祉資本主義の「四つめの」世界であり、その特徴は国家の成長志向と、それに伴う社会政策の経済成長への従属にある。もちろん東アジア諸国の福祉レジームに生産主義という核となる思想があったとしても、例えばシンガポールのように強制貯蓄保険を主要な社会保障制度とする国と、民主化後の韓国のように国民皆保険を志向する国とは大きく異なる。そこで筆者は、この分岐は、経済的諸条件（経済自由化度、市場開放度）によってもたらされ、その拡大は、政治的諸条件（民主主義的統治、政治的圧力の方向性）によるとの仮説を提示する。

　次に第2章「東アジア福祉国家の制度的多様性」では、前章の議論を引き継ぎ、生産主義的福祉資本主義は下位類型をもつという本書の主張が、単焦点的な生産主義的福祉資本主義論よりも、東アジアの現実をうまく説明できるオリジナルな貢献だとの主張がなされる。そして、東アジアの社会的保護制度を再分配と市場効率性という二つの要素から分類すると、包摂型、市場型、二元型に分岐するとの本書の主張が、クラスター分析の手法を用いて確認される。また各クラスターに属する国家は

1980年代から2000年代にかけてその性質を強めていることも示唆される。なおここまで一貫して強調されるのは、生産主義のコンテクストにおける社会的保護の目的とは、権利の尊重に基づく「保護的」なものではなく、経済的生産性を高める「生産的」なものである、という生産主義的福祉論の原則が、アジア経済危機を経た21世紀の東アジアでも変わりがないという主張である。

第3章「何が東アジア福祉国家に多様性をもたらすのか」は、福祉国家の発展をめぐる経済理論・政治理論の概観から始まる。次に前章で確認された東アジア福祉資本主義の分岐について、発生要因として経済開放度が、促進要因として政治的圧力があるとの仮説が提示される。経済開放度については、閉鎖的金融政策により国内産業育成を図った日本や韓国が再分配的な社会保障制度を整備したのに対し、開放的金融政策で外国直接投資主導の開発を図った香港やシンガポールが市場効率的な社会保障制度を採用した歴史が振り返られ、経済開放度と福祉制度の間には補完性があるとされる。政治的圧力については、権威主義体制下では包摂的な制度拡大が阻まれる一方で、民主的な体制下では包摂性が強化される傾向が認められることが指摘される。そしてこの議論がクロス・セクション時系列分析による実証的検証の対象となる。その分析結果によれば、経済開放度特に貿易開放度は、包摂型福祉給付の大幅削減を引き起こすほど強力な影響を及ぼす一方で、民主化による政治的圧力の高まりは包摂性拡大に限定的な影響を及ぼすに止まっている。

第4章「生産主義的福祉資本主義の三つの事例」では、包摂型の例として韓国、市場型の例としてシンガポール、二元型の例として中国が分析対象となる。韓国では朴正熙政権下で導入された国民年金制度と健康保険制度が、共に1990年代末の金大中政権によって普遍的なものを志向するようになった点を、社会保障制度の形式的包摂から実質的包摂への移行として評価し、この動きには民主化とアジア通貨危機後の市民による政治的圧力の高まりが反映されたことも合わせて記す。しかしそうしたユニークな動きは、韓国社会内部での戦略的和解であり、本質的

には労働市場の流動性の高まりに対応する調整策の一環であると筆者は限定をつける。次にシンガポールでは、雇用者と被用者双方が強制的に積み立てる中央積立基金が福祉システムの核となり、リスクプーリング原則は排除されている。この基金は、資源小国のシンガポールが国家存続のために選択した、市場効率性の追究による経済成長の実現という路線と親和性が高い。また与党の人民行動党の市場志向型権威主義政治は、長期の一党支配を通して、自助原則と市場効率性、能力主義といった市場的価値観をシンガポール国民に浸透させていることも確認された。中国の事情はより複雑である。改革開放後の中国の生産主義は、生産性の向上と社会の安定、あるいは社会サービスの市場化と都市部住民の不満解消という難しい目標の両立に迫られてきた。年金と社会保障について社会基金と個人貯蓄を統合し、かつ地域や分野でプログラムを分割するという現行の多柱構造システムはその産物なのだ。都市部の産業労働者を重視する社会政策は、福祉政策において都市部を優先し、生産性の低い農村部の対応を後回しにした。これに地方政府への権限委譲の流れが重なったため、中国の福祉システムは分裂し、地域によってまったく異なるものになってしまっているのである。

第5章「東アジア福祉国家のこれまでとこれから」では、以上の議論が総括された後、東アジア福祉資本主義における生産主義的特徴の将来が展望されている。ここで筆者は、経済自由化と雇用の不安定化、高齢化という3要素は東アジアの共通課題だが、こうした経済社会的環境の変化によって底辺への競争が起き、社会福祉は市場指向を強めるとは限らないと説く。そして民主化の経験が、包摂性を強める方向での改革を各国に強いた歴史を踏まえれば、一国の福祉レジームの帰趨は国内の政治的状況次第であるとの指摘を行い、全体の議論を閉じている。

本書は博士論文をベースにしているが、専門知識はほとんど必要とされないため、現代アジアの社会保障システムに興味のある読者が気軽に手に取ることができるだろう。包摂型、市場型、二元型という分岐も示唆に富む。もちろん生産主義という元々の規定が、エスピン＝アンデ

ルセンの 3 類型論とは異なるものとして、どこまで主張可能かについては議論の余地があるだろう。とはいえ本質主義や特殊主義的な文化論ではなく、政治経済学の観点から冷静な類型化を試みたことは評価されるべきだ。関連して、第 5 章の最後では、東アジアにおける社会の民主化の進展といっそうの政治的活性化による社会保障の包摂性の強化の可能性が語られている。今後の著作ではおそらくこうした興味関心に沿った議論も積極的になされていくことだろう。

第2章

東アジア先進大都市における
サービスハブの形成過程や重要性
——シンガポールと香港を事例に

コルナトウスキ ヒェラルド（九州大学大学院比較社会文化研究科）

本章の概要

　都市、特に大都市レベルにおける格差社会の中では、その下層にある貧困者や、ホームレスや、農村部出身の未熟練外国人労働者など、つまり一般資本主義社会的秩序に包摂されにくい、資本主義にとってのいわゆる「剰余人口（surplus population）」の生活を支えるために、「サービスハブ（service hub）」という都市の空間的な受け皿機能が近年改めて注目を集めている（例えば、DeVerteuil 2015）。多くの場合、サービスハブは、アクセスしやすいインナーシティに立地しており、支援団体や NPO の支援拠点やその関連施設が集中している場所を意味している。他方、貧困地域やスラムや剥奪地域として知られることが多く、マイナスなイメージなどの理由でスティグマが負わされていることも多い。本章では、極めて激しい格差社会を抱えているシンガポールと香港に着目し、両都市の空間構造におけるサービスハブの社会的機能を検証し、同地域内の住宅環境と（公共）空間との関連性と今後の在り方を考察する。

1　サービスハブ論をめぐって

　サービスハブは、この概念を最初に用いたのが米国人文地理学者の M. ディアーと J. ウォルチであり、「(社会的に剥奪されている人々や支援サービス依存の人口のために) 様々な集積経済を作る、あるいは集積経済から恩恵を受ける施設の巧妙な集積地である」として定義している（Dear et al. 1997:182）。こうした集積地は、ボランティアセクターによる様々な支援サービスの拠点であり、それぞれの拠点が無計画的かつ自発的に支援サービスを行っているが、剰余

人口を対象にした支援空間であるといえる。

　そもそも欧米のコンテクストでは、「サービスハブ」の出現が戦後ケインズ主義時代の「公的都市 (public city)」に由来しており、当時行政が社会福祉制度の充実化を図りながら、様々な不利に置かれている人々を都市社会の中で手厚く支える政策的試みであった。他方、「サービスハブ」は、貧困の磁石のような効果も生み出し、初期から「サービス依存のゲットー (service-dependent ghetto)」というマイナスイメージが行政の中でも、市民の中でも定着していた。

　サービス依存のイメージに加え、インナーシティの劣悪な建造環境 (≒スラム) もこのマイナスイメージを悪化させていた。特にアメリカのコンテクストでは、膨大な公的資金による都市化 (= 郊外化) がケインズ主義的な経済発展の下支えとなり、民間投資が都市の周縁部へ流出していった結果、インナーシティでの投資の引き揚げが進行し、剥奪地域が次々と出現していた。このように、特にインナーシティでは、貧困や犯罪が非常に可視化し、一般市民やビジネスセンターから国家による強い介入がますます要求されるようになっていた。ただ、ある意味、多様なミッションを有している支援団体にとっては、こういう条件不利なインナーシティが非常に活動しやすい空間でもあり、地域に密着した、むしろ安定的な活動拠点地が発展していった。

　この背景には、1980年代以降加速化した新自由主義的都市ガバナンスがあった。すなわち、当時は、公的都市が終焉を迎え、ニューエコノミーによる成長を促進するために社会福祉制度も劇的に再編成された。こうした国内政治の方向に加え、平行するグローバル化が次々と都市の空間構造も更新し、サービスハブを抱えているインナーシティ地域は多面的なプレッシャーに直面することになった。つまり、貧困や犯罪への強度の取り締まり、そして都市中心部への投資復帰がもたらしたジェントリフィケーションやトップダウンの再開発事業によって、インナーシティが大いに再編され、専門職を中心とした住民の入れ替えも進んだ。こうした動向に対し、1990〜2000年代の多くの都市社会地理学的研究は、「報復主義 (revanchism)」という概念を持ち出し、都市行政やビジネスセンターによる都市中心部で生活を立てる下層への報復的かつ制度的な排除行為としてアプローチしていた (例えば Smith 1996 や Mitchell

2003)。当時から貧困層のみではなく、下位中流階級まで徐々に都市部の外を追い出していたロンドンやニューヨークが代表的な事例であるといえよう。

　上述のダークな都市論に対して、とりわけ 2000 年代後半以降、より実証的に、新自由主義やジェントリフィケーションによる都市空間への不完全かつアンバランスな影響が着目されている。つまり、新自由主義的な都市空間更新の影響で剰余人口（や剰余人口に対する支援資源）の存在が完全に街から消されるのではなく、何らかの形でインナーシティにしたたかに残り、インナーシティ自体が未だに重要な福祉機能を果たし続けていることが強調される（例えば DeVerteuil et al. 2009）。一つの結果として、インナーシティに密着しているサービスハブが、多様な社会的な問題を抱えていても、実は開発やジェントリフィケーションへの防壁となるほどの「レジリエントな」存在ともなっていることが注目されている（例えば、DeVerteuil 2015; Marr 2015）。Evans et al. (2018) は、このレジリエンスと再開発の対立的な動きを「中心性の衝突」として捉え、持続する葛藤として論じている。

2　サービスハブ地域内の住宅市場と空間的なコンテクストへの着目

　サービスハブ概念の中では、特に都市スケールでみる際、中心性が最も決定的な要因であるといえる。この中心性は、二つの動向の結果である。一つ目は、上述したように、諸ボランティア団体が最も効率的な形で剰余人口に支援サービスを提供するため、剰余人口が集中する地域、またはアクセスが充実している場所を拠点として好む動向である（＝選択的な集まり）。しかし、これに対し、二つ目は、「迷惑施設論（NIMBY）」という動向があり、コミュニティによるサービスハブ関連支援への抵抗を意味している（＝強制的なセグリゲーション）。

　こうした空間性・中心性をよりクローズアップしてもよい。サービスハブは、そもそも公的都市の「残余（residual）」として主にアプローチされてきたためか、支援サービスの提供や、その関連施設の運営という局面が主に着目され、同地域に存在する住宅資源やサービス利用者による自助ネットワークと

いう局面とその役割にはあまり目が向けられてこなかったといえる。この点については、M. ディアー達 (Dear et al., 1997) が既に若干触れている：「サービスハブが成功するかどうかは、そのすぐ近くに存在している居住の適切な供給にもよる。これは大体簡易宿泊所や、グループホームや緊急時シェルターというようなものである。さらに、(ソフト面或いはハード面でも) オープンスペースもサービスハブにとって大きな力となっており、住民のための美的かつ物理的な支援源でもある」(183頁)。言い換えれば、多くの剰余人口にとっては、サービスハブ地域にしか存在しない住宅資源や公共スペースの利用が、最後のセーフティーネットのような役割を果たしているのである。

このように、サービスハブ地域には、都市的住宅市場と公共スペースが生産するもう一つの中心性があり、剰余人口にとって重要な役割を果たしている。また、これらは、支援ネットワークによる中心性と同じように、大資本による投資の引き揚げを経験しているインナーシティにおいて発展してきた現象としてみることができる。

3　方法論

図2-1はフレームワークを図化したものである[1]。「ボランティアセンター」の象限は、国家の自発的かつインフォーマルなカウンターパートであり、非市場的な共同体や支援提供を動機にしている。この中では、ボランティア支援団体関連の施設が重要な社会的資源となっている。多くの場合、支援提供のみではなく、権利擁護活動や反対運動等を展開する関連団体拠点の集積も目立つ (Cloke et al. 2010)。

「ローカルな住宅・就労」の象限は、市場のインフォーマルなカウンターパートである。そもそも人の流動性が高く、「ボランティアセンター」象限の地域と重なることも多いが、支援への依存ではなくて、剰余人口が何らかの形で自助ネットワークを利用することも特徴である。いわゆるグレイな経済活動が多く、国家による厳格な規制とは逆のアプローチ、つまり黙認や裁量によって法外にありつつ管理されるというアンビバレントな特性をもつ。建造

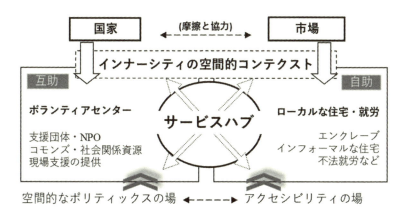

図 2-1　サービスハブの空間的フレームワーク

環境は、しばしば「スラム」として捉えられるが、中心性を有しており、アクセスしやすい住宅資源を有している。

次節では、このフレームワークを採用し、シンガポールと香港におけるサービスハブの形成過程を明らかにする。なお、具体的な支援内容というよりも、その空間的な形態に着目する。

4　香港とシンガポールにおけるサービスハブ

香港とシンガポールは、そもそも英領植民地として都市的発展を経て、今でも制度的にいくつかの共通点を有している。現在貧困の実態にかんしては、激しい格差が決定的な関係性を有しており、その主たるマクロな原因は1997年のIMF危機（香港）と2008年の国際金融危機（シンガポール）にあると思われる。以下、これらの危機によって社会的問題として展開してきた香港のホームレス問題とシンガポールの外国人労働者問題を取り上げる。

(1) 香港のホームレス向けのサービスハブ

ボランティアセンターによる支援体制[2]

香港のホームレス向けのサービスハブの発端は、1980年代半ばまで遡る

ことができる。当時、サービス経済化のため、香港の都心部である旧市街地でアグレッシブな再開発が行われており、民間の低廉住宅の激減とホームレスが利用している公共スペースに大きな影響を及ぼしていた。この状況に対しては、救世軍というボランティア団体が立ち上がった。当時は、ホームレス施策や系統的な支援が存在せず、救世軍が孤独な形で支援を開始した。しかし、政治的にデリケートな問題でもあったため、非政治的な立場に立っていた救世軍の体制の下で包括的な支援を行う範囲は極めて限られ、1985年に別の組織を立ち上げ、その名称は「ストリートスリーパー行動委員会 Street Sleepers Action Committee (SSAC)」であった。同委員会は、ホームレスのために何らかの一時的住宅の供給が必要であることを確信していたことに基づき、施策の欠如状態のギャップを埋めることを目指していた。このように、政府に圧力もかけ、SSACは支援提供の範囲やメカニズムを発展させることができた。その延長で、救世軍は香港政庁から徐々に支援資源を確保することができ、実際に非政治化した環境(=パートナーシップ的な関係)で現場支援を改善し、SSACを通じ、権利擁護活動も行うことができていた。現場支援活動は結局単なる食事提供を越え、アウトリーチや物理的なサポート(服などの提供)まで展開し、結果的に新たな一時的住宅資源である中間施設プログラムにまで本格化した。

1987年の国連による「国際路上生活者年 The International Year of Shelter for the Homeless」は新しい一歩となり、SSACは香港立法会において議論し、ホームレスに対して政府が負うべき責任認識の問題を取り上げた。最終的に、健康と福祉主事(Secretary for Health and Welfare)は積極的なかかわりに合意した:「この国際路上生活者年では、こうした不運な方に手を貸すために、以前より、もっと集中的なかかわりに努力していると言ってもいいと思う」。この発言に続いて、ホームレス協調委員会 Coordinating Committee on Street Sleepers」が香港社会福祉局(Social Welfare Department :SWD)の下で設立され、支援体制が本格化した。サービスハブの形成に重要であったのは、九龍半島での、救世軍が運営する「緊急救済センター Emergency Relief Center」の設立と、香港島での、Caritas非営利団体が運営する「アーバン・ホステル(Urban Hostel)」の設立

であった。そして、救世軍は、全市にわたりホームレス支援を行うことになり、1989年に始めて香港政庁から資金を受けるようになった。

しかし、1997年のアジア金融危機の余波を受け、ホームレス支援体制が、香港政府の主導で、サービスハブとして一気に本格化する。その背景には、ホームレス総数の急増があり、前例のない、①比較的に若く、稼動能力をもち、学歴も高いホームレスと、②観光スポットなどの一流空間にある公共スペースを占めるホームレスが数多く現れた緊急状態があった。この実態は香港政府を動かし、2001年に「3ヵ年行動計画」を執行することとなった。

この計画は香港政府とボランティア団体(NGO)とが積極的なパートナーシップを結んで、ホームレス問題に取り組むために、新たな一歩となった。すなわち、NGOが責任を取るべき範囲がより詳細に定められ、これをベースにむしろ自発的に三層化したネットワークを中心としたサービスハブが誕生した:

①三つの「統合チーム Integrated Teams」が包括的なホームレス支援提供を担う地域分け。SWDから資金を受け、救世軍が支援体制を築いてきたYau Ma Tei地区に加え、九龍半島では最も貧困が顕著であるSham Shui Po地区でChristian Concern for the Homeless Association (CCHA)、香港島ではSai Ying Pun地区でSt. James' Settlement (SJS)、各チームが現場支援、(無料)緊急シェルター、(有料で支援付き)アーバン・ホステル、社会保障の申請支援を中心とした専門的な支援サービスを提供する体制が設置された。具体的な支援内容は、幅広く、生命の維持から、福祉的な支援(SWDとの連携)、一時的なハウジング(中間施設)、就労支援(「労働局 Labour Department:LD」との連携)や、住居支援(民間アパート入居のためのフォローと公営賃貸住宅への申請支援)まで多岐にわたる。

②各統合チーム担当地域での住宅貧困者対象のシングルトン・ホステルを運営するボランティア団体(「民政事務総署 Home Affairs Department:HADとの連携)の体制。この(有料)ホステルは、1994年の「ベッドスペースアパートに関する条例」発布(下記を参照)を通じて設立され、最も住宅貧困状態に置かれているベッドスペース[3]からの再居住を目的としており、支

援付き中間施設である。規模が比較的大きく、ホームレスの入所も認める。
③政府とパートナーシップを組まないボランティア団体やチャリティ団体。寄付などが主な収入で、香港政府によるノルマなどに束縛されず、独自なミッションを有している形で、主に生命の維持に関する支援（ドロップインセンターなども）を提供している。これに加え、各統合チーム担当地域には独立した「Street Sleepers' Shelter Society Trustees, Inc.:SSSSTi」が運営している緊急シェルターがあり、入所条件が比較的に柔軟である。他にも、教会関係や学生サークルによる食事提供活動がみられる。

2004年に3ヵ年行動計画が終了し、「統合制度 Integrated System」の開始により、支援サービスの提供が完全にNGO（特に統合チーム）へアウトソーシングされ、上述の体制が固定化したといえる。しかし、サービスハブの形をとった包括的な支援体制が生成され、支援サービス内容などが効率化した実態に対して、かえってホームレスへと逆戻りするケースが未だに大きな課題となっているため、次は住宅環境との関係性をみていく。

ローカルな住宅・就労[4]

先述したように、サービスハブの一部としては、住宅貧困者の再居住を図る地域内のアーバン・ホステルがある。関連条例が1998年に施行されたが、再居住と同時にベッドスペースに対する取り締まりも実施され、ベッドスペースの総数が激減し、皮肉にも結果的にホームレスが増えていた。

香港の旧市街地、特にインナーシティは、民間低家賃住宅のストックの存在が特徴的である。ここは、1980年代の中国による門戸開放政策の影響で、脱工業化が早いペースで進んだ地域でもある。地域内の低家賃住宅は、そもそも単身労働者や（主に中国大陸からの）移民労働者のための住まいとして役割を果たしていたが、産業の撤退に伴い、再開発のウェーブから逃れていた古い共同住宅の所有価値が下がり、衰退していく原因となった。しかし、特に移民や低収入単身世帯、とりわけ公営賃貸住宅への入居資格を与えられていない何らかの剰余人口にとっては重要な住宅資源であり、この時期に独特

な住宅市場へと展開していった。つまり、製造業から撤退した地元事業者の一部が金銭的に手の届く古いアパートを購入し始め、既に間仕切りされているアパートをそのまま賃貸しし、或いは自分で間仕切りにし、入居者を増やす形で賃貸しし、このように初期投資を最大限に抑え、新たな収入源を確保していった。この中には、近年出現した「工場アパート」、「スイートルーム（現在の通称は「劏房・Subdivided Flats」）」、「棺部屋（カプセルホテルのよう部屋）」などがある。入居条件は、一般アパートと比べるとかなり緩いが、標準以下の住宅環境となることが多い。

こうした地域の経済的再編成が起こったにもかかわらず、雑業（特に電気製品のリサイクル）や日雇いの仕事は多くある（図2-2）。こういう仕事はわずかな収入にしかならないが、面接などが不要で、すぐ現金を手に入れることができるため、地域、或いはその周辺で居住し続ける理由ともなっている。

このように、劣悪な環境で、再開発のプレッシャーもあるが、剰余人口にとって利用可能な住宅市場が存在している。支援団体も、これらの住宅における貧困の実態を把握しており、積極的にアウトリーチを行っており、支援後の入居アパートとして扱うことが多い。もちろん、脆弱な住宅資源でもあるため、ホームレスとの関係性が密接であり、逆戻りするケースもみられる。

図 2-2
左図は、通州街公園の望楼という公共スペースを寝場所として利用しているホームレスの様子。右図は、Sham Shui Po 地区での移民によるリサイクルビジネスの様子（2014年現在）。

空間的なコンテクスト[5]

以上のように、一流空間と異なるインナーシティで生成したサービスハブ地域は、独特な支援体制・ボランティア団体のネットワークや住宅市場が存在しており、一つの空間として専門的かつ権利擁護活動的に貧困問題に取り組んでおり、剰余人口を地域で受け止めている。もちろん、スティグマやNIMBYの問題で、常に他のステークホルダー（例えば、一般地域住民や行政など）が対立している傾向もみられるが、格差問題が存続する限り、その解決の先がなかなかみえてこないと思われる。

ここでは、もう少し広くサービスハブ地域にある資源をクローズアップしたい。すなわち、ボランティア団体による支援体制のみではなく、剰余人口による、自助ネットワークを通じた居場所確保を可能にする公共スペースの役割も視野に入れたい。そのため、最もホームレスが多いSham Shui Po地区の空間的コンテクストに少し触れる。

寝場所の確保や、支援提供先のすぐ近くに滞在するために、ホームレスが利用できるいくつかのスペースが存在している。ホームレス（そして支援者）の中では最も人気スポットとして知られている公共スポーツグラウンドや、「ヒスイ市場」とこの市場に隣接している「通州街公園」がある（図2-2も参照）。どれも、ホームレスによって長年利用し続けられている実態がある。興味深いのは、他の旧市街地地域と異なり、行政がここでのホームレス生活を黙認する状況である。

しかし、2018年、香港政府がSham Shui Po地区の「デザインとファッション事業」を宣言した前後から、長らく寝場所とされてきた上述の公共スペースにおいて、荷物の撤去や排除事件が多発するようになり、サービスハブの中心的役割を担っているボランティア団体からの強い反対も生じ、新たな緊張関係が生まれている。同じく、Yau Ma Tei地区でも、いくつか「美化プロジェクト」が実施されており、ホームレスの居場所がますます限られ、地域から流出し、現場支援が届かなくなっているとのボランティア団体からの声もある。

(2) シンガポールの外国人労働者のサービスハブ[6]

ボランティアセンターによる支援体制

香港のホームレス向けのサービスハブと同じように、シンガポールの外国人労働者向けのサービスの発端は1980年代まで遡ることができる。この頃、シンガポールの都心商業地区 (CBD) の全体的な再開発が実施され、就業の二極化が進むと同時に社会的格差問題が顕在化し始めた。特に低賃金の肉体労働力が不足し、シンガポール政府が外国人労働者受け入れ制度を拡大してから、搾取事件などの問題が次々と出始めた。この(自国民の間の)格差と(外国人労働者の)搾取問題に対して、最初に立ち上がったのは、社会活動のキリスト教市民団体であった。とはいえ、宗教関連施設が再開発の影響で、拠点を移らざるを得ず、インナーシティへ移動していった。その中では、特にゲイラン地区が市民運動を担う地域として発展し、自発的に支援サービス体制の基礎が生成された。

外国人労働者には、主に二つのカテゴリーがある。これは、①雇用者の家に滞在する家政婦労働者(=女性)と、②雇用者が提供する寮に滞在する単純労働者(=男性)である。どちらも「労働許可証(Work Permit)」が発行され、雇用期間が終了すると、帰国しなければならないという条件が定められている。給料不払いなどのトラブルが発生した場合は、外国人労働者は雇用者による施設に滞在しているため、助けや支援を求める際、まずは脱出しなければならない。この実態に対応するため、サービスハブが形成されたといえる。

この問題に対し、初めて中間施設を設けるなど、専門的な支援を提供し始めたのは、「ゲイラン・カトリック・センター」である (Arotçarena 2015)。このセンターは、女性外国人労働者のための緊急シェルターとしても機能し、警察署や当時の社会福祉局 (Social Welfare Department) と協力していた。所長は神父であったが、他のスタッフは全員ボランティアであり、社会的課題に強い関心をもっていた学生や若手弁護士であった。このスタッフの個人的な(法的などの)ネットワークを通じて、行政とも連携するサービスハブが徐々に具体化していった。

しかし、このセンターでボランティア活動をしていた何人かが、ますます

政治的なスタンスを取るようになり、外国人労働者に対する雇用者による搾取や虐待行為に対してだけではなく、社会的分極化の傾向や一般労働問題に抗議し、より充実した福祉制度を要求するようにもなり、その結果シンガポール政府からの強い反動を招いた。これは、1987年の「マルクス主義共同謀議事件」までエスカレートし、ゲイラン・カトリック・センター関係者の市民・キリスト教団体担当者が逮捕され、サービスハブの発展もこれによって一時的に停止した。さらに、1990年代後半までは、福祉関連な社会・ボランティア運動自体が完全に抑圧された。その後、2000年代に入り、現在の形のサービスハブが一気に形成された。そのきっかけは、当時激化し相次いでいた家政婦虐待事件であった (Piper 2006)。市民社会からは、加害を目撃する国民の無関心が最も問題とされ、雇用者に対する啓蒙活動がスタートした。しかし、雇用者から逃げ出すケースも増加し、シェルター・法的支援を中心とした支援体制が必要とされた。その先駆けは、2004年設立された「Humanitarian Organization Migrant Economic (H.O.M.E.)」と「Transient Workers Count Too (TWC2)」であった。どちらも、シンガポールでは奇異な「NGO」として登録されたが、①労働組合関連活動と②海外組織との連携を慎むという条件がシンガポール政府によって課せられた。両組織に加え、2006年医療支援サービス中心の「HealthServe」が弁護活動を慎むという条件の下に「ボラ

図 2-3
左図はゲイランサービスハブの中心的な位置を占めている NGO 集積敷地。右図はリトルインディアの公共スペースの様子。

ンティア福祉団体 Voluntary Welfare Organization: VWO」として登録され、ゲイラン地区で支援拠点を設けた。次に、H.O.M.E. は同地域に家政婦労働者向けのシェルターと相談所を設け、福祉・エンパワーメント・弁護活動を三軸にした支援サービスに取り組んだ。

次の転機は 2008 年の国際金融危機であった。シンガポール経済も大きな打撃を受け、主に建設業で従事していた男性外国人労働者が住まいを失い、ホームレス状態に陥るケースが初めてみられた。この問題に対しては、TWC2 が同年にリトルインディア地区で食事提供サービスを開始し、主に南アジア出身労働者向けの相談所兼ドロップインセンターも立ち上げた。仕事を失い、無収入になり、シンガポールまで渡るために膨大な借金を抱えている外国人労働者にとっては、食料の確保が生命にかかわる課題でもあり、TWC2 による食事提供事業はわずか 10 年で 100 万食に達した（http://meals.twc2.org.sg/ も参照）。次に、H.O.M.E. も、主に中国人労働者を対象にした同様なサービスを始めた。

このように、ゲイラン地区とリトルインディア地区にサービスハブが誕生し、以下の特徴を有する：

① TWC2 と H.O.M.E. を中心に、シンガポール政府人材省（Ministry of Manpower:MOM）とケースシェアリングしながら、他の公的機関（警察署や病院など）とも連携したフォローアップ支援付きのハブ。外国人労働者の受け入れ制度は非常に厳格であるため、「労働許可証」の有効期限切れへの対応や無職でシンガポール滞在を認める「スペシャル・パス」の発行の手続き支援が重要であり、負傷している労働者のための入院手続きなどに関する支援も必要とされている。こういう意味では、それぞれの行政機関へのアセスメントハブとして機能している。にもかかわらず、政府からの資金はなく、寄付が収入源である。

② 医療など、専門性の高いボランティア団体によるバックアップ体制。上述の HealthServe が最も代表的な事例であるが、無料で歯科診療やカウンセリングを行ういくつかのボランティア団体が特にゲイラン地区で活動しており、自らアウトリーチも行いつつ、TWC2 と H.O.M.E. からの

委託も受けている。これらの中では、政府から資金を受けている団体もある。
③主に宗教関連のチャリティ団体による食事提供支援。両サービスハブ地域には、様々な宗教拠点があり、路上での食事提供も、施設内での食事提供も行っている。施設を所有している団体は、一時的な居場所を提供する場合もある。
④ 2009年政府のイニシアティブによって立ち上げられたMigrant Workers' Centre (MWC)。ボランティア団体の中では、「(政府主導の非政府組織 (Government Organized Non-Government Organization: GONGO)」として認識されており、TWC2とH.O.M.E.による権利擁護活動に対するカウンターパートとして包括的な支援サービスを提供している。両サービスハブ地域に拠点を設けているが、労働者寮が多い郊外地域の方で積極的なアウトリーチを行っているのが特徴である(以下の「空間的なコンテクスト」を参照)。

MWCの設立によって、サービスハブ地域内の力関係が変化し、緊張感も増しているといえる。しかし、シンガポール政府はボランティア団体によって生成されたサービスハブ空間を積極的に利用している点が実に興味深い。

ローカルな住宅・就労

シンガポールのサービスハブ地域は、ローカルなエスニックタウンでもある。リトルインディア地区は名前通りであるが、ゲイラン地区はむしろ最近できたチャイナタウンである。この地域変容は、(主に中華系)外国人労働者の数多い存在と彼ら向けの独特な建造環境と密接に関係している。最も決定的なのは、違法の「ドミトリー・ベッドスペース」という住宅資源であり、地域に対するイメージの悪化の一つの原因ともなっている(図2-4も参照)。

シンガポールの両サービスハブ地域にはそもそも売春街も存在しており、地価が比較的に低く、一般住民の一部が、自分の所有物件(=マンションやショップハウス)を賃貸しし、他地域に住む傾向がみられる。この傾向を有益に利用し、外国人労働者を雇用するいくつかの企業はこうした物件を借り、

第 2 章　東アジア先進大都市におけるサービスハブの形成過程や重要性　41

図 2-4
左図はベッドスペースの貸し出し情報。右図はベッドスペースの中の様子。

部屋を細かく間仕切りにすることを通じて、寮に改造していることが多い。なお、両サービスハブ地域は、シンガポール全市の中で利便性もよく、中心地となっているため、修理業務などにかかわる、シンガポール全地域へ速やかに派遣される労働者の滞在拠点でもある。このドミトリー・アパートに加え、インナーシティへ逃げ出した外国人労働者のためにベッドスペースアパートを運営する個人ビジネスも誕生している。多くの場合で法的にグレイな形でベッドスペースの貸し出しを行っているが、頻繁に取り締まりの対象ともなっている。他方、外国人労働者にとっては、こういう住宅は唯一の住宅資源であり、支援を継続的に受けるための滞在先となっている。

空間的なコンテクスト

シンガポールでのサービスハブ生成の重要なインセンティブとしては、支援を求めにインナーシティへ流入してくる外国人労働者の存在を取り上げることができる。この出現は、特に国際金融危機後に起こったが、外国人労働者によるインナーシティにある公共スペースの大量の利用は1990年代後半からはじまった。外国人労働者は、その総数激増に伴い、休日であることの多い日曜日にレジャーや交流を目的に、エスニックタウンへ出かけ、お金の節約のために公共スペースを占拠するようになった（図2-3も参照）。こ

こでは、シンガポールでの生活に役立つ情報も手に入り、万が一の場合のため、サービスハブの存在についても知るきっかけとなっている。この実態から、TWC2 や H.O.M.E. は他地域へのアウトリーチをせず、口コミをベースに地域に根付いた支援活動を続けている。

このように、外国人労働者の間の情報ネットワークが誕生し、安価な飲食店、生活用品などのバーゲン、住宅、支援などにかんする様々な情報が入手できるし、普段の閉じ込め状態の郊外型労働者寮からの息抜きの場も確保できるし、シンガポール中心地とその周辺部への（一時的な）アクセスも手に入れることができる。こうしたダイナミクスは、ここのインナーシティ地域特有の激しい人の流動性を生み出し、安価なゲストハウスや、インターネットカフェや送金施設などの、非常に多様でありながら独特な建造環境を生産しており、シンガポールの都心（CBD）などの非常に浄化された一流空間と大いに異なっている。

しかしながら、2013年のリトルインディア暴動事件の影響により、エスニックタウンでの公共スペースの姿が劇的に変わった。以前、行政や一般住民は、外国人労働者による公共スペースの独特な利用をむしろ黙認していたが、こういうスペースが社会不安の起爆剤として認識されるようになった。その結果、シンガポール政府は、外国人労働者が数多く街で集合することに制限をかけ、飲酒禁止措置をとったり、ベッドスペースの取り締まりを厳格化させたりするなどした。そのためサービスハブ地域にある「グレイな経済・個人ネットワーク」機能は低下したようにみえる。

5　今後の課題と展望

非常に競争力の高いグローバルな経済大都市である香港とシンガポールでは、欧米の世界都市と同じように、資本主義社会にとっての剰余人口による生活空間がサービスハブの生成によって確保されている。また、サービスハブは、進行する経済の分極化や格差社会の激化に対するボランティアセンターによるイニシアティブでもあり、インナーシティにおいて地理・社会的

な中心性を生み出している。この中心性は、支援体制に加え、独特な住宅市場と公共スペースの存在にも現れており、さらに、地域の流動性にも大いに影響している。サービスハブは、剰余人口を対象とした様々な主体によって生成されてきた一つの空間であるため、一つの「エコシステム」として捉えることもできる。

このように、「エコシステム」をとして捉える際、例えば、本章で取り上げた住宅市場や公共スペースなどへの取り締まりが激化する場合、サービスハブという「システム」が全体的に影響を受けるため、サービスハブ内のバランスがいかに左右されるかは今後の課題として注目していきたい。

注

1. より詳細な説明は福本他（2018）を参照されたい。
2. 支援などのより詳細な説明は、コルナトウスキ（2010）とKornatowski（2010）を参照されたい。
3. 「ベッドスペース」というのは、ワイヤで囲った寝るスペースしかない劣悪なアパートであり、「ケージホーム」とも呼ばれる。こうしたアパートは香港島と九龍半島の旧市街地に集中している。
4. 住宅貧困の形態などにかんしては、コルナトウスキ（2012）も参照されたい。
5. ホームレスと公共空間については、Kornatowski（2008:61-63）も参照されたい。
6. このパーツは、コルナトウスキ（2017）とKornatowski（2017）も参照されたい。

参考文献

コルナトウスキ ヒェラルド、2010、「香港におけるホームレス支援―支援施策と福祉提供の実態」、『ホームレスと社会』(3)：70-79頁。

コルナトウスキ ヒェラルド、2012、「香港のインナーシティにおける民間低家賃住宅のマージナル化と住宅困窮問題」、『居住福祉』(13)：63-81頁。

コルナトウスキ ヒェラルド、2017、「外国人労働者の就労・生活空間の光と影―シンガポール・リトルインディア―」、水内俊雄・福本拓共編、『都市の包容力―セーフティネットシティを構想する』、法律文化社、33-44頁。

福本拓、水内俊雄、コルナトウスキ ヒェラルド、松尾卓磨、蕭閎偉、上田光希、陸麗君、キーナー ヨハネス、2018、「包容力ある都市論の構築―ジェントリフィケーションへの新たなアプローチを中心に」、大阪市立大学都市研究プラザ編、『先端的都市研究拠点2017年度公募型共同研究によるアクションリサーチ』、大阪市立大学都市研究プラザ、19-48頁。

Arotçarena, G., 2015, *Priest in Geylang: The Untold Story of the Geylang Catholic Centre*. Singapore: Ethos Books.

Cloke, P., May, J., and Johnsen, S., 2010, *Swept up Lives? Re-envisioning the Homeless City*, Wiley-Blackwell: United Kingdom.

Dear, M., Wolch, J., Wilton, R., 1997, The Service Hub Concept in Human Services Planning. *Progress in Planning* 42, 173-271.

DeVerteuil, G., May, J., von Mahs, J., 2009, "Complexity not Collapse: Recasting the Geographies of Homelessness in a Punitative Age", *Progress in Human Geography*, 33 (5), pp. 646-666.

DeVerteuil, G., 2015, *Resilience in the Post-Welfare Inner City: Voluntary Sector Geographies in London, Los Angeles, and Sydney*. Bristol: Policy Press.

Evans, J., Collins, D, Chai, C-A., 2018, "On Thin Ice: Assembling a Resilient Service Hub", *Area*, pp.1-10.

Kornatowski, G., 2008 "The Reconceptualization of Homeless Policy and the Social Welfare Response of Non-Governmental Organizations in Hong Kong", *Japanese Journal of Human Geography*, 60 (6), pp. 53-76.

Kornatowski, G., 2010, "Partnerships and Governance: Struggle, Cooperation, and the Role of NGOs in Welfare Delivery for the Homeless in Hong Kong", *City, Culture & Society*, 1 (3), pp. 155-164.

Kornatowski, G., 2017, "Caught Up in Policy Gaps: Distressed Communities of South Asian Migrant Workers in Little India, Singapore", *Community Development Journal*, 52 (1), pp.92-106.

Marr, M., 2015, *Better Must Come: Exiting Homelessness in Two Global Cities*. New York: Cornell University Press.

Mitchell, D., 2003, *The Right to the City: Social Justice and the Fight for Public Space*, New York: The Guilford Press.

Piper, N., 2006, Migrant Worker Activism in Singapore and Malaysia: Freedom of association and the role of the state. *Asian and Pacific Migration Journal* 15 (3): 359-380.

Smith, N., 1996, *The New Urban Frontier: Gentrification and the Revanchist City*, Routledge, London, pp. 262.

さらに勉強したい人のための文献案内

水内俊雄、福本拓共編、2017、『都市の包容力―セーフティネットシティを構想する』、法律文化社。
　本書は、都市・地域が剰余人口に対してどのようなスタンスをとるか、その多様性と矛盾ももったリアリティを認識したうえで、様々な対立を受け入れられる「包容力ある都市」という理論的フレームワークによって、考察する試みである。

DeVerteuil, G., 2015, *Resilience in the Post-Welfare Inner City: Voluntary Sector Geographies in London, Los Angeles, and Sydney*. Bristol: Policy Press.
　本書は、最貧困層がサービスハブを通じてどのように都心及びそれに近接する空間の

占有またはその利用を維持できるかを明らかにすることに着目している。そして、サービスハブは最低限の生活を営むことを可能にする地域だけではなく、「コモンズ」として展開していく潜在的力も有している。

第3章

台北市における社会的弱者が集住する整建住宅団地の更新に伴う居住支援について
―― 台北市斯文里三期整建住宅を事例として

蕭閎偉（大阪市立大学工学部都市学科）

本章の概要

　台湾及び台北市は、東アジア都市の居住と生活を検討するうえでは、特に注目すべき重要な事例である。これまでの分譲住宅一辺倒の住宅政策の浸透により、若年層を中心とする経済基盤が弱い市民の多くは住宅の確保に大きな困難に直面してきた。こういった住宅政策と社会現状に対しての反動から、台北市では近年「居住正義」というスローガンが住宅運動の勃発と共に一般市民からも大きく関心を寄せられている。実際、居住正義は近年新たに始動する多くのプロジェクトの中でも実現されようとしている。台北市では、1960年代頃から公共建設事業のために立ち退きされた違法建築集落の住民の移転先として整備された「整建住宅」という公的住宅が多く現存し、その中には現在でも多数の社会的弱者が集住しており、整建住宅の老朽化が進む中、その再開発や住民の再定住が重要な課題とされている。本章では、台北市政府による「都市更新」という事業手法に基づいて、先行事例として斯文里三期整建住宅での再開発を進める中、そこに集住する多くの社会的弱者に対する住民参加に基づく合意形成や、更新事業中の居住支援の実態に焦点を当てる。斯文里三期整建住宅の都市更新では、台北市政府による部署横断の支援体制の構築をはじめ、台北市が新しく整備・運営する「公共住宅」への移転や、それを補完するための廉価な民間賃貸住宅仲介プラットフォーム「包租代管」の活用など多様な多様な支援の取り組みがみられた。さらには台北市政府による時代に順応して様々なSNSツールを活用した情報発信や住民に寄り添った支援・相談の取組みも、今後東アジア都市の居住支援の現場においても導入・活用できる先進的な経験として評価できる。

1　台北市における整建住宅の歴史と現状

(1) 整建住宅の整備にかんする歴史

図 3-1　台北市内の整建住宅分布一覧

出典：台北市政府 2018:1 から加筆。

　「整建住宅」とは、台湾特有の公的住宅の一種であり、蔣介石・蔣経国政権時代において、台北市政府が 1962 から 1976 年の間にかけて、公共建設事業のために立ち退き、取り壊した違法建築集落の住民の移転先として用意した住宅であり、台北市内に 22 団地が建てられていたが、19 団地が現存し（図3-1）、計 1 万世帯余りである。整建住宅の多くは築年数が長く老朽化が進み、居住に適さない環境と化しており、再開発の必要性が高いとされている（蕭ら 2016: 2463）。

　具体的に整建住宅の整備に関する時代背景を遡ると、終戦直後 1950 年代の台北市は、日本統治時代の名残で平屋、長屋等が多い一方で、違法建築やバラック小屋も多く存在していた（図3-2左）。1963 年の調査によると、当時台北市における違法建築物は、52,667 棟で、計 72,056 世帯で、約 292,894 人が居住しており、当時台北市総人口の約 28.13% であった。そのため、1962

年からは、台北市を流れる淡水河の沿岸堤防の整備事業という大義名分の元で、違法建築物の取り壊しに本格的に取りかかることとなり、さらにこれらの事業に伴い違法建築物の住民への受け皿として「整建住宅」が整備され始めた (その一例として図3-2右)。1962年から1975年までの間、計23か所、11,012戸を供給し、計56,000名以上の従前住民の再定住を実現した。整建住宅の歴史的な背景を踏まえた位置付けと特徴は、下記の数点が挙げられる：

①行政による直接整備：台北市では、様々な公的住宅の供給がある中、整建住宅は行政による直接整備で、投資額もその中で一番多く、整建住宅は当時の台北市政府が最も注力していた住宅政策であったといえよう。

②土地と建物所有権の分離：整建住宅では、行政が整備した後に建物を住民に払い下げを行っていたが、整建住宅が立地する土地の多くは現在でも台北市の行政機関等が所有している。また、払い下げを行っていない住戸や、団地内の共有部分等も基本的に台北市等の行政機関が所有権をもっている。当時のこういった方針は、土地と建物一体での払い下げは住民には負担が大きいため、その負担軽減のため上物のみの払い下げに落ち着いたと考えられる。さらに、投機的な転売を防ぐために、所有権取得後一定期間の所有権移転に対する規制も行われていた。

③国民住宅の一環としての位置付け：当時の整建住宅の業務は、「台北市国民住宅建設委員会」の所掌であり、さらに当該委員会は1967年台北市の直轄市への昇格に伴い「台北市国民住宅と社区建設委員会」に改組され、その後1974年に国・行政院の指示に従い「台北市政府国民住宅処」を設立した。いいかえれば、整建住宅そのものは、1975年の「国民住宅条例」制定前に既に存在していたが、事実上は「国民住宅」業務の担当部署である国民住宅処によって行われてきた。つまり、整建住宅は事実上国民住宅の一環であり、さらにその所有権の大部分は未だに台北市が所有し、直接管理も行っている。

図3-2　1950年代の台北市における違法建築物の実態と整建住宅の整備事業

出典：台北市政府等（2012:2）から引用

(2) 今日における整建住宅の主な課題

　社会全体の少子高齢化と共に建物の老朽化も進んでいる今日の整建住宅においては、いくつの課題が挙げられる。

　①社会的弱者世帯の集住：既に多くの既往研究で指摘されているように、公的住宅には社会的弱者世帯の集住による「再スラム化」といった課題がある。整建住宅においても、同じような特徴がうかがえる。まず、これまでに整建住宅は、違法建築物の住民、つまりもともと比較的に低所得の困窮世帯が多いという前提条件があった。そのため、今でも社会的弱者世帯の中で、高齢者、障がい者、低収入戸（生活保護世帯）等の社会的弱者世帯の割合が高く、整建住宅に限ってみると16%で、台北市全体平均の4.3%を大きく上回っている（表3-1）。その原因として、まず、社会的弱者世帯がもつ低い社会的流動性にあると思われる。社会的弱者である違法建築物の従前住民が、整建住宅の整備後に入居し、さらに払い下げによりその所有権も取得したが、職業や収入等の社会的流動性の高い層が徐々に整建住宅から流出していく中、社会的流動性の低い層だけが取り残されていった。また、老朽化による劣悪な住環境が次の大きな要因と考えられる。台湾では、賃貸住宅の供給が圧倒的に少ないため借家住民世帯の割合も低い中で、全住戸に占める借家住民世帯の割合が10%である台湾全国の平均に対し、台北市では13%で、整建住宅に限

表 3-1　台北市における整建住宅の特徴にかんする概要

2010 年		借家住民世帯の割合	社会的弱者世帯の割合
台湾全国	7,378,039 戸	10.9%（国・主計処　2010 年調べ）	-
台北市	943,310 戸	13%（住展研究中心　2011 年調べ）	4.3%（台北市社会局　2011 年調べ）
整建住宅全体	**11,105 戸**	**40%～60%（OURs 2011 年調べ）**	**16.06%（台北市社会局　2011 年調べ）**

出典：台北市政府等（2012: 2）から加筆

　定してみると 50% 程度である（**表 3-2**）。それは、公的住宅であることもあり、劣悪な住環境ゆえに、家賃水準が低下し続け、その結果として社会的弱者でも負担できるような水準に達したことで、さらなる社会的弱者である住民の増加に繋がり、今日の状況に至ったと考えられる。

②自治機能の弱体化：整建住宅は法的には集合住宅であるため、「集合住宅管理条例」(中国語：「公寓大廈管理条例」) に基づいて管理組合を設置することが求められる中、先述のように住民の多くが社会的弱者であり、生活自体が困難であるため住民自治活動に参加する余裕もなければ、住民における高齢者、障害者割合が高く、人材不足も大きな課題である。実際、現状の整建住宅における住民自治は表 3-2 の通りに 3 種類があるが、それぞれの団地における住民自治の現状については、**表 3-3** の「組合・自治会名」と「属性」の欄に整理した。ここからわかるように、19 団地のうち、わずか 3 団地において登録済みの「管理委員会」(管理組合)がある、他の大多数の団地では任意組織である管理委員会が設立されているが、任意組織であるため住民参加や自治の度合いも比較的に低い。一方で、3 団地は未だに住民自治の組織がない。また、一部の団地では「再開発委員会」があるが、それはあくまで団地の再開発に向けて住民同士の合意形成と所有権関係調整を進めるための組織であり、必ずしも住民自治のための組織とはいえない。

③管理と自治機能の低下に伴う老朽化：先述のように劣悪な住環境は、社会的弱者である住民の集住に繋がる一因として考えられ、こうした状況が自治機能のさらなる低下にも繋がると考えられる。例えば、表 3-3 の「自力改修」の欄では、それぞれの実態に応じて分類した結果、低度な

表3-2　整建住宅団地の住民自治の現状

属性	実態
登録済み管理組合	(1) 国の条例である「集合住宅管理条例」に基づく組織で台北市政府に届け出ており登録済みのものである。 (2) 法的な位置付けがあるため助成金等の申請も比較的に簡単である。 (3) 基本的に住民が主体となり、団地内の環境維持管理、自治業務を行い、高度な自主性を持っている。
任意組織	(1) 基本的に住民が主体となるが、法的位置付けがないため住民への強制力や拘束力がない。 (2) 本来から整建団地内で個人商店（小型工務店、雑貨店、裁縫店等）を営む事業主が多く、商店街組織の延長としての色が強い。 (3) 団地内の環境維持管理、自治業務を行うことも可能だが、任意組織であるため、自主的な住民参加の度合いにより大きく左右される。
なし	(1) 公共環境、共用部分や住宅設備の問題等が出た場合、基本的には住民が里長[1]、隣長等の窓口に陳情する。 (2) 住民自治の主体がないため団地内の環境維持管理、自治業務への参加が消極的である。

管理に当たるC、D、つまり「最低限の維持管理しか行っていない」もしくは「維持管理の意思がない」が9団地あることも注意すべき点である。また、各整建住宅は築平均50年程度経過しており、修繕の必要が高いため、1990年代から続々と市による補助金に加え多くの修繕資金が投入されている。一方で、その実態は表3-3「修繕費」、「1戸当たり支出額」の欄に示した通りに、団地によってばらつきがみられ、修繕の成果も実際の管理維持等の住民による自治活動に反映され、維持管理が行き届かない団地はさらに劣化が加速し、住環境の悪化に繋がることもある。特に、整建住宅においては、個別の住戸においての違法な増改築や、経年劣化や管理不良による設備の老朽化や環境の悪化が随所にみられる。

表 3-3 整建住宅における住民自治と修繕の実態（金額単位：台湾元）

団地名	組合・自治会名 （住民自治組織）	組織属性	改修	1998-2011 の修繕費	戸数	1戸当たり支出額
斯文里1期	なし	—	D	4,215,542	240	17,565
斯文里2期	斯文里再開発委員会	任意	D	12,286,528	260	47,256
斯文里3期	蘭州アパート自治委員会	登録	C	9,617,729	205	46,916
蘭州	蘭州社区自治委員会	任意	B	10,704,809	510	20,990
南機場13号	南機場13号管理委員会	任意	C	21,616,214	1,440	15,011
南機場1号	南機場1号管理委員会	任意	A	25,161,290	1,176	21,396
南機場3号	**南機場3号管理委員会**	**任意**	**B**	**20,500,528**	**910**	**225,528**
南機場2期	南機場2期管理委員会	任意	A	104,102,640	579	179,797
西園路1期	A号棟、B号棟管理委員会	任意	C	7,630,540	411	18,566
西園路2期	**なし**	**—**	**D**	**12,295,430**	**504**	**24,396**
南機場1期	なし	—	D	14,672,964	1,264	11,608
南機場3期	南機場3期管理委員会	任意	A	7,894,266	259	30,480
水源路2期	2期再開発委員会	任意	D	2,977,520	360	8,271
水源路3期	**3期再開発委員会**	**任意**	**D**	**2,977,520**	**100**	**29,775**
信義路	台北市信維ビル管理委員会	登録	A	7,067,956	535	13,611
基隆路1期	信義基隆路住宅管理委員会	登録	A	7,282,072	535	13,611
民生東路	管理委員会	任意	A	531,512	192	2,768
剣潭1期	剣潭国宅A号棟管理委員会	任意	B	12,031,777	984	12,227
	2号棟管理委員会	任意	C	-	-	-
剣潭2期	A号棟管理委員会	任意	A	-	-	-

注：「改修」の詳細は、A：自力で積極的に維持管理；B：局部において自力で積極的に維持管理；
　　C：自力で最低限の維持管理；D：自力対応の意思はない。
出典：台北市政府等（2012: 2）から加筆

2　台北市による社会的弱者向けの整建住宅における都市更新

(1) 斯文里三期における都市更新の推進

　以上に示した整建住宅での劣悪な住環境への改善と住民の生活向上に向けて、台北市では整建住宅における都市更新を主な対策として進めている。台湾における「都市更新」とは国の法律である「都市更新条例」に基づく事業であり、日本における都市再開発法の中で定める市街地再開発に相当するが、本章では便宜上台湾の用語通り「都市更新」と称す。台湾における都市更新は、「都市更新条例」に基づいて「建替」、「改築」、「維持」の3種類があり、実施主体については、国や自治体が実施する「行政主導」と、第14条による株式会社形態のディベロッパー等開発業者並びに日本の組合にあたる地権者が組織する「更新会」等が主体となる「民間主導」とで大きく区別することができる（蕭、瀬田 2017: 2875）。都市更新の実施では、地権者同士の合意形成が要件であり、一番の難所でもある。スムーズな合意形成を促進するため、台北市では、都市更新に対し、既存の都市計画指定容積率の1.5倍を上限とする容積奨励（ボーナス床）をインセンティブとして提供している。一方、こうした高い奨励容積の付与を疑問視する声が近年高まりつつある中、台北市政府では行政主導による都市更新を通して、今後の都市更新のモデルの確立とその在り方の明示を企図している。その実現に向けて、2016年初「8+2フラッグシップ計画」の中に10の行政主導による都市更新のモデル事業が台北市政府によって掲げられた。その第一弾として、台北市において長年、合意形成に至らず課題とされてきた多くの整建住宅の中から、蘭州・斯文里整建住宅が対象に選ばれ、さらにその中の「斯文里三期」での先行実施が、2016年12月に住民の合意の下で決定された。

　「斯文里三期」（以下、「三期」と略す）を含む四つの団地から構成される蘭州・斯文里整建住宅は、「独居高齢者、障がい者や、日本の生活保護世帯にあたる低収入戸」等3種類の弱者世帯が多い。**表3-4**の通りに、中から三期には弱者世帯が特に多く、加えて狭小住戸（三期では10-12坪）も多いことが明らかである。この現状を踏まえて、斯文里三期を含む蘭州・斯文里整建住宅での

表 3-4　蘭州・斯文里の居住現状

整建住宅名		戸数	弱者世帯と割合		狭小住戸数と割合	
斯文里 整建住宅	一期	205	61 世帯	12.08%	約 133 戸	65%
	二期	240	31 世帯	29.52%	約 194 戸	80.83%
	三期	260	90 世帯	34.62%	約 162 戸	62.69%
蘭州国宅		505	39 世帯	16.46%	約 251 戸	49.8%

　行政主導による都市更新では、住民との合意形成は無論、弱者世帯が多い住民に対するきめ細かい配慮とケアが必要とされる。実際、そのための「三つの基本方針」として(1)地域生活環境の改善と公共サービス機能の提供と充実；(2)都市更新後の基本的居住権の保障；(3)既存地域ネットワークの維持等が打ち出されている。特に、(2)と(3)の実現に向けて、都市更新事業中の従前居住者への支援が一つ大きな方針として推進されている。

　三期を含む蘭州・斯文里整建住宅に対して、台北市(以下、「市」と略す)としては4団地個別の合意形成の進捗に応じ、柔軟に推進する方針であるため、四つの「更新単元」[2]に分けて個別に合意形成に向けて 2015 年 10 月 27 日に市が設立した都市更新を推進するための現地事務所が中心となり、住民参加を通して、合意形成に向けて調整を進めている。

　2015 年 10 月から 2016 年 11 月の間に取り組まれた一連の住民参加を受け、住民の合意が徐々に形成されるようになった。その中で 2016 年 9 月から 11 月までの間に実施された 4 団地別の住民の同意率アンケート調査によると、2016 年末時点 4 団地における住民が所有する土地面積と建物面積別に統計した平均同意率では、三期が 70.26% と最も高く、次に、二期(45.84%)、一期(26.30%)、蘭州国宅(11.39%)の結果となったため、三期での先行実施が決定された。権利変換計画の策定の提出に向けて、2017 年 7 月からさらに住民との一連の会話と手続きを進めることにより、2017 年 8 月抽選会時点の分配参加率即ち実質上の同意率が 96.68% に上り、2016 年時点よりも大幅に成長し、住民参加に基づく合意形成の成果がうかがえる。

(2) 都市更新の実施に向けた事前準備

　行政主導による蘭州・斯文里の都市更新の実施に向けた準備は、概ね2015年上旬から着手され、大きく下記の三つの内容が含まれる。

　①事前基本調査：主に都市更新にかんする期間中の仮移転や更新後の住居にかんする住民のニーズ調査に加え、都市更新の事業可能性の評価に向けて、個別訪問、現地調査によって土地・建物の価額鑑定を行い、これを基に事業にかんする試算を行った。

　②住民意見の事前集約：行政主導による都市更新の実施を見越し、その場合の権利変換や仮移転にかんしてワークショップを開催し議論を行って、さらに仮移転をテーマに絞ったワークショップも別途6回開催し、住民のニーズを明確に把握した。これを土台に、後の3段階の住民参加が実現されることになる（詳細は、次節を参照されたい）。

　③専門家意見の事前集約：行政主導による都市更新の可能性をより現実的に評価するため、台北市都市計画委員会、都市設計委員会、都市更新審議会の3委員会委員共同ワークショップによる意見集約や、専門家を中心とする都市更新の資金計画にかんするワークショップによって意見集約が行われた。

(3) 斯文里三期における住民参加に基づく合意形成プロセス

　準備段階を経た行政主導による蘭州・斯文里の都市更新における住民参加には、大きく三つの段階に分けることができる。各段階の詳細を調査から下記の通りに明示する。

　①第一段階：

　　実施時期：2015年10月頃から2016年1月末頃まで。

　　実施回数：住民を対象とする説明会計22回を実施した。

　　実施特徴：行政主導による都市更新の基本的概念にかんする宣伝と、詳細かつ幅広く意見を聴取することを目的とするため、各回の出席者数はおよそ20人を単位に設定している。

　　総動員数：延べ約440人程度の住民参加が実現された。

②第二段階：
  実施時期：2016年9月頃から2017年1月頃まで。
  実施回数：住民を対象とする説明会計12回を実施した。
  実施特徴：行政主導による都市更新にかんする意見の集約、同意率にかんする基礎調査を目的に、近隣同士の話し合いも狙い、各回の出席者数はおよそ40人を単位に設定している。なお、この段階では住民の同意率が最も高い三期での先行実施の決定を受け、台北市副市長の林欽栄氏(当時)が「感謝懇親会」も開催し、その場において三期における都市更新の事業開始を公表し、宣言を行った。さらに、これから三期の審議に密接に関係する台北市都市計画委員会、台北市都市設計委員会及び台北市都市更新審議会の委員らによる三期への現地訪問と住民との意見交換も行った。
  総動員数：延べ500人程度の住民参加が実現された。
③第三段階：
  実施時期：2017年5月初頭から2017年11月頃まで。
  実施回数：住民を対象とする法的手続きとしての公聴会をはじめ、都市更新にかんする税務相談ワークショップ等計14回の住民との意見交換の場が設けられた。
  実施特徴：この段階では、三期における都市更新の事業実施に向けた、公聴会を中心としつつ、地道に賛同や同意の表明が得られていない世帯や住民への個別対応が行われている。公聴会に関しては、毎回約200-300人規模での開催であるが、林副市長による参加意欲未表明の個別世帯への訪問や、これまで住民が自主的に組織した都市更新組合に対する説明会は、比較的小人数での実施であった。さらに権利変換における重複希望住戸の抽選会は、該当する住民・世帯のみの参加である。
  総動員数：延べ1,500人程度の住民参加が実現された。

3　斯文里三期における更新事業中の従前居住者への支援

　三期の都市更新では、「三つの基本方針」の基本的居住権の保障や地域ネットワークの維持の実現に基づいて、市による更新事業中の従前居住者への様々な支援が取り組まれている。

(1) 台北市政府内の部署横断による支援体制

　市の都市発展局をはじめ、財政局、社会局、衛生局等の10部署による部署横断の居住支援のための実施体制が2017年11月16日から構築され、従前居住者への支援内容にかんする度重なる検討を経て、実施に移ってきている。

(2) 仮移転先等居住にかんする支援

①仮移転先にかんする相談・支援：「三つの基本方針」が掲げられている基本的居住権の保障の実現に向け、従前居住者に対して、借家世帯でも所有権者世帯と同様に保障されている。台湾では、現行の都市更新制度の中では、借家世帯の仮移転にかんする支援は法的には義務付けがない現状を考慮すると、三期では一歩大きく前進したといえる。「公共住宅」[3]が主な仮移転先に活用されているが、公共住宅に入居できない場合は、家賃補助や物件探しにかんする支援も提供されている（**表3-5**）。以上に述べたような公共住宅に入居できず、物件探しが必要となる従前居住者世帯に対して、地道に自宅訪問や電話訪問により需要を調査し、必要な支援を行っており、その概要は下記の通りである。

頻度：2017年11月27日から、市による自宅訪問（**図3-3**）及び電話訪問の支援を開始しており、自宅訪問は週1-2回の頻度で、電話訪問は毎日、あるいは随時対応している。

体制：自宅訪問は毎回、市や現地事務所職員1-2名が出向き、電話訪問は、7名の職員を常時配置している。さらに、市の委託事業で民間事業者が運営する民間賃貸住宅の仲介プラットフォーム「包租代管」[4]での仲介支援や上述民間事業者によるSNSでの相談・仲介窓口も設置して

いる（詳細は、59ページを参照）。

実績：以上により2018年1月15日まで、既に延べ400人以上を対象に相談を実施した。また、相談の結果、計58世帯の従前居住者は支援が必要と判断され、各担当部署が支援を行った結果が**表3-6**の通りで、2018年3月4日時点49世帯が移転先を確保しているが、9世帯が相談・

表3-5　従前居住者の都市更新期間中の仮移転先

所有権	仮移転の需要	市による審査	仮移転先や支援
あり：所有権者世帯	あり	合	公共住宅
	なし	否	物件探し・家賃補助
なし：借家世帯	あり	合	公共住宅または家賃補助
	なし	否	物件探し

図3-3　現地事務所による訪問相談

出典：台北市政府（2018:10）から作成

表3-6　従前居住者の仮移転先

担当部局	世帯数		処理状況	世帯数
都市更新処	37	A：19、B：12、C：6	A：公共住宅や仲介支援	A：29
財政局	14	A：8、B：3、C：3	B：仲介、自力物件探し	B：20
環境保護局	7	A：2、B：2、C：0	C：物件探し支援が必要	C：9
計	58	58	-	58

出典：本章調査などにより試算・作成

確認中である。

②引っ越しにかんする相談・支援：従前居住者の円滑な引っ越しに向け、市による市場価額より廉価な指定業者による引っ越し相談とサービス等の支援も行っている。さらに、独居高齢者または障がい者、低収入戸の場合は、特別料金での利用も可能である。引っ越しにかんする相談・支援は、2018年3月初から現存住宅の市への明け渡し日の4月30日までの毎日、午前と午後の二つの指定時間帯に登録が可能で、登録順により順次引っ越し作業を開始する。登録方法は、QRコードのリンクでのネット予約と、現地事務所での登録または電話登録の3種類がある。電話登録には、現地事務所にて2名の職員を常時配置している。

(3) SNSを活用した寄り添いと情報公開

　三期の都市更新では、従前居住者への寄り添いと情報公開として、時代の流れに順応して、様々なSNSを活用して取り組んでいる。

①フェイスブック（Facebook）での最新情報の随時発信：従前居住者への情報開示と発信に向けて、フェイスブックを活用し、上述の諸相談等の情報発信をはじめ、事業の最新進捗を随時発信し、例えば明け渡しの風景も公開している（図3-4左）。

②通信アプリライン（LINE）グループでの物件仲介相談と情報共有：更新事業中の仮移転先について、物件探しの支援が必要な場合は、現地事務所や市の委託を受けている民間事業者等での直接相談に加え、ライングループ上での相談・仲介窓口もあり、そこでの即時の相談と情報共有が可能である（図3-4右1）。

③通信アプリライン（LINE）グループでの寄り添いと情報共有：従前居住者の更新事業への不安、または更新事業中の仮移転先での生活課題等に対し、通常の市の相談窓口とは別に、ライングループ上での、即時の相談と情報共有の場も設けられている（図3-4右二つ）。

図 3-4 SNS による従前居住者への支援

出典:台北市政府(2018:10)

(4) 小 括

　以上の通り、三期の都市更新では市による更新事業中の従前居住者への多様な支援の取り組みがみられた。まず、市による部署横断の支援体制の構築に始まり、所有権者や借家世帯問わず仮移転先にかんする配慮と支援がなされ、中でも市が運営する「公共住宅」が主な仮移転先として活用され、さらにそれを補完するため、市の委託事業である廉価な民間賃貸住宅仲介プラットフォーム「包租代管」も活用されている。また、移転先の確保のみならず引っ越しにかんする相談・支援もなされている。以上の努力の成果として、400人以上を対象に相談を実施し、既に49世帯の移転先の確保を実現している。居住への支援のみならず、従前居住者への寄り添いと情報公開においては時代に順応して、SNSを最大限に活用しており、フェイスブックでのタイムリーな情報公開と発信に加え、ライングループでの物件仲介相談と情報共有、さらには仮移転先での生活の不安への相談や情報共有のためのライングループも運用されている。

4　今後の課題と展望

　本章では、台北市の行政主導による蘭州・斯文里の都市更新の中で先行実

施となった三期の事業にかんする現状を整理した結果、住民参加により進められた三期の権利変換にかんする順調な進捗を把握し、さらにその合意形成プロセスの詳細と内実も明らかにした。また、三期の都市更新での更新事業中の市による従前居住者への多様な支援の取り組みも明らかにした。市による三期での取り組みは、今後類似する事例の参考経験として期待される。

一連の考察を踏まえて、今後の類似するような住宅団地での都市更新事業における従前居住者に対する望ましい支援の在り方について、著者は台北市での行政主導による三期の都市更新への事例分析から、下記の通りに提言したい。

①住民参加と地道な調査による丁寧な会話：合意形成に向けた住民参加は無論、仮移転先等の需要にかんする調査も重要であり、それによって適切な支援を検討する必要がある。

②部署横断による支援体制の構築：支援を展開するにあたり、部署横断による資源の共有と役割分担が重要である。さらに、単一自治体内部での支援体制のみならず、周辺自治体や国も巻き込んでの横断的な支援体制の展開が期待される。

③居住基盤の確保にかんする多様な支援：更新期間中の一番の課題は住居であるため、仮移転先等住居基盤の確保にかんする支援、特に多様な世帯・従前居住者の特徴や需要に対応できるよう、多様な居住にかんする選択肢やオプションの提供が望ましい。

④多様なツールを活用した寄り添い・支援・情報共有：SNSの活用が普及する情報化社会ではフェイスブックやライン等のツールを活用した支援は、迅速性と利便性に優れ、さらに従前居住者にも気軽に利用できるため支援のよりいっそうの浸透と向上に繋がることも予想される。ただし、その中で個人情報の管理や、プライバシーへの対応も十分配慮し、細心の注意を払って扱わなければならない。

注

1　「里長」とは、台湾における末端の行政区画単位である「里」の責任者である。台

北市内には 12 区あり、計 468 里ある(単純計算で区あたりに平均 39 里ある)、各里には公職選挙によって決められる里長を置く。里の下にはさらに「隣」という区画もあり「隣長」もあるが、あくまで連絡係的な役割で、隣長は選挙ではなく里長の指名により任命され、行政の人口統計は里を単位に行っている。

2　台湾における都市更新は、都市更新条例に基づいて優先度が高く、行政によって指定された、比較的に大きい範囲である「更新地区」での実施が前提であるが、未指定の場合でも台北市では市が定めた基準に準拠し、所有権者自らが、比較的小さい範囲である「更新単元」の指定を申請することもできる。実務上、更新地区は複数の街区を対象にするものが多く、更新単元の場合は地権者発案型が多く、その実施可能性への考慮もあり、単一の街区や街区の一部でも、全体の土地面積が 1,000 ㎡以上かつ一定の条件を満たせば指定が可能である。

3　台北市では、これまで持ち家の取得や、分譲型の国民住宅等を中核とした住宅政策を展開し、一般にいう賃貸型公営住宅の供給が長年懸案となってきたが、2011 年国による住宅法の法整備を契機に市は新たな住宅政策の展開し、賃貸型公営住宅への転換へと舵を切った。その取組みとして主に台北市特有の賃貸型公営住宅である「公共住宅」の整備が挙げられる、計画の詳細では、台北市の市有地や市内の国有地を積極的に活用し、2014 年から 2018 年までの 4 か年計画に基づいて 49 団地、計 20,000 戸の賃貸型公営住宅を整備する目標である。2018 年時点の進捗として、既に 12 団地、計 1,990 戸の公共住宅の整備が完了している。

4　包租代管とは、国の内政部の助成を受け、市による 2017 年 10 月以降に新たに開始した事業である。その趣旨は、民間の遊休物件、空き家等を活用し、高齢者や低所得者等に対し廉価な民間賃貸住宅として提供するように奨励するものである。その仲介とマッチングのためのプラットフォームは、市の委託を受け、崔ママ基金会等四つの事業者が運営しており、このプラットフォームに登録し、マッチングを経て成約した場合、入居者への家賃補助や、それを担当する事業者への仲介費が支払われる。一方、家主側へは事前の修繕補助金や、税金の減免措置等の優遇が受けられる。2017 年の事業開始から 2018 年 3 月 14 日までに、既に 120 件以上の物件の成約実績が上がっている。

参考文献

蕭閎偉、城所哲夫、瀬田史彦、2016、「住宅団地における福祉のまちづくりの取り組みに関する考察：台湾台北市南機場地区の整建住宅団地を事例として」、『日本建築学会計画系論文集』81(729)：2463-2473 頁。

蕭閎偉、瀬田史彦、2017、「台北市における都市更新の事業実施プロセスとその実態：竣工済みの実例に基づく実施範囲・方式別の特徴に関する分析」、『日本建築学会計画系論文集』82(741)：2875-2883 頁。

中国語文献

台北市都市更新処、2018、蘭州―斯文里整建住宅公弁都更案、台北市政府。

台北市政府、中華民國專業者都市改革組織、2012、台北市早期公共環境改善兼周辺

地区先期計画、台北市政府。
台北市政府、2018、斯文里三期公弁都市更新案、台北市政府。
台北市政府、2018、斯文里三期公弁都市更新, https://www.facebook.com/SiwenVillage3/, 2018.5。

さらに勉強したい人のための文献案内

蕭閎偉、城所哲夫、瀬田史彦、2016、「住宅団地における福祉のまちづくりの取り組みに関する考察：台湾台北市南機場地区の整建住宅団地を事例として」『日本建築学会計画系論文集』81（729）：2463-2473 頁。
住宅の老朽化・住環境の悪化が顕著にみられる社会的弱者の集住地である南機場整建住宅団地における福祉のまちづくりの現状とその運営主体が中間支援組織から地域組織へと変遷していく過程とその特徴を明らかにし、さらにその活動の成果も客観的に評価している。

蕭閎偉、瀬田史彦、2017、「台北市における都市更新の事業実施プロセスとその実態：竣工済みの実例に基づく実施範囲・方式別の特徴に関する分析」『日本建築学会計画系論文集』82（741）：2875-2883 頁。
台湾特に台北市の社会的弱者集住地の再開発においても多く利用される都市更新制度の特徴とその事業の成果について、これまでの多くの実例の分析を踏まえて網羅的に解明した上で、現状における制度の課題も指摘している。

第4章

「不安定居住者」に対する居住支援
―― 台北市を事例として

中山 徹（大阪府立大学名誉教授・大阪市立大学都市研究プラザ）

本章の概要

　1990年代後半以降、日本や欧米諸国だけでなく、通貨危機の中で東アジア先進国においても「不安定居住者」問題が深刻となり、大きな社会的問題となり、様々な対応策が取られている。日本においては、ホームレスが減少する中で、新たに多様で複合的な課題を有する生活困窮者問題が浮上し、これへの対応策として2013年「生活困窮者自立支援法」が成立し、2018年6月には改正され今日に至っている。近年では、ホームレスだけでなく、生活困窮者等の居住問題が登場し居住支援の在り方が浮き彫りとなっている。

　東アジア先進国の一つである台湾・台北市においても1990年代から遊民問題が社会福祉問題と位置付けられ、民間支援団体と連携しながら社会局（社会福祉部局）や労働部局等による対応策が制限的な社会救助制度（公的扶助制度）を補う形で展開してきている。そこで、本稿では不安定居住者の典型である台湾・台北市における「ホームレス」に対する先進自治体である台北市を事例に遊民支援策の現状と課題について考察することを目的とする。そのため第1に、台北市における支援策の枠具と実態、第2に、台北市における遊民施策の全体像にかんして公的支援施策を中心に考察し、第3に、近年の民間支援団体の新しい取り組みなどを新しい紹介し、今後の課題について示すこととする。その際、中間施設や就労支援等に着目したい。東アジア先進国における最も不安定居住状態にある人々にかんする研究は、東アジアにおける社会福祉研究の一助をなすものと考える。

　なお、ここで用いる「不安定居住者」は、「居住」が不安定な状態にある人々という意味である。その典型的形態は、「ホームレス」である。

1　台湾における遊民支援策の枠組みと実態

(1) 「遊民」（ホームレス）の定義と支援策の枠組み

第 4 章　「不安定居住者」に対する居住支援　65

　日本における狭義の「ホームレス」概念に近い用語は、中華民国（以下、台湾と略す）における「遊民」（以下、語感を生かすためにホームレスではなく、「遊民」とする）は、日本における狭義の「ホームレス」概念に近い用語である。ただ、近年、「遊民」という用語の代わりに、民間支援団体等では、「街友」という言葉を用いる場合もある。

　台湾において、全国一律の「遊民」の定義はない。その根拠は、台湾の公的扶助制度である「社会救助法」第 17 条にある。同条には「遊民」にかんする定義は規定されていないが、国の遊民施策に対する考え方等が示されている。

　第 17 条において「警察機関は帰る家を持たない遊民を発見した場合、その他法律の規定のある場合を除いて、社政機関（部門）に通知して共同して処理し、また身元を明らかにし、社会救助施設あるいは社会福祉施設に送って入所させ指導する。身元の明らかになった者は、ただちに親族に連絡する。入所を望まない者については、記録し、また関連の社会福祉情報を提供する」と定めている。また、「遊民の施設入所および指導の規定については、直轄市、県（市）の主管機関がこれを定める」とし、自治体ごとに遊民に対応するために規定を定めることを求めている。これに関して、国は『○○県（市）遊民安置輔導自治条例範例』という条文例を示している。条文例通りの自治体もあるが、独自に条文を定めている自治体もあり、結果として台湾では自治体によって遊民の定義が異なる状況が生じている。現在、直轄市、13 県等のすべてにおいて条例や「取扱方法」（辦法）が定められてはいる。

　上記以外の同条例にみる遊民施策の考え方の基本的特徴は、第 1 に、当該者の身元の確認が第一義的に捉えられている点、第 2 に、社会福祉施設等への入所と指導が優先的に考えられている点、第 3 に、身元判明者に対する親族への連絡、といった点にある。

　台北市における遊民施策の法的根拠は、第 1 に、社会救助法第 17 条に基づく「台北市遊民安置輔導自治条令」（2014 年 1 月施行）である。長らく遊民支援の法的根拠であった「台北市遊民補導辦法」（1994 年）は、2014 年 1 月に「台北市遊民安置輔導自治条令」（以下、「条令」と略す）に改定された。「台北市遊民補導辦法」で「1 街頭および公共の場所に住む者、乞食行為を行う者。2 精

神病、心身障害の疑いがあって放蕩している者で、保護する者が無い者」という遊民の定義を、同条令第2条で、「恒常的に公共の場所あるいは人々の出入する場所にいる者」と、野宿空間と野宿の恒常性を示す定義に修正した。また、同条令第4条で、遊民の支援にかかわる自治体の部局間の連携の制度化と社会局（アウトリーチ、施設収容、福祉サービス・社会救助制度等）、労働局（就職指導等）、衛生局（医療支援）、警察局（身元・確認照会、社會局と連携した施設入所等）、民政局（戸籍管理）、環境保護局（公園等の整理・管理）等の役割を改めて明記した。これに基づき、政策的展開がなされている[1]。

第2は、公的扶助制度である社会救助制度である。後述するように、制限扶助主義を採用していることから、遊民への社会救助制度の適用には様々な制限が存在している。このことが、「遊民」からの脱却を押し止める一つの要因となっている。

(2) 台北市における「遊民」の実態―台北市における遊民の概観

本章の考察対象である台北市は、台湾において最も遊民が多い自治体であり、先進的に遊民支援策を展開している自治体でもある。以下、遊民の概況についてみておく。

1) 台北市における遊民数の動向

台北市における遊民数を台北市衛生福祉部「衛生福祉統計」(2018年)[2]でみると、2018年末現在で2,585人（男女計）であり、そのうち台北市は647人(25.03%)で全国の中で最も多い。他の自治体をみると、新北市160人、桃園市193人、台中市213人、台南市184人、高雄市436人となっている。既に述べたように、各自治体における定義の違いがあるため、比較には注意が必要である。

上述したように、台北市の「遊民」は、台湾の中で最多の自治体である。各年末の遊民数を公表した2011年以降の数値をみると（**表4-1**）、2011年に718人であったものが、2015年には782人(108.9%)とピークを迎え、その後2018年には669人(93.2%)となっており、約600人〜700人で水

表4-1 年次別遊民数の推移

(単位：人、%)

年次	年末・人数			年末・人数		
	総計	男	女	総計	男	女
2011	718	653	65	100.0	100.0	100.0
2012	677	622	55	94.3	95.3	84.6
2013	779	706	73	108.5	108.1	112.3
2014	586	527	59	81.6	80.7	90.8
2015	782	681	101	108.9	104.3	155.4
2016	594	516	78	82.7	79.0	120.0
2017	647	555	92	90.1	85.0	141.5
2018	669	571	98	93.2	87.4	150.8

出典：台北市衛生局『社会福祉統計（遊民処理統計）』2018年より作成
https://dep.mohw.gov.tw/DOSAASW/cp-1721-9439-113.html

準で推移していることがわかる。重要なのは、減少傾向にあるという状況にないということである。

　台北市における遊民は、地域的に偏在している。「萬華区」（龍山寺公園等）や「中正区」（台北駅周辺）に集中している。後述する『遊民生活状況調査結果』（台北市社会局、2016年3月）によれば、2016年遊民総数558人の内「中正区」が235人（42.1％）、「萬華区」214人（38.4％）と両区で約80％となっている。

2）台北市における遊民の生活と労働の実態

　台北市における遊民の生活と労働の実態について、台北市による「遊民生活状況調査」（2016年12月）から概観しておこう[3]。

①基本的属性

　性別は、213人のうち「男性」189人（88.7％）、「女性」24人（11.3％）と9割弱が男性である。年齢別分布は「60〜69歳」が37.1％、「50〜59歳」が31.0％で、全体の7割を占めている。稼働年齢層とされる「40〜49歳」が17.4％、「30〜39歳」が8.5％となっている。日本的脈絡でいえば生活保護の対象が約7割ということになろう。戸籍所在地は「台北市」が33.3％、「新北市」が30.0％、両市で63.3％と6割を占めている。「戸籍」が台北市にあるかどうか、が社会

救助制度の対象者か否かといった判断材料の一つとなっている。教育程度は、「義務教育」(小・中学9年制)が69.5%で低学歴者が多い。「婚姻歴」では「未婚」が50.7%、「離婚」が32.4%である。「子どもがいる者」は39.0%となっている。家族の有無も社会救助法の対象か否かの一つの判断の材料として重要である。約7割の者が「社会福祉資格のない者」(69.5%)であるが、「心身障がい者向け手当」8.6%、「国民年金等」(5.9%)・「社会救助の生活扶助」(5.9%)を受けている者も1割程度存在している。

②野宿の状況

野宿場所は、「駅・駅周辺」(30.1%)、「公園」(26.8%)で6割弱である。「食事」(複数回答)では、「自分で購入等」が27.4%と多いものの、「民間による「炊き出し等」が24.7%となっている。「野宿期間」は、「1〜5年」が26.3%を占め、「6〜10年」が20.7%、「1年未満」は12.7%、「10年以上」が約30%であり、長期化していることがわかる。「野宿に至った主たる原因」(複数回答)では、「家賃を支払う所得がない」(41.8%)と「家族の不和」(15.5%)が最も多い。「就労状況」については、「仕事がある」者は47.9%、であるが、その仕事は、主に臨時的労働や単純労働である。

「生活費」の主な源泉は、「仕事による収入」(54.5%)と「社会福祉による収入(障がい者手当や老人年金)」(14.7%)である。

③居住と福祉サービス等に対するニーズ

「路上以外の居住の利用状況」では、「自治体の入所施設」(24.3%)、「短期賃貸」(32%)、「ファースト・フード等」(22%)、「ネットカフェ等」(18.5%)となっている。そして、一定の定まった住居に対するニーズは76.1%と高い。自治体の居住サービスについては、家賃補助や安価な賃貸住宅の提供などが挙げられている。また、福祉サービスについては、「現金給付」、「食事や物品の提供」、「雇用サービス」が高い割合を示している。また、「中途の家」などの「入所施設」を利用した者のうち約60%の者が、プライバシーがない等の理由で否定的評価であった。

2　台北市における遊民支援施策

　台北市における遊民支援の中でも、上述の「台北市遊民安置輔導自治条例」に基づく支援施策と「社会救助法」の限界性について、述べておく。

(1) 社会救助法の限界[4]

　台北市における「条例」に基づく遊民支援策の役割とその意義をみるためには、台湾における社会救助法の特質について述べておく必要がある。

　公的扶助制度には、労働能力の有無や困窮原因、家族状況のいかんを問わず、現に困窮していれば、公的扶助制度の保護の対象にする一般扶助主義と生活困窮の状態にあっても、その原因や労働能力の有無等について制限を設け、制度の対象としない制限扶助主義がある。日本の公的扶助である生活保護制度は、一般扶助主義を採っている。だが、その実際の運用において、稼働能力の有無や年齢要件、さらに住所の有無等を理由とした制限的運用がなされてきた。特に、ホームレスに対する生活保護適用については、「稼働能力がある」や「住所が無い」といった理由で極めて制限的であった。しかし、2002年のホームレス特措法の成立とその後の2008年のリーマンショックといわれる国際金融危機に伴う経済不況の中で、ホームレス等への適用が法の趣旨に即した運用となり、様々な課題を残しながらも生活保護により、野宿状態からの脱却が進展し、この事がホームレス数の減少に寄与した。一方、台湾の社会救助法は、いわば制限扶助主義を採っており、遊民への適用には、様々な制限が存在している。

　社会救助法の遊民への適用について、次のような問題がある。第1に、生活扶助の申請先は戸籍地の主管機関で、申請世帯のすべてが戸籍所在地に居住していなければならないといった戸籍所在地という要件があり、申請自体に制限があることである。例えば、台北市に戸籍がない者は台北市に申請ができない。したがって遊民で台北市に戸籍がない者は申請することはできない。台北市の「戸籍」取得は容易ではなくまた時間も要するという現状にある。また、後述する「条令」に基づく支援策からわかるように、施設入所が

重要視されている 。第2に、仕事による収入にかんしては、月額最低賃金に基づいて一定の『みなし』収入があるとして計算されることである。就業している者については給与証明か課税の資料の提出が必要である。それができない場合、職業別平均賃金に基づいて収入があるものとされる。また、稼動能力があり、就業していない者についても失業認定を受けた失業中の者や職業訓練中の者などを除き、月額最低金額に基づき収入があるものとみなされる（同法第5-1条）。このような「みなし」収入の規定は、社会救助の申請、受給制限に繋がるものと考えられる。なお、同法でいう稼動能力を有する者は、障がい者などを除く16歳以上65歳未満とされている（同法第5-3条）。

このように、戸籍や稼働能力による制限があり、遊民が社会救助を受けることは難しく、実際には65歳まで待たなければならない。また、受給資格について「配偶者」や「一親等の直系血族」を申請者の世帯構成員に含めるとしていることから、家族関係が切れていても子どもや配偶者がいる遊民の場合は、65歳になっても原則として受給できない。

このように現行社会救助法の下では、様々な制限によって、路上にいる遊民は救済対象から除外されがちとなっている現状にある。65歳以上になって初めて社会救助法の対象となっている現状にある。

そして、台北市内には、社会局管理の社会救助（低収入戸）受給者等に対する市営住宅（平価住宅）が四つ（「安康住宅」(924戸)、「福民住宅」(340戸)、「延吉住宅」(120戸)、「大同の家」60戸）あり、総戸数は1448戸である。2018年12月現在では全て入居申請が停止となっている。「平価住宅」の広さは8坪～14坪と狭いものの家賃は免除で経費（100～400台湾ドル）は管理費だけであるが、単身世帯は除外されており、65歳以上の元遊民の居住確保という点では機能していない。遊民支援策として民間の低廉住宅の開拓確保による社会救助への繋ぎが、支援現場で大きな課題となっている理由はここにある。

このように野宿状態からの脱却方法としての社会救助制度活用が限定されていることから、支援策は、路上を前提とした基本的生活支援、中間施設への入所、路上または中間施設から就労や家賃補助等に限定されることなる。

(2) 台北市における遊民支援策[5]

　台北市における主な遊民支援策は、第1に、路上にいる遊民の基本的生活ニーズに対する支援である。炊き出し・食事の提供、シャワー・ルーム利用等やアウトリーチ、そして冬季の物資支給等である。また、行政の支援拠点である「萬華社会福祉センター」には、遊民支援専門のソーシャルワーカーが配置されており、シャワー・ルームと洗濯機を設置しており、ドロップインセンター的役割を果たしている。炊き出し・食事提供等は主に民間支援団体によってなされている。

　第2に、医療支援で、健康診断、検査、入院等の支援である。入院等にかかわる費用は社会局が補助している。

　第3に、遊民に短期的入所を提供する中間施設(「中途の家」)である。台北市が直接管理する「台北市遊民収容センター」(84床)と公設民営の「平安居」(29床)がある。前者は社会福祉的支援を要する社会型遊民、後者は稼働能力を有する経済型遊民がその対象である。

　第4に、民間支援団体が運営する「夜間宿泊」と「アウトリーチ」に対する支援事業がある。同事業は、民間支援団体が運営する短期(原則90日)の中間施設とアウトリーチ活動に対し補助を行っている。既に上述したように、これらの中間施設の居住環境の上では個室でないため忌避的である者が一定数存在している。この制度を活用して宿泊を提供する民間支援団体はデータとして古いが2014年時点では4法人で入所定員総数は60人で、台北市の公私の中間施設の定員総数は173人となっている。台北市の遊民総数に対して、その数は十分な提供数ではない。

　第5に、台北市独自支援事業「台北市遊民職業・生活再建事業」がある。その目的は、次の4点である。①路上の高齢者(65歳以上)、障がい者(精神障がいの疑いのある者を含む)、身体的に虚弱な遊民を支援・指導し、緊急保護と医療ケアを行い、生命安全の確保すること。②路上生活をはじめたばかりの者、または若年・壮年の遊民(20～45歳)で、働く能力のある遊民を早期に労働市場に復帰させ、路上生活の長期化を防ぐことである。③アセスメントを実施し、専門的技能をもつ中高齢の遊民に対しては職業再建を支援し、

労働市場への復帰が難しい遊民に対しては福祉的就労による支援を実施すること。④社会局による指導や施設入所を受け入れず長期化している遊民に対しては、生命維持と緊急医療など生活面でのケアを行い、遊民の路上での凍死等などの不慮の事故を減少させることである。

労働市場への復帰を目的とした「職業再建計画」では、就業準備金を提供し、求職段階における交通費や労働保険（失業保険、労災保険）に加入することを条件に家賃補助が支給されている。また、「生活再建計画」では、労働市場への復帰が難しい中高年者や施設入所を受け入れない者などに対して、コミュニティサービス業務（「社区・里」（区の下にある行政単位）の公園・街頭清掃等の環境維持業務）を実施し、生活費を支給している場合もある。就労によるいわば「福祉的就労」である。

また、「戸籍」が台北市にない遊民に対しては、「戸籍」の台北市への移動など、その要件を整えるまで、ソーシャルワーカーの評価を踏まえて、生活扶助金と家賃補助が実施されている。これは社会救助制度適用を図るための支援策である。

(3) 台北市労働局による遊民支援[6]

台北市労働局では、2002年から社会局と連携して遊民支援を開始しており、幾つかの段階を経て今日に至っている。特に、2007年から社会局からの予算の組み入れと協力体制の強化がなされている。労働局（旧労働局）とは、職業紹介、労働保険等を担当している部局である。2007年からは社会局の事業である「台北市遊民職業・生活再建事業」の予算に、労働局への就労支援の委託費用が正式に含まれるようになり、その受託分の予算も合わせて上述の「経済型遊民就業促進実施計画」の中に組み込まれる形となった。同計画の2017年度予算は、321,434台湾ドルでうち社会局は5割弱の2,500,000台湾ドルである。

主な支援内容は、①求職登録、②面接紹介、職業紹介、③ケースマネージメント、④求職登録及び就職した遊民へのアフターフォロー、⑤夜間のアウトリーチ、⑥衣服・身だしなみへの補助、⑦経済型遊民の求職のための交通

費食費、就職後の初期交通費食費、家賃補助（社会局より委託）、⑧遊民に対する年末年始の臨時仕事（主に清掃）の提供等である。2016度の就業実績（1月〜11月）は、求職登録者延639人のうち就業者は延470人（73.5％）と高いものの、「1ヶ月未満」が延316人（67％）約7割を占めており、短期的仕事等のため就業継続性に問題を残している。

3　民間支援団体による遊民支援と展開

(1) 台北市における民間支援団体による遊民支援[7]

　台北市における遊民支援は、「台北市遊民安置輔導自治条例」に基づき実施されている。台北市の主な施策は、二つの「区」に遊民専任ソーシャルワーカーを配置し、萬華区の支援拠点（萬華区社会福祉センター）を中心に、また、労働局と連携して展開している。しかし、**表4-2**にみるように、民間支援団体も遊民支援を担っていることがわかる。主な民間支援団体は、8団体である。その多くは炊き出し・食事提供等多様な支援だけでなく、台北市のアウトリーチや夜間宿泊等の中間施設運営等の業務を受託している。短期の入所施設を運営している民間支援団体は、「平安居」を含めて4団体である。ただし、社団法人芒草心慈善協会は2013〜2015年であり、別の新たな入所施設である。支援内容からみると、一部を除き、民間支援団体による支援は、極めて重要であるが、野宿生活を「前提」とした支援であると考えられる。表中にある社団法人芒草心慈善協会は、設立経緯と事業展開からも極めて特徴的な団体である。そこで、この団体について次に述べる。

(2) 社団法人芒草心慈善協會の事業展開とその特徴

　民間支援団体の一つである社団法人芒草心慈善協会は、幾つかの段階を経て発展してきた。当初台湾・日本・韓国・香港の国際交流等の組織として、大阪市立大学都市研究プラザ台北サブセンター（2009年）として2011年に設立された。当該組織の創設者は、台北市萬華区社会局遊民専任ソーシャルワーカー・楊運生氏（初代理事長）である。その後、同僚の張獻忠氏等が参加した。

表 4-2 台北市の主要な遊民支援団体・支援拠点と主な支援内容（2018 年現在）

	名称	主な支援内容	所在地
台北市	●社会局遊民専任チーム	台北市の支援業務全般	萬華区
	●台北市遊民収容センター（84 床）	中途の家（一時的入所施設・中間施設）	新北市
	●台北市労働局就労サービスセンター・萬華窓口	就労支援	萬華区
民間支援団体	○天主教聖母聖心「平安居」公設民営（29 床）	中途の家、食事、アウトリーチ、宣教	大同区
	財団法人人安基金会「平安站」	食事提供、入所、医療、物資提供、シャワー、アウトリーチ	萬華区
	財団法人基督教救世軍教会	宣教、シャワー、食事提供、医療、アウトリーチ、物資提供	大同区
	○基督教恩友センター・愛心協会（30 床）	宣教、シャワー、食事提供、医療、訪問、物資提供	萬華区
			南港区
	台湾愛隣コミュニティサービス協会（基督教霊糧堂）	宣教、食事提供	萬華区
	当代漂泊協会	権利の主張	大同区
	○財団法人昌盛教育基金会（10 床）	中途の家、巡回	萬華区
	○社団法人台湾芒草心慈善協会（20 床）	新たな居住支援等多様な支援策	萬華区

注：●印は公的拠点、○印は入所施設である。
　　社団法人芒草心慈善協会の 20 床は現在台北市の委託以外である。
出典：中山徹・山田理絵子 2013b を修正

海外との交流・東アジアインクルーシブネットワークのワークショップ等への参加を通して、台湾の遊民問題にかんして情報発信すると共に、海外における実践経験を吸収していった。

2013年～2015年臺北市の遊民施策の補助計画である「短期・臨時居住施設の運営」(2016年「臺北市夜宿補助方策」、2018年現在「補助辦理遊民住宿、外展及支持性服務」に該当) の委託を受け、観光地の龍山寺に近接した萬華区三水街に民間住宅を1棟借り上げ、中間的居住施設「三水楼」(1階部分事務室等、2～3階居住空間) を設立し、アウトリーチや宿泊に対して台北市が補助するプログラムを実施していた。2014年には支援活動の範囲を「無家者自立支援策(ホームレス自立支援策)」に拡大した。その支援プログラム①遊民当事者による「街遊」事業 (龍山寺周辺のフィールドワーク)、②就業支援策として「起家工作室 (KIGE)」(専門的技能をもつ遊民の仕事づくり) の創設、③大学生等若年を対象とした、実際にホームレスとなり、炊き出しや寝床を自分で確保する等を体験する「ホームレス生活体験」等の活動である。

だが、地域住民の遊民に対する偏見・差別感は強いことから、遊民が集中する龍山寺前の公園周辺の地域住民とのコンフリクトやこれを大きく取り上げた市議会議員問題等も発生した。2015年12月組織内検討の結果、中間施設である「三水楼」を閉鎖した。そして、「龍山寺」真横に「事務所」兼「中間居住施設」を設けた。さらに新「事務所」(4団体と共有) に移転し、「居住施設」(「康定客桟」と「広州客桟」の2カ所、それぞれ10床で計20床) を創設した。2016年には「臺北市夜宿補助方策」に申請しなかった。この時点が同組織の転換点と捉えられよう。台北市内には同市からの委託を通して、遊民に対する現場支援 (シャワー・炊き出し・物品提供等)・居住支援 (中間的居住提供と入居中の生活支援) 等を担っている団体は、表4-2にみるように「平安居」(公設民営) をはじめ「恩友中心」等が存在している。当該協会も2013～2015年まで、その一翼を担っていた。

その後、「遊民」を主たる対象としながらも、萬華区等の「社会的弱者」に対する就労支援と居住支援による当事者「エンパワーメント」施策、さらに地域住民等への「啓発」活動等を展開し、他の遊民支援団体と異なった方向

性を目指すことになってきたと考える。現在の彼らの活動プログラムの柱である①「自立支援」、②「OPENDOOR」の具体的メニューにそれが端的に示されている。これまで同団体の中間施設の運営は、民間「家主」から物件を借り上げ、市からの「補助金」によって運営された。脱「遊民」支援策として「居住支援」（居住確保と生活支援）と継続的居住に繋がる「就労支援」が脆弱な台北市においてその果たす役割は重要であった。しかし、「家主」と自治体との関係においては、低所得向け民間賃貸市場では、「グレー」な部分が存在し、その「限界」が指摘されてきた。「三水樓」閉鎖以降、都市発展局の社會住宅政策である「借上・管理システム」（「包租・代管」）を担う「財団法人崔媽媽基金會」（居住弱者支援団体等）のプログラムによって基盤を構築してきている。同基金会が、物件をみつけ、芒草心が管理をするという方式で運営されている。この新しい取組みによる今後の展開に注目したい。

今後の課題

　台北市における遊民支援策を網羅的に考察した。台北市の遊民支援は、積極的にアウトリーチを行うという優れた方法を採用しているものの、その中心となっているのは、路上生活をいわば前提とした基本的な生活支援、中間施設への短期的な入所施策である。まず量的にみて充分確保されているのか疑問が残る。また、入所施設は改善が図られているわけではない。社会局と労働局が連携した支援策が実施されているものの、就労については、臨時的短期的就労のため安定的に居住生活をおくるには困難がある。そして、低所得者向けの社会住宅や安価な民間賃貸住宅といった居住資源不足感は否めない。そして、最後のセーフティ・ネットである社会救助制度の制限性によって、一端野宿状態に陥るとそこからの脱却経路が狭められていることがわかった。結果として、野宿期間は長期化し、施策内を循環する固定化された遊民を形成していくものと推察される。この事が、遊民数がほぼ600人から700人程度で推移している一つの要因となっていよう。こうしたことから、就労面での地域コミュニティへの派遣労働といった試みや最後に簡単に紹介した

遊民や低所得者向けの新しい低家賃住宅確保策である「借上・管理システム」の動向が注目される。これらについては、著者は十分仕組みとその実態把握ができてはおらず、研究上の課題である。この点の解明ができれば台北市における遊民と隣接している「不安定居住者」にもアプローチが可能となるものと考える。また、台北市の遊民政策が社会政策・社会保障制度体系の中で、また、経済的発展を遂げているアジア先進国での位置付けにかんしても研究課題として残っている。

注

1　中山徹、山田理絵子、2015、「台湾におけるいわゆる『経済型』遊民に対する就労支援―台北市を事例に―」、『地域福祉研究センター年報』4: 25-32 頁を参照。
2　同統計では、処理件数とその内訳も掲載されているが、年末の人数は 2011 年まで公表されていない。
3　同調査結果は台北市が東呉大学に委託し実施された調査結果である。調査対象の母集団は台北市内 12 区全部の 558 人で、調査対象者は、層別無作為抽出による 213 人で、訪問面接調査よる結果である。同調査結果、3-6 頁を参照。
4　中山徹、山田理絵子、2014、「台湾における社会救助法と遊民支援策」、『社会問題研究』、63: 53-68 頁。
5　中山徹、山田理絵子、2013a、「台北における遊民支援の制度的枠組みと補完的生活支援」、『社会問題研究』、62(141) : 43-52 頁。
6　中山徹、山田理絵子、2015、「台湾におけるいわゆる『経済型』遊民に対する就労支援―台北市を事例に―」、『地域福祉研究センター年報』4: 25-32 頁。
7　中山徹、山田理絵子、2013b、「前掲論文」、15-17 頁。

参考文献

2018 年 3 月 27 日、同組織視察記録
中山徹、全泓奎、山田理絵子ほか、2012、「台北における狭小廉価住宅居住者の生活支援の系譜と現状」、『ホームレスと社会』7: 101-106 頁。
中山徹、山田理絵子、2013a、「台北における遊民支援の制度的枠組みと補完的生活支援」、『社会問題研究』62(141) : 43-52 頁。
中山徹、2013b、「台北市における遊民支援施策研究の意義について」、『大阪府立大学地域福祉研究センター年報』2: 9-11 頁。
中山徹、山田理絵子、2014、「台湾における社会救助法と遊民支援策」、『社会問題研究』63: 53-68 頁。
中山徹、山田理絵子、2015、「台湾におけるいわゆる『経済型』遊民に対する就労支援―台北市を事例に―」、『地域福祉研究センター年報』4: 25-32 頁。

中山徹、2017、「ホームレス自立支援策の生活困窮者自立支援制度への『統合』」、『社会問題研究』66: 1-12 頁。

中国語文献
社団法人台湾芒草心慈善協会、2017、『民国 106 年報（2017 年年報）』。
李盈姿、2016、「従居住看無家者的社会扶助現況」、李玫萱『無家者』游撃文化、249-259 頁。
台北市社会局、2016、『遊民生活状況調査結果』、台北市社会局。
台北市就業服務處、2017、『106 年度促進経済型遊民就業執行成果報告』、台北市労働局。

さらに勉強したい人のための文献案内

全泓奎編、2016、『包摂都市を構想する―東アジアにおける実践』、法律文化社。
「包摂都市」の視点から包摂都市を実現するための政策・理論、日本、香港、韓国、台湾等東アジア諸国における居住問題等にかんする実践について考察されており、入門書としては最適である。

『第 1 回 東アジア包摂的都市ネットワークの構築に向けたワークショップ』URP GCOE Report Series,No16, 大阪市立大学都市研究プラザ、2011.3。
同レポートは、日本、韓国、台湾、香港といった東アジア先進国におけるホームレス問題や居住問題について考察されており、現在の問題の所在や課題を理解するのに最適な文献である。市販品ではないが、以下のサイトよりダウンロードすることができる。
URL https://www.ur-plaza.osaka-cu.ac.jp/wp1/wp-content/uploads/2016/06/GCOE_Report16jp.pdf

第5章

分断の中国都市社会と空間的排除

閻　和平（大阪商業大学経済学部経済学科）

本章の概要

　社会的排除には必ず排除される側と排除する側がある。排除される側は往々にして社会的弱者である。社会的弱者とは、人種、宗教、国籍などを理由に、社会的・政治的に著しく不利な状況や不利益な状態に置かれる個人や集団のことである。本章でいう社会的弱者は中国の都市に移住した外来人口、特に農民工[1]と呼ばれる人々である。

　人種や国籍などの個人的特徴が本来社会的立場の如何とは無関係である。もし、両者の間に何かの関係性が認められたなら、それには「社会的排除」が介在していることを意味する。中国では、都市化が進行している過程に、都市の外からやって来た（外来）人々が就業、教育、居住などの面において著しく不利な状態・社会的に弱い立場に置かれている。彼らは戸籍制度によって「社会的排除」を受けている。

　排除する側はだれであろうか？政府、役人、それとも市民であろうか？政府が社会システムを維持するため、役人が制度に則って政策を執行したまで、市民が自分たちの生活を守るためだと、それぞれ主張する。排除する側はしばしば既存制度・政策の「合法性」「合理性」を盾に、「排除の正当性」を主張する。中国において戸籍制度による外来人口に対する排除が然りである。

　社会的排除は「合法的」「合理的」な既存制度・政策を通じて行われるゆえに、排除される側も時には「やむを得ない」と錯誤し、排除されていることに気づかない。一方、社会的排除が時に排除空間を生み出して空間的事象として現れる。その一例は本章が考察した「城中村」である。「城中村」は戸籍制度をもとに、居住政策を通じて生み出した外来人口に対する空間的排除である。

1　戸籍制度と外来人口

(1) 戸籍制度

　中国には独特な戸籍制度がある。国民すべてが農業戸籍か非農業戸籍に分

別される。1958年に制定された『中華人民共和国戸籍登記条例』が住んでいる場所に応じて戸籍を登記せよと定め、それゆえに一般に農村戸籍と都市戸籍とも呼んでいる。しかし、農村戸籍と都市戸籍の違いは居住地に止まらず、それぞれに属する経済社会システムに及んでいる。農村戸籍の人々は農村経済社会システムに属する。農村経済社会システムとは、土地の集団所有を基礎に、農業を主な収入源にして集団内自給自足の相互扶助システムである。一方、都市戸籍の人々は食糧配給を受け、教育、医療、年金などの福祉厚生を享受し、国から社会保障を受けている。都市の土地は国家所有である。政府がそのうえで様々な都市インフラを整備する。かようにして、中国は一つの政府の下で社会構成原理、生活環境、生活水準の全く異なる農村戸籍の農村経済社会と都市戸籍の都市経済社会という二元社会に分かれていた。二元社会では、農村と都市との間には少数の例外を除けば、人的移動はなかった。

(2) 外来常住人口

　中国社会が二元に分断されたため、人が農村から都市に移動し定住することは、空間を移動するとともに、異次元社会へのリープである。そのために、三つの問題を解決しなければならなかった。一つは食糧問題である。もとより戸籍制度が作られた背景には政府が都市住民に対して行う食糧配給の負担を抑制するためだといわれている。食糧配給は都市住民にのみ行われ、レストランで食事するにも食糧配給切符が必要であった[2]。しかし、家庭生産高連動請負責任制の導入による農業改革の成功で、中国の食糧生産高が大きく伸び、食糧配給制度が1990年代初めに廃止されて、食糧配給切符がなくても都市で食糧を手に入れることができるようになった。もう一つは生活資金を得る職の問題である。かつて国有企業一色の時代では、職はすべて国の管理の下にあり、個人が自由に職をみつけることは不可能であった。都市改革が進行するにつれ、個人経営が現れ、さらに経済成長していく中で、都市部の労働需要が急速に高まり、既存の都市戸籍人口のみでは仕事は賄えなくなった都市戸籍の人々はいわゆる3K仕事をしたがらなかった。その結果、都市への労働力流入が都市経済の発展にとっては必要不可欠なものとなった。

いま、外来人口が市民生活を支えている。三つ目は、都市に長期滞在もしくは定住するための、適切な住居確保である。改革開放前までは、都市住民の居住は主に勤務先からの賃貸、いわゆる社宅であった。自身の住宅事情が厳しいうえに、社宅のために他人に貸すことはあり得なかった。改革開放以降、食糧問題がなくなり、職の問題も大きく改善したが、住宅問題をめぐる状況が大きく改善せず、農村から都市への人口移動を制約する最大の要因であった。

1980年の北京市の常住人口が904.3万人であった。そのうち、外来人口が18.6万人、常住人口のわずか2.1%でしかなかった。その後、外来人口が増えているが、増加が緩やかであった。**図 5-1** の通り、1990年に外来人口は53.8万人までに増えたものの、当年の常住人口に占める割合が5%に止まっていた。しかし、1990年代半ばに入って、外来人口の規模も常住人口に占める割合も爆発な増加を見せ始めた。1995年の外来人口は180.8万人に増え、常住人口に占める割合が14.5%と二桁に達した。その後も、外来人口がうなぎ上りに増える一途であり、2015年現在、外来人口は822.6万人に数え、常住人口に占める割合が37.9%となり、3人に1人の状態で

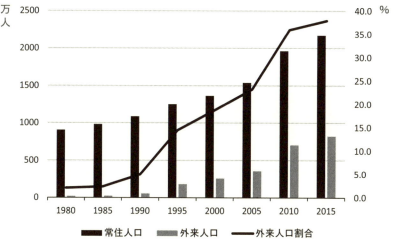

図 5-1　北京市の常住人口と外来人口

出典：「北京市統計年鑑」

ある[3]。

　外来人口をめぐりもう一つの変化があった。ここでいう外来人口は調査した時点で半年以上北京市に滞在した常住人口である。このような外来常住人口のほかに、いわゆる半年間未満の短期滞在者がほかに大量に存在している。1990年代まで、外来人口の中で出稼ぎの目的で都市に来てしばらくすると故郷に戻る人が多かったので、渡り鳥式出稼ぎ労働者とも評されていた。しかし、2000年以降、1980年代以降に生まれた若者を中心に、最初から故郷に戻らず都市定住を前提に移動してくる人々が増えた。彼らが「新生代」いわゆる新人類と呼ばれている。2017年には、中国の農民工総数が2億8652万人であり、新生代が農民工の50.5%を占めている[4]。

　都市の常住人口に当該都市の戸籍をもたない外来人口が大きな割合を占めるのは北京市に限ったことではない。2016年に、中国を代表する上海では、常住人口が2419.7万人のうち、外来人口が980.2万人、常住人口の40.5%を占めている。深圳では、外来人口が常住人口に占める割合が67.7%であり、戸籍を有する人口がむしろ少数派となっている。

(3) 外来人口と「不利な状態」

　これほどの常住人口が都市に戸籍をもっていないことは極めて異常である。この異常な状態は決して外来人口が戸籍を望まないからではなく、その逆で都市政府が外来人口に戸籍を与えるのを頑なに拒んでいるためである。現在の中国において、戸籍は居住地を示す地理的住所よりも、帰属する経済社会システムにおける社会的住所・身分を示している。

　無都市戸籍とは、たとえ都市に住み、働き、納税し、生計を営んでも、都市「社会への参加」を拒否・排除されることである。選挙権・被選挙権は無論のこと、地方公務員や職業専門資格の認定、数多くの職種への就業など、都市住民として本来有するべき政治的、社会への参加の権利が排除されている。無都市戸籍とは同時に経済的差別である。無都市戸籍家族は、有都市戸籍家族より、教育、医療、公益サービスの利用などの多くの項目にわたって余分の費用負担を強要され、低質のサービスを甘受しなければならないのである。

2 都市からの排除・城中村

(1) 都市化と土地収用

　経済が成長するにつれ、都市は既成市街地だけでは建設用地が足りなくなってくる。この場合、都市経済活動が既成市街地の外に広がり、農村地域が次第に都市的地域に性質転換し、いわゆる都市化が進行していく。しかし、二元社会の中国では、都市化は遮断された二元社会間の資源再配分を意味する。

　中国の法律では、都市的建設活動が国有地に限ると定めている。よって、都市化が進み、農村集団所有地で都市的建設活動を行うには、まずそれを収用して国有地に性質転換する必要がある。収用するにあたって、土地所有者の農村集団に対して経済補償を行わなければならない。その補償額は収用対象物によって異なる。田畑を収用する場合、補償額は当該耕地の農作物収穫高の3～6年分に相当する金額である[5]。地上建築物については基本的に時価で補償する。二元社会体制のもとでは、田畑は農村経済社会構成員の生活源・社会保障の基盤である。田畑が収用されると、その生活基盤が縮小して、農村経済社会が持続性を失いかねない。土地収用補償は農村経済社会存続のための最低限の生活補償であって、決して経済原理に基づく平等な価値交換ではない。

　大規模の田畑収用の際、生活基盤の著しい減少を考慮して、収用する田畑の面積に応じて農村戸籍から都市戸籍への身分変更枠が与えられたこともあった。二元社会の制度論的には田畑が唯一の生活収入源である以上、田畑のすべてが収用されると、生活基盤が収奪されて、本来農村経済社会の構成員を都市経済社会構成員に転換させなければならないのであるが、1980年代までには中国が都市人口の増加を極力抑制し、経済の必要性に応じて都市域が拡大しても農村人口をできるだけ農村経済社会に留まらせていた。その結果、旧市街地の近郊地域に「都市の中の村庄」が生まれ、数的には多くはないものの、都市の中の村・現在の城中村の原型が既に存在していた。

(2) 都市化と城中村

　改革開放以降、中国政府が都市化を積極的に推進する方向に政策転換を行った。それを機に都市数が急速に増えた。1978年に193あった都市数が1990年に467に、2000年には663に達した。この間、特に増えたのが新設した小都市・県級都市であった[6]。2000年以降、都市数がほとんど増えず650～660間に徘徊している。都市規模別でみると、地級都市が2000年の259から2016年の293に大きく増えたのに対して、県級都市が2000年の400から2016年の360に大きく減少した。すなわち、2000年以降の中国の都市化は新たな都市の新設より、既存都市の拡大・郊外化を中心に進めているといえよう。このことは、市街地面積の増加状況によっても確認できる。都市数があまり増えていなかったが、市街地面積が2000年の22,439平方キロメートルから2016年の54,331.5平方キロメートルに倍増した。一方、こうして都市市街地面積が急速に増大したのに対して、都市戸籍人口増加が比例してそれほど増加しなかった。両者の間に大きなギャップが生じている。2015年に戸籍の有無を考慮しない常住人口で測った中国の都市化率は56.1%であったが、戸籍人口で測った都市化率がわずか39.9%しかなかった。両者の間に率にして16.2%、人口に換算して1億人以上の開きが存在している。その一部が「城中村」として現れている。

　城は、城市つまり都市である。村は、村庄つまり村落である。「城中村」とは都市の中の村落である。ただし、ここでいう都市は市制の都市域ではなく、都市計画上の市街地である。すなわち、正確には「城中村」は市街地の中にある村落である。市街地との相対的位置関係でみると、「城中村」は周囲が隙間なく完全に市街地に囲まれたものもあれば、市街地と一部接しながらも他方では農村地域とも連続しているものもあり、さらに、地理的に市街地に近いものの、直接的に市街地に接していないものもある。村落に目を転じると、村落であっても、田んぼや畑はほとんどなくなり、村だった時代の集落が残っているに過ぎない。

　都市化が進行する過程において、市街地と農村の境界周辺いわゆる都市のフリンジは都市と農村の双方の特徴を併せもつことがしばしばであるが、「城

「中村」の多くが市街地と農村の境界周辺いわゆる都市のフリンジに位置して、都市化の中で生まれた特殊地域などの点をめぐってそれとは幾らか共通するところがみられる。しかし、両者はまったく似て非なるものである。「城中村」は制度の面で土地が集団所有制のままであったり、農村コミュニティが維持されたり村落的特徴が一部残っているが、経済の面では既に農地がなくなり、第2次第3次産業を中心とする都市地域である。つまり、制度的に農村地域ではあるが、機能的に都市地域的役割を果たしている。

「城中村」という用語が一般に用いられるようになったのは 2000 年以降である。都市の中に存在する村落という概念また存在がそれより以前に既にあり、「城市中的村庄」と呼ばれていた。およそ 2000 年以降になって、「城市中的村庄」が「城中村」に代替され、より洗練された学術的、政策的用語になった。それは「城中村」が「城市中的村庄」と比べ、単に名称が変わったのみでなく、質的変化があったからだ[7]。

「城市中的村庄」は周辺が都市域に囲まれていても、行政上、村の管理体制の下で地域内部では農村システムが維持されて、村民は農業戸籍のまま主として農業に従事し、都市への利便性を利用して都市での就業が一部みられるものの、農村社会経済が維持されていた。その意味では、都市の中の村庄・飛び地という地理的な歪みに見えても二元社会システムが維持されて、社会経済システムと空間的に整合していた。一方、「城中村」は行政的には村体制が廃止されて都市行政に編入され、戸籍も都市戸籍に変更されたところが多い。経済的には農地がほぼなくなり、農業が地域経済から完全に消失した。農業の代わりに、地域経済の中心は不動産賃貸業をはじめ、各種加工業やサービス業である。不動産賃貸業が突出して多い以外、経済的には他の都市的地域とは大きく変わらない。しかし、法律上、都市の土地が国有でなければならないことに対して、「城中村」の土地は集団所有の名義の下で各家庭が住宅敷地として使用している。そのため、「城中村」が行政的に都市区域になったにもかかわらず、村としてのコミュニティが維持され、地域によっては行政とは別に独自に村長を選出するところもある。その結果、「城中村」は都市サービスも都市行政管理も及ばない空白地帯となり、社会経済システムと

空間との間に大きな齟齬が発生した。それが同時に「城中村」の不安定な地位に繋がっている。「城中村」の存在が明らかに制度・政策の矛盾・歪みを示している。政府もそのことを認識している。にもかかわらず、現在も手立てをせずに放置し続け、また新たな「城中村」を生み出し続けている。しかし、政府が何らかの再開発をする必要性を感じたときに、「城中村」はその存在の非合法性を理由に躊躇なく廃止させられる。

(3) 城中村の居住環境

城中村はそう呼ばれる前には普通の農村村落であった。中国の伝統的農村村落は、平屋建ての家屋に広い庭があり、庭には様々な農産物が自家消費用に栽培される。居住環境が総じて広々して長閑であった。一方、生活インフラがまったく整備されていない。電気が通っているものの、容量が小さい上に料金が高い。上下水道に至ってはほとんどない。道路と呼べるものはなく、舗装されていない路地だけである。村落の居住者といえば、嫁いできた女性以外に村民が何かしらの血縁的な繋がりをもっている。

ところが、都市化の進展で田畑が収用されて城中村となってからは、村落の様子が一変した。都市で住宅を建設するには高額の土地使用権料や種々の税金・費用がかかるうえに、政府機関の許認可をいくつも得る必要がある。一方、城中村の賃貸アパートはそのような費用負担も許認可もなしで行われている。このため、市街地に比べ、城中村の家賃が格段に安い。家賃の安さが収入の少ない外来人口を引き付けて、城中村が外来人口の居住集中地域となった。立地場所によってばらつきがあるが、都心に近ければ近いほど、城中村は常住人口に占める外来人口の比率が高くなる。多くの城中村では外来人口が元の村民人口を数倍超えることもしばしばである。城中村はもはや伝統的な農村村落ではなくなり、外来人口を対象にする一大賃貸住宅団地かつ低額所得者の居住集中地域となった。

元々、個人宅の敷地であったが、村民が外来人口に貸すアパートを競い合って建てた。利益の最大化を追及するために、それぞれが敷地いっぱいに高層アパートを建てた。その結果、建物が過密になり、平屋時代の路地ほどの通

路しかない。各家が自己の利益を追求するアパートを建てても、村落全体にかかわる公共インフラの整備はまったく行われていない。もとより、これらの建物自体も許認可を得ていない違法建築である。建物も住環境もいずれも低質で劣悪のものが多い。孫立らが日本でよく使われる住環境指標で中国の深圳、西安、鄭州の「城中村」について数値評価したところ、交通の利便性、各種施設利用、コミュニティの快適性で満点に近い高い評価があった以外、安全性、保健性、快適性のほとんどの指標において最低ランク評価であった[8]。

3 持家主義と住宅政策

(1) 住まいをめぐる対照的な世界

城中村は劣悪な居住環境であるが、それにもかかわらず多くの外来人口が居住している。それは中国の住宅政策による外来人口への空間的排除の結果である。

かつての中国人が社会の一員というより勤務先コミュニティに帰属する「単位」人であった。人々は「単位」を通じて国家とかかわり合い[9]、生活を営み、「単位」というシステムの中で、住居も「単位」に依存し、「単位」から低家賃で社宅を提供されていた。1980年代に入って国有企業改革のなかで、社宅の払い下げや商品住宅の購入奨励が行われたが、購入による経済的なメリットが少なく、制度改革が遅々として進まなかった。やがて、1997年にアジア金融危機が発生し、中国政府が住宅制度の転換を梃に住宅市場の発展を促して内需による経済成長を図った。1998年に国務院がこれまでの「単位」による住宅提供を全面禁止し、住まいについては、すべての都市市民が住宅市場から商品住宅を購入し、住宅の供給は勤務先に変わって不動産会社が行うよう、政策通達を出した。

住宅制度改革は20年間の年月を経て大きな成果を収めた。北京市を例にみると、都市住民の一人当たり居住面積が制度転換直前の1997年の14.4㎡から2007年の20.7㎡に拡大し、2015年には31.69㎡に達した。**表5-1**の北京市民の居住形態でみると、商品住宅を購入した人が最も多く、市民の

表 5-1　北京市民の居住形態

居住形態	構成比（％）
自力建設住宅	14.7
商品住宅	29.1
払い下げ住宅	22.1
保障性住宅購入	5.6
再開発安置住宅	6.5
相続贈与住宅	0.6
無料借用住宅	1.9
給与住宅	3.2
私的賃貸住宅	8.2
公的賃貸住宅	7.9
その他	0.1

出典：『北京市統計年鑑』2017 版

表 5-2　2014 年外来人口の居住形態

居住形態	構成比（％）
勤務先、雇い主から借りる	8.54
私的住宅を借りる	61.69
政府の公営住宅	0.04
政府の補助付き賃貸住宅	0.03
仮住まい	2.20
勤務先、雇い主からの無料住宅	10.90
購入した持ち家	14.20
自分で建てた住宅	0.01
職場	1.50
その他の非居住系	0.80

出典：北京社会科学院『北京蓝皮书 北京社会发展报告 2016-2017』

29.1% である。1997 年の住宅制度改革直後には持家のほとんどが払い下げ住宅であったが、住宅取得の市場化がようやく実を結んだ段階に来たといえよう。一方、払い下げ住宅は買い替えや売却が進んで、全体に占める割合が低下したものの、なお 22.1% があり、二番目に多い居住形態である。他の形態の所有を含めて、北京の持家率が 78% に達し、世界的にみてもかなり高いのである。ただし、上記の諸数字が都市戸籍を有する人々を対

象にするものである。都市戸籍をもたない外来常住人口はまったく違う様子である。**表5-2**の北京市社会科学院の研究によると、北京市の外来人口は住宅を購入した人が全体の14.2%、私的住宅を借りている人が全体の61.69%である。中国の都市居住形態において、賃貸中心の外来人口と持家中心の戸籍住民とはまさに対照的状況である。

(2) 無視される外来人口と賃貸住宅市場

　持家率の高さとは裏腹に、賃貸住宅市場がほとんど整備されていない。賃貸住宅の供給主体は公的供給と民間供給に分けることができる。北京市の場合、2016年に公的賃貸住宅に住んでいる人の割合が7.9%である。一方、民間賃貸住宅に住んでいる人が8.2%である。この数字だけをみると、公的賃貸住宅がかなり充実しているように思われるが、住宅制度改革以前から古い公的賃貸住宅にいまも住み続けている人がかなりいるからだ。旧市街地の平屋住宅に古くからいる市民がその中心である。北京市は中国の都市の中で公的賃貸住宅を積極的に供給していることがまた確かである。第6次人口センサスによると、2010年に全国の都市部で賃貸住宅に住んでいる人の割合が26%であるが、そのうち、公的賃貸住宅に住んでいる人の割合がわずか3%に過ぎない。

　もう一つ重要なことは、この統計が北京市戸籍をもつ人に対する調査である。そもそも、外来人口とは北京の都市戸籍をもたない人々である。近年、北京市が都市戸籍をもたない外来人口に対しても住宅の購入や公的賃貸住宅の入居を条件付きで認めるようになった。2018年現在、北京市内で住宅を購入もしくは公的賃貸住宅に申し込むとき、北京市戸籍市民と同等の要件を満たす上で、外来人口はさらに北京市内に5年以上継続居住し、かつ5年以上連続納税したこと、社会保障制度に加入していることなどの要件が科されている。従前に比べ、申請資格要件が緩和されたとはいえ、こうした要件を満たさない外来人口が圧倒的大多数である。2017年4月に北京市が外来人口に向けて初めて公的低家賃住宅（公租房）の入居募集を行った。新聞報道によると、外来人口に割り当てられた120住戸に対して、申請登録を行ったの

が 1382 世帯であった。ところが、実際に申込手続きに訪れた人が疎らであった。記事は物件の立地や家賃水準が外来人口にとって魅力が乏しいうえ、申込資格ハードルが高く提出書類は煩雑だと低迷の要因を分析した[10]。

　中国の賃貸住宅の主要な供給主体は民間個人である。高所得者向けのサービス付き高級賃貸マンションの専門業者があるが、一般市民向けの賃貸不動産専門業者がほとんど存在しない。中国では土地使用権一次市場が政府によって独占されて、土地使用権の売り出しは政府によって土地用途が事前に定められている。目下、公的社会保障性賃貸住宅以外に民間業者向けの賃貸住宅建設用地の売り出しは一度もない。用地取得ができない以上、民間不動産業業者の賃貸市場への参入が事実上不可能となる。しかし、中国特に北京のような大都市では個人による賃貸住宅の供給には大きな限界がある。住宅価格の高騰を抑えるために、主要な都市において、住宅購入制限があるからだ。2018 年現在、北京市では、北京市戸籍を有する家族については、住宅を保有していなければ、二つの住戸まで、一つの住戸を既に保有しているなら、あと一つの住戸まで、既に二つの住戸を保有している家族は新規購入が不可である。二つの住戸を保有すれば、そのうちの一つを賃貸に出すだろうと思われるが、購入者の多くがさらなる価格高騰の前に子供結婚のために早めの購入や、将来の値上げを見込んだ投資など、賃貸収入を得るための購入が必ずしも多くはない。

　住宅価格の高騰に加えて十分な賃貸住宅が供給されていないために、家賃が高騰して、家賃と可処分所得の比（家賃収入比）は支払いが著しく困難とされる 50% を大きく超えている。易居房地産研究院の研究報告書によると、2017 年の北京の家賃収入比が 58% に達し、第 1 線都市と呼ばれる深圳市、上海市の同比率がそれぞれ 54%、48% であり、同様な状況である[11]。

　総じて、中国の住宅政策が持ち家推進を中心に展開され、賃貸住宅があくまでも持ち家取得までの仮住まいと位置付けられ、一部低額所得者向けの公的賃貸住宅供給以外に極めて不十分であった。その根底には、住宅政策が戸籍保有者を前提に立案され、戸籍をもたない外来人口を住宅政策から排除する志向があったといわざるを得ない。

4　分断の都市社会と空間的排除

(1) 外来人口の締め出し

　外来人口が爆発的に増加する一方、賃貸住宅市場がまったく未整備である。このような状況下で、外来人口の居住は悲惨な状態に置かれている。外来人口が市民生活にかかわるサービス業に多く従事し、その仕事は早朝や深夜のものが多い。こうした仕事の都合から、彼らは都市の中心部で住居をみつけなければならない。

　中国の都市には人民防空条例に基づいて大規模の防空関連地下施設や建物に地下室が設置されている。防空関連施設という性質上、普段の生活を想定した生活インフラは基本的になく、あくまでも戦争に備えるための一時避難施設である。これらの地下施設は家賃が安く職場に近いという理由から、外来人口にとって格好の宿となった。しかし、それを住居と呼ぶには憚れるものである。地下施設は年中太陽光が入らないため、湿気が籠り、乾燥地域の北京においても、中は常にジメジメとしている。地下施設はトイレも水道も人数の割には著しく少なく、朝には常に行列しなければならない状況である。

　せめて地上で生活したい外来人口が利用するのはシェアルームである。シェアルームは一世帯のための住戸をベニヤ板で区切って、一区画がシングルベッド一台分ほどである。かつて日本では脱法ハウスと呼ばれ、中国では群租と呼んでいる。ベニヤ板があって目には見えないが、隣の動静が手に取るほど伝わる。人数が増えても部屋の衛生設備はほとんど変わらないままである。

　地下施設もシェアルームも居住環境として最悪であることはいうまでもないが、安全上にも大きなリスクを抱えている。さらに、生活問題をめぐって地域住民との間でしばしばトラブルが発生している。そうした理由もあって、現在、中国政府は地下施設の住居利用を全面的に禁止し、住宅賃貸を行うのに当たって、一人当たりの最小居住面積の条件を設けて過密なシェアルームを排除することにした[12]。一連の政府の措置は安全性という大義名分があることは否定しないが、これによって多くの外来人口が安く市街地に住むこと

を諦めざるを得ない状況となってしまった。

(2) 城中村と空間的排除

　都市の中心部から追い出された外来人口がより遠く、通勤時間のかかる郊外に住居をみつけなければならない。北京市中心部は現在5本の環状道路がある。第4環状線内はインフラが整って都市の核心地区である。第5と第6環状線の間は2000年以降に都市化している地域である。ここは都市開発が途上にあり、城中村が最も多い地域でもある。**表5-3**で示されているように外来人口の43.8%がこの地域に集中して住んでいる。戸籍人口の居住地域分布と比較すると、都心の戸籍人口と郊外の外来人口という構図が浮かび上がってくるといえよう。

　これまでの研究では、外来人口が城中村に集住している理由に城中村の家賃の安さが挙げられている。また、城中村の家賃が安い理由に土地収用の過程に城中村が土地の集団所有制を残しているからと分析されている。つまり、外来人口が城中村に集住している現象は恰も偶然の結果もしくは政策の歪みとしてみられている。しかし、これまでの分析でみるように、外来人口が城中村に集住している現実は決して偶然の結果ではなく、むしろそれは政府が政策的に意図的に外来人口を都市から排除しようとする一連の政策結果として空間的排除の現れであるとみるべきであろう。

　城中村はかつていまの都市中心部にも多数あった。2008年の北京オリン

表5-3　北京市外来人口の居住分布

	戸籍人口（万人）	%	外来人口（万人）	%
第2環状線内	108.1	8.1	40.0	4.9
第2〜3環状線帯	180.1	13.5	77.2	9.4
第3〜4環状線帯	182.0	13.7	105.5	12.9
第4〜5環状線帯	187.2	14.0	173.5	21.2
第5〜6環状線帯	221.6	16.6	358.6	43.8
第6環状線外	453.8	34.0	63.9	7.8
北京市全体	1332.9	100	818.7	100

出典：『北京市統計年鑑　2015年版』

ピック前に都市美観化や再開発によってなくなって城中村が都市中心部からその姿を消した。代わって近郊地域に新たに多数の新・城中村が誕生した。つまり、城中村は中国の都市化過程において一貫して存在しているものである。その最大の役割は外来人口の居住受け皿である。このことは政府が認識しているからこそ、城中村が「新旧代替」しながら今日に至るまで誕生し続け、存在し続けている。

5　今後の課題と展望

　ディヴィット・バーンが社会的排除を論じたとき、次のように指摘している。「階級をたんなる所得や職業から生じるある種の一元的な属性と考えるのではなく、空間的居住地域を通して表現されるものと考えなくてはならない。われわれは、名目論的属性だけではなく、空間的特徴を備えて登場してきた社会形態の実態をも考察する必要がある。社会的ヒエラルキーを構成する諸階層が空間的に集中することによって、空間的に独自の文化形態が生み出される。」[13]

　本章で考察した外来人口に対する社会的排除は中国の独特な戸籍制度によって行われている。農村と都市がはっきり分断していた改革開放政策以前には、社会的排除、空間的分断がはっきりしていた。2000年以降、都市化が進んで一つの都市の中で都市戸籍人口と都市戸籍をもたない外来常住人口がほぼ同数になり、幾つか制度の改善もあって、農村戸籍人口に対する社会的排除を日常生活から感じにくくなった。ところが、都市戸籍人口と外来人口の居住に目を向けて観察すると、そこには、都市戸籍人口がインフラの整備された近代的住宅団地の持ち家に住んでいるのに対して、外来人口が生活するのに最低限の衛生設備さえも不足している賃貸雑居ビルに居候しているという対極な姿が浮かび上がってくる。

　岩田正美が次の指摘をしている。「その一つは空間的側面である。すなわち、社会的排除は、しばしば特定の集団を特定の場所から排除し、その結果排除される人々が特定の場所に集められる。また、その結果として、特定の

表 5-4　農民工の流入都市への帰属意識

(%)

流入先	市民として思うか	都市生活に馴染んでいる
500 万人以上都市	18.7	14.3
300 ～ 500 万人都市	25.3	17.5
100 ～ 300 万人都市	43.1	19.7
50 ～ 100 万人都市	48.7	20.1
50 万人以下都市	63.2	23.0

出典：中国国家統計局『2017 年農民工監測調査報告書』

場所それ自体が、排除された空間として意味づけられていく。」[14]

　城中村が本来長閑な村落であった。外来人口の都市定住を望まないこと、外来人口を住宅政策から排除したこと、外来人口を安全を大義名分に都市中心部から排除したこと、これらの一連の政府の排除政策の結果、外来人口が城中村に集中して居住するようになり、城中村が外来人口の居住の受け皿となり、長閑な村落から外来人口の城中村となった。

　外来人口が都市社会に溶け込まないでいる。表 5-4 で示されているように、国家統計局の農民工に対する帰属意識調査による、自分が市民の一員だと思うかの質問に対して、半分を超えたのが、人口 50 万人以下の小都市のみである。都市規模が大きければ大きいほど、帰属意識が低く、500 万人の特大都市では、自分が都市市民の一員だと思う農民工が僅か 18.7% であった。また、都市生活に馴染んでいるかについて、YES と答えた割合がすべての規模の都市において 2 割以下であった。この調査が中国の都市において農民工を排除する意思があったのみでなく、排除されている側の農民工が排除されている実感があることを示している。

　19 世紀英国の首相ベンジャミン・ディズレーリが小説『シビル、または二つの国民』の中で産業革命期に起こった「二つの国民」に分断されている英国の姿にかんする言葉があまりにも有名である。「二つの国民、その間には、交流も共感もなく、異なる地帯、あるいは異なる星に暮らしているかのように、互いの習慣や思想、感情を知らず、異なる育ち方をし、異なる食べ物を食べ、異なるしきたりを持ち、異なる法のもとにある。」[15]

いま、その様相が中国の都市の中で起こっている。

注

1 中国では、農業戸籍をもつ人々を農民と呼び、都市へ出稼ぎに来た人々を農民工と呼んでいる。しかし、後述したように、現在、出稼ぎではなく、都市への移住を考えている若い農民がむしろ多い。
2 都市戸籍の市民に対して、性別、年齢、職業などを総合判定して食糧購入切符を月ごとに配給する。食糧もしくはその加工品を購入する時、現金とともに重量に見合う配給切符を渡さなければならない。
3 ここで使用する常住人口データは、『北京市統計年鑑』のものであり、安定した住居を有し6か月以上滞在している人口である。
4 中国国家統計局、『2017年農民工監測調査報告書』。
5 土地収用補償があまりにも低いため、収用をめぐって暴力的な対立に発展することがしばしばである。現在、補償基準が最大30倍までに引き上げられたが、収用前の生活補償である基本構図が変わっていない。
6 中国の行政は正式には省、県、郷の三層(級)体制であるが、行政指導がスムーズに行われるために、省と県の間に地区もしくは専区を設けることが多い。行政レベル上、地級と呼んでいる。
7 都市の中に村落が出現し社会問題になったことをいち早く指摘したのが謝禄生、李増平、1995の論文といわれている。城中村を初めて系統的に分析した論文に、魏立华、阎小培、2005が挙げられる。
8 評価に当たって浅見泰司2001で示した四つの基本理念にかんする12項目を使用した。孫立らは都市計画の視点から城中村について一連の研究の中で城中村の居住環境の実態を明らかにしている。
9 計画経済体制では、すべての企業・組織が計画体制の一構成部分(単位)である。労働者が働く単位は職場であると同時に見らが国家・計画経済体制に組み込まれていく装置である。単位は社会コミュニティの役割を兼ねていた。
10 「新北京人公租房離農民工有些遠」、『工人日報』、2017年4月20日。
11 易居房地産研究院、『全国50城房租収入比研究』、2017年。
12 2013年の北京市政府の通達では、賃貸住宅は一部屋が2人まで、一人当たり居住面積が5㎡以上の二つの要件を満たさなければならないとしている。
13 ディヴィッド・バーン:219。
14 岩田正美、2008:28-39。
15 Disraeli, Benjamin 1998 :66.

参考文献

浅見泰司、2001、『住環境―評価方法と理論』、東京大学出版会。
岩田正美、2008、『社会的排除　参加の欠如・不確かな帰属』、有斐閣。

孫立、城所哲夫、大西隆、「中国の都市における「城中村」現象に関する一考察」、日本都市学会、『都市計画報告集』No.8、2009 年 8 月。

孫立、城所哲夫、大西隆、「中国の都市における「城中村」の改造に関する一考察」、日本都市学会、『都市計画報告集』No.8、2009 年 8 月。

孫立、城所哲夫、大西隆、「中国都市における「城中村」住環境の実態に関する一考察」、日本都市学会、『都市計画報告集』No.10、2011 年 8 月。

谢禄生、李增平、「"都市里的村庄"现象」、『红旗文稿』、1995、(14)。

魏立华、闫小培「中国经济发达地区城市非正式移民聚居区 城中村的形成与演进」、『管理世界』、2005 年第 8 期。

李伟东主编、2017、『北京蓝皮书 北京社会发展报告 2016-2017』、社会文献出版社。

David Byrne, *Social Exclusion*, Second Edition, Berkshire : Open University Press, 2005=2010, 深井英喜、梶村泰久訳、『社会的排除とは何か』、こぶし書房。

Disraeli, Benjamin, *Sybil, or The Two Nations*, Oxford: Oxford University Press, 1998.

さらに勉強したい人のための文献案内

岩田正美、2008、『社会的排除 参加の欠如・不確かな帰属』、有斐閣。
 いわずと知れた貧困問題研究の専門家が、社会的排除という新しい考え方が伝統的貧困理論とどう接合しているかを分析し、不確かをキーワードに排除とは何かを解題する入門書。

ディヴィッド・バーン著、深井英喜・梶村泰久訳、2010、『社会的排除とは』、こぶし書房。
 イギリス人の学者・社会活動家・政策立案者（地方議員）の三拍子の揃った経歴者の「社会的排除」のもつ理論・政策・実践の立体的深みを理解することに繋がる専門書。

第6章

自治体の福祉政策
―― ソウル特別市青年手当をめぐって

阿部昌樹（大阪市立大学大学院法学研究科／都市研究プラザ）

本章の概要

　地方自治制度の存在意義は何かという問いに対する答えとして、自治体が政策の実験室として機能することを指摘する見解がある。
　しかしながら、多くの自治体が国に先行して独創的な政策を立案し、それらのうちで優れた政策として評価されたものが生き残り、当初その政策を立案した自治体のみならず、他の自治体においても採用されるようになり、ついには国レベルの政策となるというシナリオは、自治体のリスク回避傾向を過小評価しており、とりわけ経済的困窮者に福祉的な給付を行うような政策にかんしては、実現する見込みが低いという指摘もある。こうした指摘が当を得たものであるとしたならば、福祉政策にかんしては、自治体に政策の実験室としての役割を過度に期待すべきではないということになる。
　本章においては、こうした指摘を踏まえ、ソウル特別市が2016年から実施した青年手当、すなわち、求職中の青年を対象に、所定の選考を行ったうえで、期間を区切って定額の金銭の給付を行うという政策について考察する。この政策は、福祉政策の領域における自治体による政策実験の一例とみなすことができる。そうした政策実験が試みられ、新たな福祉政策が制度化されるに至った経緯を概観したうえで、なぜそうした政策実験が試みられたのかを検討することによって、福祉政策の領域において自治体が政策の実験室として機能するためには、どのような前提条件が充たされる必要があるのかについての理解を深めることが、本章の目的である。

1　自治体の政策実験

(1) 実験室としての自治体

　地方自治制度の存在意義は何かという問いに対して繰り返されてきた答え

として、地方自治が制度として保障されたならば、それぞれの自治体が政策の実験室として機能することになるというものがある（村松・北山 2010: 5; 柴田・松井 2012: 3）。

　集権的な政治体制の下では、新たな政策を立案することができるのは中央政府のみである。自治体は存在しないか、たとえ存在したとしても、中央政府が立案した政策を機械的に実施する役割を担うに過ぎない。そうした政治体制の下では、ある特定の政策領域における政策実験は、中央政府の立案により、一時に一つしか行われないということになる。すなわち、政策実験は逐次的にしか行われないことになり、ある期間内に試行可能な政策の数は、限定的とならざるを得ない。その結果、重要度の高い社会問題に対処するための実効性のある政策が発見されるまでに長期間を要し、その間に、その社会問題を深刻化させることになりかねないし、実効性のある政策が見出されないままに、その社会問題が放置され続けるといった事態も生じかねない。

　これに対して、分権的な政治体制の下では、それぞれの自治体が広範な政策立案権限を有しており、その権限を活かして、新たな政策の立案と実施を試みることができる。その結果、国全体では、多様な政策実験が繰り広げられることになる。それらの政策実験の中には、功を奏するものもあれば、そうでないものもあるが、重要なことは、多種多様な政策が同時並行的に試行されることである。それらの政策のうちで奏功したものを、いずれは多くの自治体が、そしてさらには中央政府も採用することになる。

　要するに、集権的な政治体制よりも分権的な政治体制の方が、多様な政策実験を可能とするのであり、そのことこそが、分権的な政治体制を制度として保障すること、すなわち地方自治制度が存在することの意義にほかならない。

　こうした、地方自治制度の存在意義を、自治体が政策の実験室として機能することに求める言説の嚆矢は、L. ブランダイスが、アメリカ合衆国最高裁判所判事を務めていた時代に、New State Ice Co. v. Liebmann 事件における反対意見の中で行った、以下のような指摘であるとされている。

社会的および経済的な事象に関して実験を続けることは、重大な責任である。実験する権利を否定することは、国家に深刻な結果をもたらすおそれがある。ひとつの勇気ある州が、もしその住民がそうすることを選択したならば、実験室としての役割を果たし、国の他の地域に危険をもたらすことなく、新たな社会的ないしは経済的実験を試みるかもしれないということは、連邦制に付随する幸運な現象である (285 US 262, 311 (1932))。

合衆国における連邦制の意義にかんするブランダイスのこの指摘が拡張的に理解され、自治体に中央政府からある程度まで自律的に独自の政策を立案する権限を保障する政治体制全般に妥当するものとして、繰り返されてきているのである。

(2) 実験よりも模倣が選好される可能性

しかしながら、自治体が政策の実験室として機能することの、国家全体にとってのメリットを強調するこうした言説に対しては、自治体は、広範な政策立案権限を保障されたならば、それを果敢に行使するであろうという想定は、非現実的であるという指摘がなされている。

実験には、当然のことながら、失敗の可能性が伴う。政策実験の失敗は、自治体が保有している資源の浪費となりかねないし、失敗した政策を主唱した政治家は、失敗の責任を問われることになりかねない。そうした失敗に伴うコストを勘案するならば、それぞれの自治体は、失敗を恐れることなく、他のいずれの自治体も実施していないような独自の政策を果敢に立案し、実施に移すよりもむしろ、他のいずれかの自治体において既に実施されており、ある程度の成果を上げている政策を、模倣することを選択するのではないであろうか。すなわち、政策実験が失敗することに随伴するコストを負担することなく、他の自治体の政策実験にフリーライドすることが、自治体としての合理的選択となるのではないであろうか (Rose-Ackerman 1980; Strumpf 2002; Cai & Treisman 2009; 林 2017: 705)。

こうした指摘が当を得たものであるとしたならば、大多数の自治体は政策実験に対して消極的になり、その結果、政策実験は過少にしか行われないことになる。

(3) 福祉政策に固有の問題

さらに、高収入を得ている個人や高収益を上げている企業から徴収する税を財源として用いて、経済的困窮者に何らかの給付ないしはサービスを提供する、再分配的性格の強い福祉政策にかんしては、ある特定の自治体が、他のどの自治体も試みていないような新規の政策を立案し、実施することに対して、看過し得ない制約要因が存在することが指摘されている。

一国内においては、個人も企業も移転の自由を有しており、自治体が、その区域への他の自治体の区域からの住民や企業の転入や、その区域から他の自治体の区域への住民や企業の転出を、実効的に規制することはできない。それゆえ、ある自治体が、経済的困窮者を対象として、他の自治体よりも手厚い福祉政策を立案し、実施したならば、そうした政策は、その自治体の区域に経済的困窮者を招き寄せる「福祉の磁石（welfare magnet）」として機能すると共に、自らが納める税金が、自らのためではなく、経済的困窮者のために使用されることを嫌悪する高額所得者や高収益企業の、区域外への流出を促進する可能性が高い。そして、その結果、その政策の実施に要する財政支出が漸増する一方で、税収は漸減する可能性が高い。そうした可能性が現実化し、継続したならば、自治体の財政は悪化の一途を辿り、いずれは財政破綻に行き着くことになりかねない。そうであるがゆえに、自治体は、健全な財政運営を重視する限り、手厚い福祉政策を立案し、実施することに対して、抑制的にならざるを得ない（Peterson 1981; Peterson & Rom 1990）。

こうした指摘が普遍的に妥当するものであるとしたならば、自治体が、福祉政策の領域において、経済的困窮者への給付やサービスを拡充する方向で政策実験を試みることはほとんど期待できず、この領域において自治体が政策実験を試みるとしたならば、それは、経済的困窮者への給付やサービスを縮減する方向での政策実験となる可能性が高い。いわゆる「底辺への競争

(race to the bottom)」である。

　こうした考察を踏まえるならば、自治体の政策実験は、とりわけ経済的困窮者への給付やサービスを拡充するような福祉政策を、他の自治体に先駆けて実施するような政策実験は、ごく稀にしか試みられないはずであり、それゆえ、そうした政策実験が行われたとしたならば、それは想定外の事態であり、なぜそうした政策実験が行われたのか、検討を要する事態であるということになるはずである。ソウル特別市が2016年から実施した青年手当はまさに、そうした稀にしか試みられないはずの、それゆえに、なぜ試みられたのかを検討する価値のある政策実験であった。

2　ソウル特別市青年手当の創設及び実施

(1) 青年手当をめぐる中央 – 地方間の対立

　韓国の社会保障基本法には、中央行政機関の長及び自治体の長は、その所管する社会保障制度を新設したり、変更したりする場合には、新設または変更の妥当性や既存の諸制度との整合性等について、保健福祉部長官と協議しなければならず、もし協議が整わない場合には、社会保障委員会が調整を行う旨が規定されている (藤原 2013)。この規定に基づいて、ソウル特別市が、新たに創設することを企図している青年手当、すなわち、所定の条件を充たした求職中の青年の中から選考によって選ばれた者に、期間を区切って金銭的な支援を提供するという政策にかんして、保健福祉部との協議を開始したのは、2015年6月のことであった。

　ソウル特別市としては、2016年度から青年手当を実施することを想定しており、そのためには、2016年度予算案に、実施費用を盛り込む必要があった。しかしながら、協議は難航し、青年手当の実施に対する保健福祉部の同意が得られないままに予算編成期を迎えてしまった。そして、青年手当の実施費用を含む新年度予算案が、ソウル特別市議会に提出され、12月24日に可決された。これに対して、保健福祉部は、協議がまだ継続中であるにもかかわらず、ソウル特別市議会が青年手当の実施費用を含む新年度予算案を可決し

たことは、社会保障基本法に違反しており、違法であると主張し、ソウル特別市長に、ソウル特別市議会に対してその再議を要求するよう求めた。しかしながら、ソウル特別市長はそれに応じなかった。そこで、保健福祉部長官名で、ソウル特別市長を相手取って、予算案の議決の無効確認と執行停止を求める訴えを、大法院に提訴した[1]。

また、その間12月10日には、地方交付税法施行令が改正され、自治体が、法令上必要とされている中央政府の機関の同意や許可を得ることなしに、独自の社会保障制度を創設した場合には、中央政府は、その自治体に交付する地方交付税交付金を減額できる旨の規定が追加された[2]。この地方交付税法施行令の改正は、ソウル特別市が創設を企図している青年手当を狙い打ちにしたものではなく、自治体が財政状況を十分に考慮することなく独自の福祉政策を立案し、実施することを全般的に牽制するという意図に基づくものであった。しかし、中央政府の、福祉政策の領域における自治体に対する統制権限を強化するものであることは間違いなく、ソウル特別市は、この点を不服として、翌2016年1月に、この地方交付税法施行令改正は、大韓民国憲法が自治体に保障する地方自治にかんする権限を侵害しており、違憲であり、それゆえ無効であることの確認を求める権限争議審判を、憲法裁判所に請求した[3]。同様の権限争議審判請求は、他の自治体からもなされ、憲法裁判所は、それらを併合して審理することとした。

その一方で保健福祉部は、2016年5月に、青年手当には同意しない旨の保健福祉部長官名の正式の通知を、ソウル特別市長に対して発出した。この通知の発出は、ソウル特別市長と保健福祉部長官との協議は、合意に至ることなく決裂したことを意味する。それゆえ、社会保障基本法の規定に従うならば、ソウル特別市としては、青年手当の新設を断念するか、あるいは社会保障委員会による調整を請求しなければならないことになる。しかしながら、ソウル特別市は、既に同特別市議会が、見切り発車的に青年手当の実施費用を含む新年度予算案を可決していることもあり、社会保障委員会による調整手続を経ることなしに青年手当を実施することを決定した。その時点において構想されていた事業内容は、住民登録上ソウル特別市に1年以上居住して

いる満19歳から29歳の未就業青年の中から選考によって選ばれた3,000人を対象として、最大6か月間にわたって毎月50万ウォンを給付すると共に、受給者にはソウル特別市が民間機関と連携して実施する就職支援事業への参加を義務付けるというものであった。6月には給付を希望する者の募集を開始し、7月には給付対象者が確定した。そして、8月4日に第1回の給付が行われた。

ところが、この第1回給付が行われるやいなや、保健福祉部が、社会保障基本法に違反して実施された違法な給付であるとして、保健福祉部長官名でソウル特別市長にその是正を命じ、ソウル特別市長がそれに従わなかったため、同じく保健福祉部長官名で、職権で給付決定の取り消しを決定した。既に第1回の給付は完了していたため、この取消処分の効果は、9月に実施予定であった第2回以降の給付に対してのみ及ぶことになる。すなわち、青年手当の給付は、1回限りで停止することになったのである。ソウル特別市は、この取消処分を不服として、その取り消しを求めて大法院に提訴した[4]。

かくして、青年手当の将来にわたっての実施可能性は、保健福祉部長官が、ソウル特別市議会の予算議決の無効確認と執行停止を求めてソウル特別市長を訴えた訴訟と、ソウル特別市長が、青年手当の給付決定の職権取消処分の取り消しを求めて保健福祉部長官を訴えた訴訟のそれぞれに、大法院がどのような姿勢で臨み、どのような判断を下すかに委ねられたかに見えた。

(2) 政治変動の中の青年手当

ところが、10月下旬に、その当時大統領であった朴槿恵の友人で実業家の崔順実が、不正に国政に介入すると共に、大統領の友人であるという立場を濫用し、不当な利益を得てきたのではないかという疑惑が巻き起こった。そして、崔をはじめとして数名の関係者が逮捕されると共に、朴の大統領としての政治責任を問う声が高まり、12月9日に、国会で朴の弾劾訴追案が可決された。これに伴って、朴は職務停止となり、国務総理であった黄教安が大統領の職務を代行することとなった。

ソウル特別市は、朴が大統領としての実権を喪失したことにより、中央政

府の政治的・政策的なスタンスが変化するのではないかという期待に基づいて、翌 2017 年 1 月 3 日に、保健福祉部に対して、青年手当の実施についての再協議を要請した。ソウル特別市の期待通り、保健福祉部がこれに応じ、再協議が開始されることになった。その一方で、憲法裁判所における朴の弾劾訴追案の審理が開始され、3 月 10 日に、憲法裁判所は朴の罷免を、当時在任していた裁判官 8 人の全員一致で決定した。そして、翌 4 月 7 日には、ソウル特別市が同市としての独自の社会保障制度として青年手当を創設することに、保健福祉部が同意した。ソウル特別市が青年手当を実施することに対する、障害が除去されたのである。ソウル特別市は、給付対象者数を前年度の 3,000 人から 5,000 人に拡大したうえで、ただちに青年手当の給付を希望する者の募集を開始し、選考を行って、6 月から給付を開始した。

　その一方で、国レベルにおいても、求職中の青年を金銭的に支援する制度が創設されることとなった。朴が罷免されたことを受けて 5 月 9 日に大統領選挙が実施されたが、共に民主党から立候補した文在寅は、その大統領選挙における選挙公約の一つとして、青年の求職活動を支援するための青年求職促進手当を、国の制度として創設することを掲げていた。文は、当選後直ちにその制度化に着手し、7 月上旬には、18 歳以上 34 歳以下の青年に、給付対象人数に上限を設けることなく、雇用労働部が実施する求職支援プログラムに参加することを条件として、3 か月間毎月 30 万ウォンを給付するという制度の骨格が確定した。そして、7 月 22 日に、この制度を実施するために必要な財源を確保するための補正予算案が国会を通過し、翌 8 月から実施の運びとなった。ソウル特別市の青年手当の給付を受けている者や、類似した他の自治体の施策の対象となっている者は、それと重複して国の青年求職促進手当の給付を受けることはできないものとされた。ソウル特別市の制度と国の制度とは、給付月数や給付額は異なっているものの、求職中の青年を対象に、所定の選考を行ったうえで、期間を区切って定額の金銭の給付を行うという制度の根幹部分においては、同一である。自治体が先行して立案し、実施した政策を、国が採用するという事態が生じたのである。

(3) 法的争訟の終結

なお、こうしてソウル特別市と国の双方の政策が実施に移された後に、大法院に係属していた保健福祉部長官とソウル特別市長を当事者とする二つの訴訟は、いずれも、両当事者の合意に基づいて取り下げられた。それに対して、憲法裁判所に係属していた権限争議審判請求は、この間、一部の自治体が請求を取り下げたものの、ソウル特別市をはじめとするいくつかの自治体は請求を取り下げなかったために、その後も審理が係属し、2018年7月26日に、憲法裁判所の判断が下された。憲法裁判所としての判断は、地方交付税法施行令の改正はそれ自体としては、権限争議審判請求の対象となる「処分」には該当しないため、請求を却下するというものであった。

今後、改正された地方交付税法施行令に基づいて、実際に地方交付税交付金の減額処分が行われた後に、その処分について権限争議審判請求がなされてはじめて、改正された地方交付税法施行令の合憲性についての、憲法裁判所としての判断が示されることになる。しかしながら、現大統領の文在寅は、自治体が独自の社会保障制度を創設することに対して肯定的なスタンスを採っており、それゆえ、自治体が独自の社会保障制度を創設したことを理由として、改正された地方交付税法施行令に基づいて地方交付税交付金の減額処分がなされる可能性は、当分のところはあり得ないであろうと予測されている。

その一方で、求職中の青年への金銭の給付にかんしては、ソウル市の青年手当が、2018年度からはその給付対象者を7,000人に拡大して、継続的に実施されており、また、国の青年求職促進手当は、2019年度からは給付月数を6か月に、毎月の給付額を50万ウォンに変更することが決定されている。

3 政策実験としてのソウル特別市青年手当

(1) 低廉な実施コスト

ソウル特別市が青年手当という政策実験を試みた理由として第一に指摘すべきは、その実施に要する費用が、ソウル特別市の予算総額と比較するなら

ば、ごく僅かであったことである。

　3,000人に6か月間にわたって毎月50万ウォンを給付するとした場合、給付総額は90億ウォンである。これに対して、青年手当が最初に実施された2016年度のソウル特別市の予算総額は24兆1,660億ウォンであり、青年手当の給付総額はそのおよそ0.04パーセントを占めるに過ぎない。2018年度には給付対象者が7,000人に増員されているが、それでも給付総額は210億ウォンであり、同年度のソウル特別市の予算総額28兆179億ウォンの0.08パーセントに満たない。

　もちろん、青年手当の実施には、給付対象者を選考し、選ばれた者に金銭を給付するための人件費や業務委託費等の支出も必要となる。したがって、青年手当の実施のためにソウル特別市が各年度に支出しなければならない予算の総額は、90億ウォンないしは210億ウォンをかなり上回るはずである。しかしながら、それでもその額は、ソウル特別市の年度予算総額と比較するならば、けっして高額であるとはいえない。青年手当は、ソウル特別市が制度化した程度の規模で実施する限りにおいては、ソウル特別市の財政を過度に圧迫するものではないのである。

(2)「福祉の磁石」として機能する可能性の低さ

　ソウル特別市が青年手当という政策実験を試みた第二の理由として、この政策が「福祉の磁石」として機能する可能性の低さを指摘することができる。

　ソウル特別市が制度化した青年手当を受給するためには、住民登録上ソウル特別市に1年以上居住しているという条件を充たしていなければならず、しかも選考によって選ばれる必要がある。また、給費対象者に選ばれたとしても、給付期間は6か月間だけであり、その額は、それだけでソウル特別市内において十分に満足のいく生活ができるほどのものではないし、一度給付を受けたならば、再度給付対象者に選ばれることはあり得ない。確実に給費対象者に選ばれるという保障がないにもかかわらず、6か月間の期間限定的な、高額とは言い難い給付を受けることを目的として、ソウル特別市外からソウル特別市内に転居し、1年間まったくの自己負担で生活する青年がど

れほどいるのかと問われるならば、そのような青年はほとんどいないというのが、それに対する答えであろう。

　もちろん、毎年多くの青年が、ソウル特別市外からソウル特別市内に転入してくる。しかしながらそれは、ソウル特別市内に、青年が就職したいと考える企業の多くが立地しているからにほかならない。ソウル特別市外の大学等を卒業した後に、ソウル特別市内の企業に就職するためにソウル特別市内に転入する者もいれば、ソウル特別市内の大学等を卒業した方が、ソウル特別市外の大学等を卒業するよりも、ソウル特別市内の企業に就職するうえで有利であると考え、大学等への進学時にソウル特別市に転入する者もいる。いずれにせよ、ソウル特別市内に転入するのは、良い職を求めてのことであって、青年手当の受給を期待してのことではない。韓国における企業や大学等の高等教育機関のソウル特別市への極度な一極集中こそが、毎年多くの青年がソウル特別市外からソウル特別市内に転入してくる最大の理由であり、ソウル特別市が創設した程度の青年手当であれば、その存否が、ソウル特別市外に居住している青年の、ソウル特別市内に転入するか否かの判断に及ぼす影響は、ごく微弱なものであると考えざるを得ないのである[5]。

　同様のことは、既にソウル特別市内に居住している求職中の青年の、ソウル特別市内に留まり続けるか否かの判断にも当てはまる。それらの青年の多くがソウル特別市内に留まり続けるのは、そうした方がソウル特別市外に転出するよりも就職に有利であろうと考えるからであって、求職期間中6か月間は、毎月50万ウォンの給付を受けられるかもしれないということが、ソウル特別市内に留まり続ける追加的な誘因として機能する可能性は、皆無ではないにしても、僅少なものであると考えられる。

(3) 国政レベルの政治的対立との連動

　さらに、青年手当という政策実験が、当時は国政野党であった共に民主党に所属する、同党の有力な大統領候補の一人であると目されていた政治家である朴元淳ソウル特別市長にとって、政治的戦略としてみたときに、試みるに値するものであったことを、この政策実験が試みられることになった第三

の、そしておそらくは最も重要な理由として指摘できる。

朴槿恵は、「国民それぞれに見合った福祉」を選挙公約に掲げて 2012 年大統領選挙に当選したが、この選挙公約を履行するために大統領就任後に取り組んだ二つの主要な福祉政策が、基礎老齢年金の拡充と保育の無償化であった（金 2014: 90）。前者は高齢者を、後者は乳幼児の保護者を、主たる受益者とするものであった。基礎老齢年金の拡充は、その後、財源調達の困難さから当初の方針よりも後退を余儀なくされ、保育の無償化は、方針通りに実施に移されはしたものの、能力のある保育士が不足している状況での拙速な実施であり、現場において大きな混乱が生じているという批判を受けることになったが、そうしたそれぞれの政策の実施にかかわる問題と共に、「国民それぞれに見合った福祉」という選挙公約との関係で見過ごすことができないのが、これら二つの政策では、福祉政策の対象外となってしまう経済的困窮者層が生じてしまうことである。求職中の青年は、まさにそうした朴槿恵政権の福祉政策の対象外とされた経済的困窮者層に他ならない。

韓国では、15 歳から 29 歳までの若年層の失業率は、2010 年代に入ってから 7 パーセント台から 12 パーセント台で推移しており、それは、同期間における労働力人口全体に占める失業者の割合が 3 パーセント台から 5 パーセント台で推移しているのと比較して、極めて高い水準にある。ソウル特別市が青年手当を初めて給付した 2016 年にも、15 歳から 29 歳までの若年層の失業率は、10 パーセントを超えていた。こうした若年層の失業率の高さは、少なくとも部分的には、高学歴の青年の間では、労働条件のよい大企業への就職を希望し、労働条件が劣る中小企業を敬遠する傾向が強いことに起因しており、中小企業は深刻な人手不足の状態にあるという指摘もあるが、たとえそうであるとしても、経済的に困窮した状態で求職活動を続ける青年がかなりの数にのぼっていることは否定できない。

ところが、そうした青年は、朴槿恵政権の福祉政策の対象とはなっていなかった。それゆえに、そうした青年を対象とした福祉政策を実施することには、朴槿恵政権やそれを支持する国政与党である自由韓国党を批判すると共に、政治的対立軸を明示し、その対立軸に照らしてみた場合における自らの

政策の優位性を有権者に対してアピールするという効果が期待できた。すなわち、国政レベルにおける与野党間の政治的対立との関連で、青年手当の実施は、共に民主党に所属する有力政治家としての朴元淳ソウル特別市長にとっては、かなり合理的な選択であったのである。

しかしながら、そうであったがゆえに、この政策実験は、朴槿恵政権にとっては是認し難いものであった。保健福祉部が青年手当の実施を停止するよう命じたのは、名目的には、この政策の実施に至る経緯が社会保障基本法に違反しているという法的な理由や、この政策はソウル市財政の健全性を損なうものであるという財政的な理由に基づいてであったが、実際のところは、この政策が含意している朴槿恵政権や自由韓国党に対する批判を封じたいという、政治的な理由に基づいてのことであったのではないかと推測されるのである。

こうした理解が妥当なものであるとしたならば、自治体が政策実験を試みる可能性が高いのは、自治体の長が国政野党に所属する政治家であり、自治体レベルにおける政策実験を試みることが、国政与党の政権運営に対する批判を含意しうるような場合においてであるということになる。そうした政策実験は、当然のことながら、中央政府の介入を帰結しやすく、それゆえに挫折する可能性が高い。ソウル特別市の青年手当も、国政レベルにおける政権交代が生じていなかったならば、2016年8月にただ一回給付が行われただけで終わっていたであろう。しかしながら、ソウル特別市が青年手当という政策実験を試みた、その理由としては、この政策実験が、国政レベルにおける与野党間の対立との関係で、政治的戦略として試みるに値するものであったことを、看過し得ないように思われる[6]。

なお、こうした理解は、政策実験という言葉が含意している、最終的に普及し、定着していくのは、試行された複数の政策のうちで最も実効性の高い、優れたものであるという想定は、現実的なものではない可能性を示唆している。ソウル特別市の青年手当に類似した青年求職促進手当を韓国政府が採用したのは、青年手当が実効性の高い、優れたものであることが実証されたからではなく、国政レベルにおける政権交代により、ソウル特別市長の朴元淳

と同じく共に民主党に所属する政治家である文在寅が、大統領に就任したからであった。政策の優秀さではなく政治変動が、自治体レベルから国レベルへの政策の波及を帰結したのである。

4　今後の課題

　本章においては、ソウル特別市が独自の政策として青年手当を創設したことを、福祉政策の領域における自治体の政策実験の一例として捉え、この政策実験の経緯を辿ると共に、自治体が、福祉政策の領域において、他の自治体よりも手厚い福祉政策を立案し、実施する可能性は低いと想定されるにもかかわらず、ソウル特別市がこうした政策実験を試みたその理由を探究してきた。そして、第一に、ソウル特別市にそれほど大きな財政的負担をもたらすものではないこと、第二に、「福祉の磁石」として機能する可能性がほとんどないこと、そして第三に、国政レベルの政治的対立との関係で試みるに値する政治的戦略であったことを、この政策実験が試みられた理由として指摘した。こうした理由が、あるいは類似した理由が、ソウル特別市の青年手当に限らず、福祉を拡充するような自治体の政策実験に一般的に随伴しているのか否かは、今後検証を要する重要な課題である。

　なお、本章は、自治体が福祉を拡充するような政策実験を試みる理由を経験的に探究することを主眼としており、そうした政策実験によって制度化された政策の合理性や実効性、あるいは何らかの規準に照らし合わせてみたときの望ましさを検討することを目的としたものではない。韓国政府が後追い的に類似の政策を採用したという事実は、青年手当の政策としての優秀性を示すものではないことは既に述べたとおりであるが、そうした指摘を超えて本格的な政策評価に取り組むことは、他の事例をも対象とした経験的研究の継続と共に、今後の課題とせざるを得ない。そうした政策評価に関連した二つの問いを提示することで、本章の結びとしたい。

　その第一は、青年手当のような金銭給付は、青年の就職難に対する実効的な政策ではないのではないかという問いである。青年の就職難の最大の理由

は、青年が就きたいと思うような仕事が、求職中の青年の数に比して僅少であることである。そうであるとしたならば、青年の就職難に対する最も実効的な政策は、青年が就きたいと思うような仕事を創出することであり、求職中の青年に金銭を給付することによって、その求職活動を支援するような政策は、問題の抜本的な解決には繋がらない弥縫策に過ぎないということになりはしないであろうか。

　第二は、福祉政策の領域における自治体の政策実験は、そもそも、福祉国家の理念に背馳したものなのではないかという問いである。

　福祉国家の理念は、国家が国家として、すべての国民に平等に福祉サービスを提供することにあり、福祉国家を標榜する以上は、国内のどこに居住しているかによって、享受しうる福祉的給付やサービスの質や量が異なるということがあってはならないとしたならば、福祉政策の領域において自治体が政策実験を試みることは、福祉国家の理念の否定に繋がりかねない。それぞれの自治体が独自に政策実験を試みたならば、どの自治体の区域に居住するかによって、享受しうる福祉的給付やサービスの質や量が異なってしまうからである[7]。

　そうした福祉国家の理念を重視する立場からすれば、福祉政策の領域においては、政策の立案は中央政府の専権事項とすべきであり、自治体は、中央政府が立案した政策を忠実に実施するという役割に専念すべきであるということになるであろう。また、そこまで中央集権的な発想を貫くことは困難であるとしたならば、すべての国民が国民である以上は平等に享受すべきナショナル・ミニマムの福祉的給付やサービスは、中央政府の責任で全国一律に提供することを前提としたうえで、自治体の政策実験は、重要性の低い福祉的給付やサービスに限って許容するような体制が目指されるべきであるということになるであろう。こうした福祉国家の理念と照らし合わせたときに、ソウル特別市の青年手当は、どのように評価されるべきものなのかが検討されなければならない。

注

1 韓国の地方自治法は、その172条に、中央政府各部の長官は、自治体の議会の議決が法令に違反すると判断される場合には、その自治体の長に、議会に対して再議を要求するよう求めることができ、その要請に自治体の長が従わない場合には、その議決の無効確認と執行停止を求める訴えを、直接に大法院に提起することができる旨を規定している。自治体国際化協会 (2015: 42) を参照。

2 韓国は、日本の地方交付税制度と類似した、自治体の財源保障と自治体間の財源調整を目的とした地方交付税制度を採用している。自治体国際化協会 (2015: 134-148) 及び鞠 (2015: 110-118) を参照。

3 大韓民国憲法111条には、「国家機関相互間、国家機関と地方自治団体間、または地方自治団体相互間の権限争議に関する審判」が、最高裁判所の専属管轄事項の一つとして規定されている。この最高裁判所の権限争議審判権限にかんしては、自治体国際化協会 (2015: 40) 及び高 (2016: 100-101) を参照。

4 韓国の地方自治法には、その169条に、中央政府各部の長官は、自治体の長の命令または処分が法令に違反しているか、あるいは著しく公益を害すると認められる場合には、期間を定めて書面でその是正を命じ、その期間内に是正がなされない場合には、その命令または処分を取り消したり、その効力を停止させたりすることができるが、自治体の長は、処分の取り消しや効力停止に異議がある場合には、大法院に提訴することができる旨が規定されている。自治体国際化協会 (2015: 42) を参照。

5 Berry, Fording & Hanson (2003) は、合衆国における1960年から1990年までの州レベルのデータに基づいて、貧困層の州間の移動には、州ごとの社会保障給付の多寡よりもむしろ、就業機会や賃金水準の州ごとの差違のほうが大きな影響を及ぼしていることを指摘しているが、同様の指摘が、若年層のソウル特別市外からソウル特別市内への転入にも妥当すると考えられる。

6 ローズ-アッカーマンは、一般論としては、自治体は、政策実験の失敗に伴うコストを恐れて、率先して政策実験を試みるよりもむしろ、他の自治体の政策実験にフリーライドする可能性が高いことを指摘しつつ、自治体の長が国政に進出することを目論んでいるような場合には、全国的な知名度を高めるために、あるいは、自らが所属する政党内部におけるプレゼンスを高めるために、敢えて失敗のリスクを伴う政策実験を試みることがありうることを指摘している (Rose-Ackerman 1980: 614-615)。また、西山隆行も、自治体の長が、地方で名を上げることによって国政に進出することを目論んでいるような場合には、突出した政策革新を試みる可能性があることを指摘している (西山 2010: 50)。ソウル特別市における青年手当の創設は、そうした指摘が妥当する事例であると考えることができるかもしれない。

7 市川喜崇によれば、どこに居住しているかにかかわらず最低限度の生活が保障されるべきであるという「福祉国家の理念」と地域ごとの多様性の保障という「地方自治の理念」とは、相互に矛盾するものであり、前者を重視する程度に応じて後者は制約されざるを得ない (市川 2017: 798)。

参考文献

市川喜崇、2017、「日本における中央-地方関係の展開と福祉国家」、『社会保障研究』1 (4)：797-812頁。

金香男、2014、「韓国における社会保障改革と政策展開」、『フォーラム現代社会学』13号、85-92頁。

鞠重鎬、2015、『韓国の財政と地方財政』、春風社。

髙翔龍、2015、『韓国法〔第3版〕』、信山社。

自治体国際化協会、2015、『韓国の地方自治 (2015年改訂版)』、自治体国際化協会。

柴田直子・松井望、2012、「地方自治とは何か」柴田直子、松井望編、『地方自治論入門』ミネルヴァ書房、1-13頁。

西山隆行、2010、「アメリカの政策革新と都市政治」、『日本比較政治学会年報』(12)：39-62頁。

林正義、2017、「社会保障分野における地方公共団体の役割」、『社会保障研究』1 (4)：690-710頁。

藤原夏人、2013、「韓国・社会保障基本法の全面改正」、『外国の立法』254-1号、20-21頁。

村松岐夫・北山俊哉、2010、「現代国家における地方自治」、村松岐夫編『テキストブック地方自治〔第2版〕』東洋経済新報社、1-11頁。

Berry, Wiliam D, Richard C. Fording & Russell L. Hanson, 2003, "Reassessing the 'Race to the Bottom' in State Welfare Policy," *Journal of Politics*, vol. 65, pp. 327-349.

Cai, Hongbin & Daniel Treisman, 2009, "Political Decentralization and Policy Experimentation," *Quarterly Journal of Political Science*, vol. 4, pp. 35-58.

Peterson, Paul E., 1981, *City Limits*, University of Chicago Press.

Peterson, Paul E., & Mark C. Rom, 1990, *Welfare Magnets: A New Case for a National Standard*, Brookings Institution.

Rose-Ackerman, Susan, 1980, "Risk Taking and Reelection: Does Federalism Promote Innovation?," *Journal of Legal Studies*, vol. 9, pp. 593-616.

Strumpf, Koleman S., 2002, "Does Government Decentralization Increase Policy Innovation?," *Journal of Public Economic Theory*, vol. 4, pp. 207-241.

さらに勉強したい人のための文献案内

市川喜崇、2012、『日本の中央-地方関係――現代型集権体制の起源と福祉国家』、法律文化社。

戦後日本において、多様化した行政サービスを全国に万遍なく提供しなければならないという要請が、後発近代国家型の集権体制から現代型の機能的集権体制への移行をもたらしたことを明らかにした、福祉国家における中央政府と地方政府の関係を考えるための必読文献である。

西山隆行、2008、『アメリカ型福祉国家と都市政治――ニューヨーク市におけ

るアーバン・リベラリズムの展開』、東京大学出版会。
中央政府が提供する福祉サービスよりも手厚い福祉サービスを、地方政府が提供するようになる社会的、経済的、政治的条件を、ニューヨーク市政の史的展開を素材として解明した、福祉の領域における地方政府の可能性と限界を考えるための必読文献である。

第7章

社会的経済組織が切り拓く新たな社会システムの可能性
―― 社会的経済都市を目指すソウル市の事例から

水野有香（名古屋経済大学経済学部）

本章の概要

　資本主義経済におけるグローバル化、行き過ぎた個人主義と市場主義の弊害として、貧困、不平等、社会的排除、環境問題、地方経済の衰退などの問題が世界各国で起こっている。こうした現状に抗し、資本主義とは異なる経済の枠組みで問題解決を目指す動きが国際的に進んでいる。「社会的経済」及びその担い手の「社会的経済組織」である。それは、政府・市場の失敗を補い、コミュニティの限界を超えようとするもので、持続可能な社会を展望するものである。社会的経済組織には、社会的企業、協同組合、共済組合、NPOなど様々な民間の非営利組織が含まれる。

　アジアの中で、「社会的経済」を標榜し法整備を行い積極的に社会的経済組織を育成しているのが韓国であり、その中心で先進的な取組みを行っているのがソウル市である。その目的は、より安定かつ質のよい雇用創出、福祉の恩恵が市民一人一人に遍く行き渡る社会サービス、倫理的消費と地域中心の消費、自助と連帯をもとにした基金の造成を通じた地域経済の活性化と社会問題の解決などである（ソウル特別市社会的経済支援センター 2015：3）。

　本章では、まず社会的経済とは何かを考え、韓国で社会的経済を推進することとなった背景を確認し、社会的経済の現状を概観する。そのうえで、ソウル市行政及び社会的経済組織の先進的な取組みを考察することにより、新たな社会システムの可能性について検討する。

1　社会的経済とは何か

(1) サードセクターと社会的経済

　現代の資本主義経済では、企業が強い力をもち市場主義が過度に進んでお

り、セーフティネットの役割をもつ家族を含むコミュニティの力は弱まっている。また、政府の再分配機能は十分とはいえない。それらを補完するものとして、「サードセクター[1]」の意義が大きくなってきている。

サードセクターは社会的セクターとも呼ばれ、資本主義経済の社会的な課題の解決に向け、政府・市場の失敗を補いコミュニティの限界を超えうることから、その可能性に注目が集まっている。ただし、これは市場の代替ではなく、あくまで補完的な位置付けであり、万能薬でもない (水野 2018: 7)。

サードセクターの範囲にかんして、アメリカとヨーロッパは大きく異なっている。アメリカでは、「非営利セクター」と同一のものと捉えられるのに対し、ヨーロッパでは協同組合、ミューチュアル[2]と非営利組織を含む「社会的経済」と捉えられている (栗本 2016:1)。そして、ヨーロッパを中心に、社会的経済ないしサードセクターが一つのセクターとしての実体を形成しつつ、その法制化をも実現しつつある (後・坂本 2017: 4)。

(2) 社会的経済の歴史的変遷と関連制度・国際ネットワーク

では、サードセクターを担う社会的経済組織とその組織が目指す社会的経済とはなにか。その歴史的変遷と関連制度・国際ネットワークについてみていこう。

社会的経済は、フランス、イタリア、スペインなどラテン系欧州諸国で伝統的に使われてきた用語で、協同組合、共済組合、NPOなどの非資本主義的な非営利・協同組織による経済活動を指す。例えば、フランスでは、協同組合の全国連合組織と共済組合の各種全国連合組織が協議会を結成し (1970年)、そこに福祉・医療分野のアソシエーションの各種全国連合組織も加わって、1970年代末頃に社会的経済を標榜するようになった (北島 2016: 17)。

なお、類似した概念として、連帯経済[3]がある。最近は、「社会的経済」と「連帯経済」の概念を組み合わせた「社会的・連帯経済」として語られることも多く、資本家の利潤の最大化を求める資本主義の論理ではなく、持続可能性を目指し社会や環境に対して何らかの価値を提供すべく行われる経済活動と捉えられる[4]。その特徴として、地域社会を基盤としていること、社会的・連

帯経済組織と自治体が連携すること、「多元的な経済」を模索していることなどが挙げられる。

北島 (2016) によれば、90年代を通じてフランスでは社会的経済と連帯経済とは厳しく対立する概念として捉えられてきた。しかし、2000年頃から二つの用語は分離されずに連結された形で用いられることが広まり、地域レベルで両者が連携するケースもかなりみられるようになる。2014年の社会的連帯経済法によるサードセクターの境界線の再設定は、この「緊張関係の緩和」を法制度の上で追認するという一面ももっていた。

国際的にも、2010年代に入って、スペインの社会的経済法 (2011)、エクアドルの民衆連帯経済法 (2011)、メキシコの社会的連帯経済法 (2012)、ポルトガルの社会的経済基本法 (2013)、フランスの社会的連帯経済法 (2014) が制定されており、韓国でも社会的経済基本法案が国会に上程されている。また、社会的連帯経済推進のための大陸間ネットワーク (RIPESS)、モンブラン会議、グローバル社会的経済協議会 (GSEF) といった国際ネットワークも構築されている。

2　韓国で社会的経済が求められた背景

(1) 韓国の労働環境の悪化と脆弱な福祉

韓国では、1987年の労働者大闘争をきっかけに内部労働市場の形成が進んだ。それは、大企業男性正規労働者を中核労働者とする内部労働市場であり、バッファーとして女性の非正規労働者を中心とした周辺労働者により外部労働市場が形成された。しかし、それは日本ほど長く続かず、1997年のIMF経済危機以降、労働の非正規化が急速に進み、「内部労働市場体制の委縮と動揺」(横田 2011: 121-123) をもたらした。

また、同時期に離農民世帯のソウル市への流入がみられ、都市零細自営業層の拡大が進んだ (横田 2012: 126)。他方、1990年以降男女共に賃金労働者比率が増大した。ただし、賃金労働者といっても、前近代的労働、労働基準法や社会保険の適用除外の労働もあり、低所得層の増加、格差・貧困の拡大が

社会的課題となった。

特に深刻なのは、高齢者の貧困率の高さと若年者の労働をめぐる状況である。

OECDのデータによれば、韓国の65歳以上の相対的貧困率は45.7%（2015）とOECD平均の13.2%の約3.5倍と群を抜いて高い。中央日報日本語版2018年9月28日の記事「韓国高齢層、雇用率と貧困率が同時に世界最高水準？」によれば、大韓民国統計庁が発表した「2018高齢者統計」では、2017年の韓国の70〜74歳の雇用率は33.1%と非常に高い[5]。それにくわえ、雇用がない高齢層が依然として多く、年金受給率も40%台にとどまっている。これは、全般的に貧しく、無年金または「ほんの少しの年金[6]」しか受け取れず、家族（子ども）に頼ることも難しいため働かざるを得ない高齢者が多いことを示している。しかし、高齢者の雇用の相当数が臨時職・日雇いのような「質の低い雇用」であるため働いても貧困から抜け出すことが難しいという現実がある。

したがって、社会保障・福祉制度の整備と共に、安定かつ質の良い雇用創出が必要な状況である。くわえて、労働市場の構造変化に対応する労働者の再教育システムの整備も必要となる。

一方、若年者の労働をめぐる状況も深刻である。統計庁の「2018若年者に関する統計」によれば、2017年の若年者（15〜29歳）の労働力率は42.1%で、失業率は9.8%となっている。ただし、キム（2018）によれば、韓国における若者の雇用の実情は、統計上の数値に表れている以上に深刻化している。短期労働に就いている者で、追加就業を希望している「不安定就業者」及び定義上は経済活動人口には含まれない「潜在経済活動人口」を加味した場合の失業率は、23.6%に上る。また、非正規雇用と低賃金労働によって、必然的に勤続期間が短くなり、雇用維持率が低下していることも問題として提示している。

加えて、NEET（学校に通わず、働いたり訓練を受けたりしていない若年者）の割合も高い。2017年に韓国青少年政策研究院が開催した「NEET: 国際的現況と対応」国際シンポジウムの報告によれば、韓国の年齢階層別のNEETの

割合は、15歳〜19歳が8%、20歳〜24歳が15.4%、25歳〜29歳が22.8%となっており、25歳〜29歳の層に至っては、5人に1人以上がニートとなっている。

労働の入り口での困難が、個人・社会に与える影響は大きい。安定かつ質の良い雇用創出と労働環境の改善、セーフティネットの充実が必要とされている。

その対策の一つとして、2018年から最低賃金の大幅な引き上げが行われている[7]。また、ソウル市では、2016年から市内に居住する満19〜29歳の未就業青年に6カ月間月50万Wを支給し、心理相談や進路探索、地域別若者の会などのプログラムを支援する、手当＋伴走型支援のソウル市青年活動支援事業を行っている（詳しくは6章を参照）。

他方、韓国では国家予算330兆W（2014）の1/3が福祉予算で、社会保険・公的扶助の予算は少ない。そのような構造の中で、不十分な社会保険・公的扶助を支え、社会問題を改善する役割を担うことを期待されたのが、2000年以降次々と導入された社会的経済組織である。各根拠法の下、脆弱階層への社会サービス、雇用促進（仕事提供・職場訓練など）への予算措置が行われている。

(2) 韓国の社会的経済の歴史

次に、韓国ではどのように社会的経済が形成されてきたか、その歴史を紐解いていきたい。韓国における最初の協同組合は、日本統治時代（1905〜1910）の1907年に創設された光州地方金融組合である。その後1920年代に入ると、民衆や知識人の間で自発的に生まれ、民衆の自助と暮らしの向上、それに朝鮮民族の経済的自立と独立を目指して活動する「自主的協同組合」が生まれてくる（金　2013: 12-13）。これが韓国の社会的経済の始まりとみることができる。農村に設立された学校を基盤として結成された教材関連の消費者生協や信用組合、労働組合や教会関係者などにより結成された各種組合は、多くが軍政時代に強制解散させられた。

1960年代に、農村地域では住民がお金を出し合ってマウル（村）金庫をつ

くる運動が起こり、当時の軍事政権によるセマウル(新しい村)運動と連携して広まった。そして、1982年にセマウル金庫法が制定された。また、同時期にソウルと釜山で信用組合が生まれ、その後主にカトリック教会を中心として信用組合が各地に設立され、1972年には信用協同組合法が制定された。1960〜70年代にかけて韓国の信用協同組合は、都市と農村での高利貸を根絶するためにマイクロクレジット事業を展開し、衛生教育、生活改善キャンペーン、貯蓄キャンペーンそれに食料店舗経営などを通じて組合員の自助と生活向上に寄与すると同時に、協同組合運動の人材育成のための教育機関を運営し、協同組合運動の全般的な発展にも寄与した(同上：29)。

民主化後は自由な市民活動が可能となり、社会的経済組織は飛躍的に発展した。1990年代の貧民運動(生産共同体運動)から、生産者協同組合、消費者生協、医療生協など多くの組織が生まれた。

金大中政権下では、1996年に保健福祉部が自活共同体創業支援事業を開始した。これが2000年に制定された国民基礎生活保障法による自活事業に発展した。同法は生活保護法(1961年)に代わるもので、生産的福祉パラダイムが推進される中で稼働能力のある層も対象とし、自活事業が導入された。導入にあたっては、生産共同体運動や様々な社会運動の蓄積が大きな影響を与えたと考えられる。

一方、1997年末からの経済危機によって大量の失業者が発生すると、脆弱階層の失業対策として、公共勤労事業も始められた。そしてこの事業が2003年の労働部による社会的雇用創出事業に移行し、さらに2007年の社会的企業育成法による社会的企業に発展した。社会的雇用創出事業の開始と共に民間の社会的企業支援組織の設立も進んだ。

他方、協同組合は1961年以降八つの個別法が制定された。農業協同組合法(1961年　農林水産食品部)、中小企業協同組合法(1961年　中小企業庁)、山林組合法(1961年　山林庁)、水産業協同組合法(1962年　農林水産食品部)、たばこ生産協同組合法(1963年　企画財政部)、信用協同組合法(1972年　金融委員会)、セマウル金庫法(1982年　行政安全部)、消費者生活協同組合法(1999年　公正取引委員会)である。個別の特別法という形式がとられていたため、特

別法が制定されていない分野では法的根拠がなく、法認された協同組合の設立が不可能であった。しかし、2012年に協同組合基本法という共通法が制定されたことから、5人の組合員と100万ウォンの資本金があり届け出れば、すべての分野で協同組合を設立できるようになった。また、同法では、「地域住民らの権益・福利の増進に関連する事業を遂行するか、脆弱階層に社会サービスを提供するなど、営利を目的としない協同組合」を「社会的協同組合」と定義し、企画財政部長官の認可制で認めることとなった。同法の制定は、その2点で韓国の協同組合にとって大きな転換点となった。

このように、国の政策として、各々の社会的課題を克服するための社会的経済組織を育成する事業が各分野(管轄部署)で始まった。雇用創出及び社会サービス供給を目的とした社会的企業、低所得層の脱貧困を目的とした自活

表7-1　韓国における社会的経済組織の概要

区分	社会的企業	自活企業	マウル企業	協同組合
管轄	雇用労働部	保健福祉部	安全行政部	企画財政部
根拠法	社会的企業育成法(2007年)	国民基礎生活保障法(2000年)	都市再生活性化および開発促進に関する特別法(2013年)	生活協同組合基本法(2012年)
開始年度	2007年	2000年	2010年	2012年
主要な参加者	脆弱階層	低所得層	地域住民	当事者及び利害関係者
政策目標	雇用創出及び社会サービス供給	脱貧困	地域共同体活性化	市場経済の問題点を補完
組織数	認証社会的企業1165社、予備社会的企業1522社(2014年9月現在)	2752社(2011年5月現在)	1119社(2014年9月現在)	基本法協同組合5601団体、社会的協同組合185団体(2014年9月現在)
雇用者数	2万6229人(認証社会的企業のみ)	4万4898人	1万117人	

出典：羅(2015) p.32、資料2-3。

企業、弱まりつつある地域共同体の活性化を目的としたマウル企業、市場経済の問題点の補完を目指す協同組合などである (表7-1)。しかし、縦割り政策による事業の重複もあり、次第に問題が浮き彫りになるなか、ヨーロッパの社会的経済の枠組みを参考に、韓国でもパラソル概念である社会的経済及び社会的経済組織として統合しようとするという動きがある。国家レベルでは、社会的経済基本法案が国会に上程されているが、与党と野党の意見対立により成立には至っていない。他方、ソウル市や忠清南道など地方政府レベルでは、社会的経済の枠組みでの統合の試みが進んでいる。

3 ソウル市における社会的経済の取組み

　以下では、2017年と2019年の聞き取り調査をもとに、ソウル市における社会的経済の取組みについて考察する。2017年2月13日に行った調査では、ソウル市社会的経済課課長カン・ソン・ソプ氏、社会的経済支援センターのセンター長イ・ウネ氏からお話を聞いた。また、2019年2月18日に行った調査では、韓神大学校教授で社会的協同組合パインツリーの代表、ハンシン・プラス・ケアの非常勤理事も務めるイ・インジェ氏、社会的協同組合ドウヌリ理事長のミン・ドンジェ氏からお話を聞いた。

(1) ソウル市の社会的経済の現状と先進的な取組み

　ソウル市では、2011年に就任したパク・ウォンスン市長のリーダーシップのもと改革が進められ、協同組合活性化支援条例 (2013年) により急速に協同組合が増加し、ソウル市特別市社会的経済基本条例 (2014年) により社会的経済政策がパラダイムシフトし、社会的経済の環境を造成する基盤ができた。前述のように、国レベルでは各省庁が縦割りで管轄しているが、自治体レベルでは、柔軟に運用されている。ソウル市では、社会的経済課が担当し、目的別支援に力を入れている。また、社会的経済組織のネットワークのハブとなり、総合的な環境づくりの役割を果たす社会的企業支援センターを設置している。

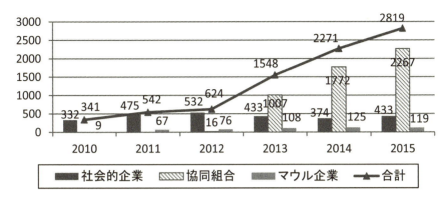

図7-1　ソウル市の社会的経済組織数の変化

出典：Global Social Economy Forum（2016）p.34, Figure 5.

　同市では、社会的経済を、「QOLの向上、貧困と疎外の克服など、社会的価値を実現するための協力と相互利益に基づき、社会的企業、協同組合、自活企業、マウル企業など、多様な主体により生産と消費が行われる経済システム」と定義している。そして、社会的経済のGRDP（市民1人当たりの域内総生産）比2%、雇用全体比8%を目標に、持続可能な社会的経済の環境を造成することをビジョンとして掲げている（ソウル市HP）。社会的経済を推進することで、政策としては、課題に即した対応が効率的かつ横断的にできるようになる。

　ソウル市の社会的経済組織（2015年）は、協同組合が2267と最も多く、つぎに社会的企業の433、マウル企業の119と続いている（図7-1）。ただし、協同組合で社会的企業の認証を受けるケースなど重なりもあることから、実数は合計より少ない。

　イ・ウネ氏によれば、法や条例の制定により、どの分野でも容易に設立することができるようになり協同組合が急増したが、登録のみで活動実態のない企業が55%と多く、日本のワーカーズ・コープのような組織を増やすことを想定していたものの、実際には自営業者が80%を占めるという問題が生じている。また、韓国企画財政部協同組合統計（2016）によれば、全国の社

会的協同組合の数は582で協同組合全体の5.6%に過ぎない。そして、協同組合基本法の制定により、社会的企業に対する関心が薄れるという傾向もある。

とはいえ、社会的企業は未だ社会的経済を牽引する重要な組織である。

韓国では、社会的企業育成法(2007年)により、厳格な審査により認証された社会的企業に対して、人件費支援、経営支援、税制支援などの直接支援及び公共購買制度、販路開拓の間接支援を行っている。社会的経済組織のうち補助金が最も多いのが社会的企業で希望する組織は多いが、認証を受けるためのハードルは高い。そのため、社会的企業の認証のための要件のうち一部を満たすことができていない、もしくは今後社会的企業の認証を目標に自治体の長(地域型)または中央行政機関の長(部署型)が指定した企業を予備社会的企業として支援しているが、現在その重要性は低下している。

イ・インジェ氏によれば、2018年末に社会的企業の制度の大幅な改変が決まった。認定件数が伸び悩み、革新性が失われている社会的企業の現状を打破するため、認証を受けなくても社会的企業と標榜できるようにする。ただし、補助金を受けるためには、雇用労働部の社会的企業インデックスによるスクリーニングを受けるという2段階制をとり、社会的企業のすそ野が広がることとなる。

政府の社会的企業支援機関としては韓国社会的企業振興院(2010年設立)があり、ソウル市では社会的経済課と社会的企業支援センターが実務を担っている。

同市では年2回認定を行っており、現在のところ2年の支援が受けられる予備社会的企業が約200社、3年の支援が受けられる社会的企業が約250社となっており、予備社会的企業の1/4が社会的企業として認定されている。支援の方針が、人件費支援から自立して持続的に成長できる環境づくりへとシフトされており、約90%の社会的企業が持続している。また、認定が終了した後すぐに廃業した社会的企業は5%に過ぎず、人件費の支援がなくなっても職員数を減らさなかった組織は61%と過半数を占めている。売上は2012年の6870億ウォンから2015年の1兆4600億ウォンへと、雇用者数

も2012年の9300人から2015年の17400人へとどちらも3年で倍増しており、着実に拡大している（Global Social Economy Forum　2016:82）。

　同市は地域社会を中心とした環境づくりを行っており、地域特化事業の発掘や体系的な中間支援システムの構築にも力を入れている。その結果、社会的経済組織は雇用創出に止まらず居住福祉や都市再生やまちづくりなど[8]へと役割を拡げている[9]。

　以下では、二つの先進的な取り組みを行う組織を事例として取り上げる。

(2) 社会的協同組合によるまちづくりの事例

　ソウル市中区では、2019年から社会的協同組合パインツリーを通じたまちづくりの試みが始まる。この社会的協同組合は、地域の社会的企業などが参集し設立したもので、代表はハンシン・プラス・ケアの非常勤理事のイ・インジェ氏である。

　通常、地元のまちづくりにかんする協議会は任意団体であるが、社会的協同組合を設立することで、各種補助金を受けやすくし、社会的協同組合で受けた事業を組合員（参加組織）間で分配したり共同で行うことが容易になる。また、社会的企業の規模や社会的経済の市場はそれほど大きくないため、社会的協同組合が取引の窓口になったり、スムーズに組合員（参加組織）間で取引ができたりするというメリットもある。さらに、組合員（参加組織）をサポートしたり高めあったり、地域の社会的経済組織を育成するという教育的役割も果たしている。

　この組織の目的は、ソウル市中区の生態系を地域が主体となって作り上げていくことである。ソウル市のビジネス・観光の中心である同地域は既に多くの資源があるが、同組織は、営利目的の開発ではなく、地元のまちづくりとして、どのように観光地を開発・整備していくのかを、各々の専門性や知恵を出し合って検討している。具体的には、観光、歴史、ゲストハウス、雇用創出などについて話し合われている。ソウル市から3年間の補助金を得て、今年から本格始動する。

　この組織が機能するのは、各社会的経済組織や協議会の蓄積とネットワー

クがあるからである。このように法人格をとって活動をする組織は同組織がソウル市で初めてであり、先進的事例として今後の動向に注目していきたい。

(3) 地域のニーズを汲み上げトータルサポートを目指す事例

次に、2013 年に設立された社会的協同組合「ドゥヌリ」の事例を取り上げる。

同組織は、2001 年に広津区自活センターのドゥヌリ自活事業として設立された。その後、2006 年センター内に「ヌルプルンケアセンター」を設立し、在宅高齢者・障がい者の支援を行うケア事業を展開した。2008 年に自活センターから財政・人事を分離し独立組織に転換し、2010 年に雇用労働部認証の社会的企業となった。事業は、居宅介護サービス、高齢者介護、家事支援サービスなど高齢者向けの介護サービスをはじめ、活動サポートや訪問看護などの障がい者介護サービス、児童発達支援、介護旅行サービスなどに拡大した。

しかし、2013 年に認証を受けて社会的協同組合に移行した。任意団体の場合、組織の所有や運営に対する責任が個人に集中してしまうこと、またセンターの事業が個人や企業の利益ではなく社会公共の利益を目指すものであるから、非営利法人格の取得が必要だと考えたからである（icoop 2017）。加えて本調査では、ケアという業種の問題や事業規模も理由として挙げられた。介護の分野は、製造業とは異なり形がないため品質をアピールするのが難しいこと、社会的企業の認証を受けても人件費の補助が受けられないことである。そして、規模が大きくなると運営が難しいことである。

他方、協同組合に移行したことで、従業員の態度に変化がみられたとも語られた。ケアの仕事は（女性職であり）低熟練で社会的に低く評価されてきたが、協同組合の組合員となったことで仕事にプライドをもつことができるようになったようである。また、協同組合となったことで意思決定に時間がかかるようになったが、職員の成長を感じるとのことであった。

現在、490 名の組合員のうち、70 名がサービスを提供する職員である。この組織では、社会サービスの提供と共に、社会的弱者に対する仕事の提供を重視している。

現在提供しているサービスは、産後の母・子に対する家庭訪問型ケア、保育園、発達障がい・問題行動を起こす児童のケア、在宅ケア、入所介護施設などで、「ゆりかごから墓場まで」トータルで地域をサポートすることを目指している。なお、開始から日が浅い事業でも市からの委託を受けており、これは自活事業からの蓄積の実績、地域に根差し事業を行ってきたこと、法人格をもっていることが要因と考えられる。特に、広津区の自活センターと住民連帯とは、人事交流を含めた強い繋がりがある。

この組織もまた、地域に根付き、ネットワークをもち事業を拡大している。

4　今後の課題と展望

韓国では、社会運動などボトムアップの動きの影響を受けながら、社会問題解決に向けたトップダウンの政策が進んできた。モデル事業の実施、社会的経済組織の育成・支援のための法律・制度の制定・改善が行われ、広く社会に認識されるようになり、社会的経済の量的成長の土台が整った。その結果、まだ十分な成果は得られていないものの、社会的経済の育成が「雇用の創出、雇用の安定、職業経歴が中断した女性や退職者などの労働力の活用、社会のセーフティネットの強化、共同体の復活などに寄与してきた」（李・張ら　2018:100-101）。

社会的経済を推進することは、政策として、労働や福祉など社会の課題取り組み、目的別に対応することで効率的かつ横断的にできるようになる可能性がある。現時点ではその基本法がないことから十分に各制度が統合されていないが、ソウル市のような実態が先行することで、今後統合に向けて前進するのではないかと考える。また、社会的経済組織が力をつけ、ボトムアップの形でいかに社会的経済を有益なものに創り上げていけるかが問われている。

一方、組織にとって、社会的経済組織の整備は、選択肢が増え、支援の可能性も高まる。ただし、事業を継続してゆくためには、堅実な経営の蓄積とネットワークが必要となることが本事例から考察された。また、今回取り上

げた 2 事例から、社会的協同組合の利用可能性は今後さらに広がるものと考えられる。

　他方、社会的弱者にとって、社会的経済の拡大は、働き口が確保できたり、スティグマ感が緩和されたり、賃金が上昇するなどの恩恵がある。ケア・タクシーなど一部の分野では、社会的経済組織の方が賃金は高く、社会保険に加入できるなど労働環境が整っているケースもある。しかし、現状では、あくまで福祉的就労の延長であり、一般の労働市場と比べると雇用の質が高いとは言えない。社会的弱者だけでなく、あらゆる人が社会的経済で働きたいと思える労働環境を整備していくことも必要である。

注

1　国際的には、政府・行政組織が担う「第 1 セクター（国家セクター）」、私企業など営利組織が担う「第 2 セクター（市場セクター）」、社会的（連帯）組織（日本では非営利・協同組織ともいわれる）が担う「第 3 セクター（社会的セクター）」に分けられることが多い。しかし、日本では「第 3 セクター」が、地域開発・都市づくりなどのため、国または地方公共団体と民間企業との共同出資によって設立された事業体という意味で使われることもあることから、社会的セクターにかんしては「サードセクター」という表現が用いられる。

2　栗本 (2016) の説明によれば、出資がない点で協同組合と異なるが、利用者（保険契約者）がガバナンスに参加し、利用高配当（保険掛金割り戻し）があるという点で協同組合に類似する組織形態である。欧米では保険・銀行ミューチュアルと保険ミューチュアル（健康保険）があるが、日本では保険業法による相互会社がこれに相当する。

3　連帯経済は、新自由主義的な経済体制に反対し、もっと公正で持続可能な世界を作ろうという社会運動から生まれ、草の根的に拡大してきた。大企業中心ではなく市民社会中心のグローバリゼーションを目指す動きである。具体的には、フェアトレード、マイクロクレジット、地域通貨、クリエイティブ・コモンズなどが挙げられる。1990 年代に中南米諸国で使われ始め、2001 年から世界各国で開催されている世界社会フォーラムなどを通じて世界的に広まった。

4　社会的・連帯経済の詳細については、廣田 (2016) を参照。

5　国連欧州経済委員会 (UNECE) と欧州連合 (EU) が 2017 年に共同算出した「アクティブエイジング指標 (Active Ageing Index)」では、一位がエストニア (15.6%)、二位がルーマニア (13.5%)、三位がポルトガル (11.7%) となっており、それと比べると韓国は 2〜3 倍高い。

6　55〜79 歳の月平均年金受領額は 2018 年基準 57 万ウォンで 1 年前より 4 万ウォン増えたが、全体の高齢者のうち年金を受け取る人は 45.6% に過ぎない。

7　短期的には、雇用が減少し、所得下位 20% の月間平均所得が前年同期を 17.7% 下回り、下位層の所得が大幅減となっている(2018 年第 4 四半期の家計所得動向)。
8　例えば、高齢者の配食や空き部屋など地域の抱える問題を掘り起し、解決策を模索・提案し、合意形成に繋げる主体として社会的経済組織が重要な役割を担っている実態がある。居住福祉の分野においても、社会的経済組織の活躍の場が拡がっている。空き家をリノベーションし一般市場価格の 70% の賃貸料で貸し出す活動や、一級建築士など専門職の人々が社会的企業を作り、日雇い労働者の街にシェアハウスを建てる活動はその一例である。
9　ただし、2016 年時点でも脆弱階層への雇用提供が 69.7%(混合型が 10.0%、社会サービス提供型が 6.3%、その他が 14.0%)を占めており、雇用創出が中心となっている(李・張ら、2018:101)。

参考文献

後房雄、坂本治也、2017、「日本におけるサードセクター組織の現状と課題：平成 29 年度第 4 回サードセクター調査による検討」、『RIETI Discussion Paper Series』17-J-063、1-69 頁。

北島健一、2016、「連帯経済と社会的経済：アプローチ上の差異に焦点をあてて」、『政策科学』23(3)：15-32 頁。

キム・ユビン、2018、「若者の労働市場の実態と政策の方向」、『Business Labor Trend』(4)：27-28 頁。

金亨美、2013、『韓国生活協同組合運動論：経済における倫理的価値と協同組合』、博士論文。https://mrepo.lib.meiji.ac.jp/dspace/bitstream/10291/16681/1/kim_2013_seikei.pdf

栗本昭、2016、「日本のサードセクターにおける協同組合の課題：ビジビリティの視点から」、『RIETI Discussion Paper Series』16-J-038、1-21 頁。

ソウル特別市社会的経済支援センター、2015、『社会的経済：競争を越えて協同で社会的経済が作られていくソウルの変化』、ソウル特別市社会的経済支援センター。

廣田裕之、2016、『社会的連帯経済入門：みんなが幸せに生活できる経済システムとは』、集広舎。

水野有香、2018、「居住福祉問題に挑む社会的・連帯経済組織」、『居住福祉研究』(25)：5-14 頁。

羅一慶、2015、『ソーシャルビジネスの政策と実践：韓国における社会的企業の挑戦』、法律文化社。

李寅載、張宗翼、朴鍾賢、金慧元、2018、「社会経済的変化とソウル市社会連帯経済政策の課題」、『立命館産業社会論集』54(2)：99-122 頁。

横田伸子、2011、「1990 年代以降の韓国における労働力の非正規化とジェンダー構造」、『大原社会問題研究所雑誌』(632)：18-39 頁。

横田伸子、2012、『韓国の都市下層と労働者：労働の非正規化を中心に』、ミネルヴァ書房。
Global Social Economy Forum, 2016, Status of Social Economy Development in Seoul: A Case Study of Seoul, Seoul, Global Social Economy Forum.
icoop, 2017、「韓国の社会的経済の事例(19) 社会的協同組合『ドウヌリ』」(4)。http://icoop.coop/
ソウル市 HP、「政策紹介／社会的経済」http://japanese.seoul.go.kr/

さらに勉強したい人のための文献案内

羅一慶、2015、『ソーシャルビジネスの政策と実践——韓国における社会的企業の挑戦』、法律文化社。
> 韓国の 2007 年の社会的企業育成法以降の展開に焦点を当て、社会的企業・社会的経済組織にかんする政策の歴史的背景と課題を多角的に考察している。社会的企業と地域コミュニティ政策や都市再生政策の関係性についても言及している。

廣田裕之、2016、『社会的連帯経済入門——みんなが幸せに生活できる経済システムとは』、集広舎。
> 世界各地の社会的連帯経済の実情と社会的連帯経済組織の概念について、実践例を用いながら解説している入門書である。日本の社会的連帯経済の歴史や課題、実践についても扱っている。

第8章

地域福祉の新たな地平
――貧困運動を契機としたまちづくり

野村恭代（大阪市立大学大学院生活科学研究科）

> **本章の概要**
>
> 本章では、現時点で既にこれからの日本が直面するであろう地域状況（超高齢社会、人口減少、生活課題の多様化、複雑化、深刻化、潜在化）にある地域に焦点を当て、これからの日本の人口構造を踏まえた地域福祉について考える。具体的には、韓国の貧困地域を取り上げ、社会的排除や貧困等の課題と向き合いながら、住民が主体となりどのようなプロセスでまちづくりを進めてきたのか、その際の支援者や行政のかかわりはどのようなものであったのかなどについてみていくことで、これからの日本における地域福祉の在り方や可能性について模索する。

1　人口構造の変化と地域福祉

　2015（平成27）年度に総務省統計局が発表した人口集計結果では、日本の総人口のうち、高齢者人口（65歳以上）は過去最高の3,190万人であり、総人口に占める割合は25.1％である。さらに、後期高齢者（75歳以上）の割合は12.3％となっている。本結果で特筆すべき点は、国勢調査開始以降、今回初めて日本の総人口が減少したことである。

　少子高齢化社会、人口減少社会においては、地域生活を送るうえで地域住民同士の「繋がり」が、これまで以上に重要となる。地域のなかで暮らしを営むためには、生活のしづらさのある人もそうでない人も、あらゆる人が支え合いながら生活することが必要である。従来の単発のサービスや連続性のない支援ではなく、継続的に地域住民も含めた様々な「人」が介入をするこ

とが、地域での生活を継続するための鍵となる。地域共生社会では、地域の特性や実情に合わせて地域のなかで地域課題を捉え、対応することが求められているのである。

　このような人口動態や背景を踏まえて、近年の地域福祉施策においては、地域住民同士の「支え合い」を基調としたまちづくりや福祉サービスの実現が目指されている。2013（平成25）年、地域包括ケア研究会は、「支え合い」による地域包括ケアシステム構築について言及し、意識的に「互助」を強化することの必要性を指摘した。2014（平成26）年に改正された「介護保険法」では、地域生活コーディネーター（地域「支え合い」推進員）の配置と協議体の設置について規定し、介護保険にかかわる取組みにおいても、地域の支え合いが必要であることを示している。また、同年発足された「新たな福祉サービスのシステム等のあり方検討プロジェクトチーム」（厚生労働省）においても、「誰もが支え合う」地域の構築に向けた福祉サービスの実現の必要性が指摘されている。さらに、2016（平成28）年には、厚生労働省に「我が事・丸ごと」地域共生社会実現本部が設置され、そこでは地域共生社会の実現を目的に「地域における住民主体の課題解決・包括的な相談支援体制」について、その必要性が示された。

　先述した通り、日本の人口構造はかつてとは異なる様相を呈している。人口減少及び高齢化は急速に進み、単一世帯あたりの人員は減少の一途を辿る。このような人口動態においては、国や地方自治体、そして地域住民が協働して地域福祉施策を推進していくことが求められる。画一的な福祉施策ではなく、地方自治体がそれぞれの地域特性や地域の実情に即した福祉施策を構築していく必要がある。

　一方で、地域住民の繋がりや支え合いは、もはやかつてのように同じ地域に居住することで自然発生的につくられるものではなくなっている。農村共同体のような地縁による繋がりは、現在の日本においては大部分の地域では存在しない。そのため、地域住民の繋がりや支え合いのしくみづくりには、自治体行政や社会福祉協議会などによる側面的な支援が必要であり、居住福祉の観点を基盤とした地域福祉施策は、住民と協働してつくるものだという

視点が求められる。

次節では、韓国の貧困地域におけるまちづくりの事例を紹介する。困難な状況の中で、どのようなプロセスを経て現在に至っているのか、地域の背景や住民、支援者のかかわりなどに着目しながら、その歩みを概観する。

2 東子洞サランバンの活動からみるまちづくり

(1) 韓国の地域福祉施策

韓国では、日本の地域福祉計画にあたる「地域社会福祉計画」が策定されている。本計画の目的は、地域の実情を踏まえた地域社会福祉サービスを計画・実行することにより、地域福祉の向上と地域住民の生活の質を高めることである。韓国の地域福祉にかかわる計画は、2001年〜2002年にかけて実施されたモデル事業がそのはじまりである。2003年には「社会福祉事業法」が改定され、市・郡・区単位で地域社会福祉協議体を設置することになり、また、市・郡・区単位の地域社会福祉計画策定が義務化された。

地域社会福祉協議体とは、社会福祉または保健・医療分野の学識経験者、社会福祉・保健・医療事業を行う機関・団体の代表者、社会福祉・保健・医療業務の担当公務員などによって構成される協議体である。その機能は、地域の社会福祉事業にかんする重要事項と地域福祉計画の審議、社会福祉及び保健医療サービスの連携・協力の強化などである。市・郡・区の長は、地域住民の福祉ニーズ、社会福祉資源などにかんする地域福祉調査を行うことにより、福祉にかかわる需要の測定、社会福祉施設及び在宅福祉に対する長期・短期のサービス供給対策、人材確保、財政などの社会福祉資源の管理、社会福祉及び保健・医療サービスの連携などを含む地域福祉計画の施行計画を策定する。加えて、地域住民、社会福祉及び保健・医療の関連機関、専門家、関係者等の意見を、地域社会福祉協議体の審議を通して当該市・郡・区の地域福祉計画に反映し施行することとされている。

韓国の地域福祉を推進する主体として、市民団体の存在を無視することはできない。韓国における市民団体は、支部まで含めると約2万団体あるとい

われる。民主化と共に発展してきた市民団体は、1998年の経済危機を機に国民の生活問題に目を向けるようになる。そして、国民の生活問題は政治的課題であるとの主張により、福祉政策改革を主導するに至る。韓国の市民団体は、様々な福祉課題について、地域住民の生活に沿うかたちで課題を克服するための活動を展開し、地域福祉を推進してきた主体の一つであるといえる。

(2) 東子洞サランバンの活動

2018年11月と2019年2月の2回にわたって、東子洞サランバンの理事長、教育理事、サランバン活動代表者へのヒアリングを実施した。その内容を交えながら、以下、東子洞サランバンの活動等について紹介する。

チョッパンで活動するサランバン

東子洞サランバンは、「サランバン」（2008年設立）と「サランバンマウル住民協同会」（2010年設立）の二つの組織から構成される非営利団体である。以前は「協同組合」という名称を使用していたが、2017年に協同組合基本法が施行されてからは、紛らわしい名称は使用することができなくなり、「住民協同会」に名前を変更して活動している。（図8-1）

ソウル駅から約徒歩3分の場所に位置する当該地域には、都市貧困者約1,200人の居住する「チョッパン（未認可の宿泊施設）」が約70棟建てられている。日本の統治時代には、当該地域は日本人が居住していた地域であり、現在は都市貧困者の居住する地域となっている。居住する大部分の人は、銀行との取り引きができない人たちであり、さらに、アルコールなどにお金を使ってしまい、自分で金銭管理をすることが難しい人たちである。多くの住民は「基礎生活保障」（日本の生活保護）によって生計を立てている。

なお、ソウル駅周辺は、韓国最大級のホームレス滞在地域であり、現在でも300名程度のホームレスが滞在している。

チョッパンには、居住弱者層の中でも、居住極貧層にある人々が多く居住するといわれている。入居時に保証金を必要とせず、家賃は日払いまたは月

図8-1　東子洞サランバンの活動拠点

図8-2　チョッパン

払いである。部屋の広さは約 1.7 〜 3.5 ㎡であり、布団を敷くとそれだけで部屋のスペースはなくなる。多くのチョッパンは老朽化が進んでおり、劣悪な居住環境にあることが多い。ただ、居住極貧層の人々にとってチョッパンは「最後の寝床」としての役割をもち、また、ホームレス状態から抜け出すためのまず初めのステップとしての機能もあると考えられている。

　当該地域のチョッパンの居住者は、すべて単身世帯であり、その多くは日雇い労働者である。その他の人々は生活保護受給者で、中高齢層の住民が大多数を占める。(図 8-2)

東子洞サランバンの活動内容
　サランバンの活動内容は、生活保護受給申請支援や病院への付き添いなど、日常生活において必要となる支援全般である。2 名の有給スタッフと協力住民とで活動を展開している。サランバンの理事長も理事も、当該地域に暮らす住民であり、住民による総会で決定される。理事長や理事たちは、住民の病院への付き添いや声かけ活動を行っている。声かけ活動を行うことで、住民の生活の変化に気づくことが多いという。電灯やにおいなどで異常を感じることも多く、救急車を呼ぶなどの対応を迅速に行うことが可能となっている。

　サランバンマウル住民協同会は、マイクロクレジット(失業者や資金のが不足している起業家、または貧困状態にあって銀行からの融資を受けられない人々を対象とする極めて少額のローンやクレジット)のようなしくみである。組合員は毎月いくらかを協同会に預け、困ったときや必要なときに協同会から必要な額を借りる。活動への政府からの補助はなく、すべて住民からの寄付と組合員の出資で運営している。2018 年 10 月時点で 400 人の組合員から 2,500 万ウォンの出資金を集めた。貸し出しについては、3 ヵ月の出資で 10 万ウォンを借りられるようになり、6 ヵ月の出資で 50 万ウォンを借りることができるというしくみである。借りたお金を返す際には、2%の利子をつけて返すというルールである。これまでに、借りたお金を返すことができなかった組合員はいない。組合員の 8 〜 9 割は男性で平均年齢は 60 代前半である。

共済組合ができてからは、公園で飲酒する人が減少したことも、組合ができた効果の一つである。また、以前よりも住民同士の繋がりができていると感じている。共済組合に加入する際には、必ず「教育」を受けることが求められる。教育は、主に共済組合とはどのようなものであるのかという内容で行われる。

  組合員 A 氏：
  「最初は、この共済組合のことを全然信用していなかった。でも、地域の人が亡くなったときに、みんなで葬儀をしているのを見て、信用するようになった。この地域のほとんどの人が月 72 万ウォン（日本円で 7 万 2 千円程度）で暮らしている。今はソウル市のきまりで公園でみんなでお葬式をすることはできないし、弔問もさせてもらえない」

 活動を始めた当初は、なかなかお金も集まらない状態であったが、諦めずに地域全体を対象とした行事で炊き出し等を行う中で、A 氏のように少しずつ協同会の活動に対する理解が広まり、お金を預ける人も増えていった。協同会の活動に反発する住民も多かったものの、もともとあった住民組織の手伝いや身寄りのない人たちの火葬等を行う様子を目にするうちに、住民も協同会の活動に理解を示すようになったようである。住民が積極的に協力してくれるようになったのは、2012 年頃からであり、理解を得るのに 4 年程度かかっている。

サランバン活動の意義と課題
 住民相互の繋がりによる助け合いのしくみが構築されている点で、東子洞サランバンの活動から学ぶべきことは多い。やはり、住民のちょっとした変化にいち早く気づくことができるのは、住民である。気づきを気づきのまま放置することなく、次の支援に繋げている点も重要なポイントである。専門職や行政のみの生活支援には限界があり、地域住民の参画が必要不可欠である中で、サランバンのしくみにおいては、主として住民である理事（担い手）

が住民の生活支援を行い、それを専門職がサポートするかたちが取られている。この点においても、日本がこれから目指す「地域共生社会」のしくみづくりに参考になる点も多いものと考える。

　しかし、課題があることもまた事実である。1点目の課題は、ソウル市による再開発に伴う強制退去である。当該地域は、現在、ソウル市による再開発が進められている地域である。駅から徒歩圏内の便利な場所であるため、市としては土地を再利用したいと考えている。また、チョッパンを利益率のよいゲストハウスや宿泊施設、2年契約の賃貸住宅に建て替えたいと考えている所有者も多い。現在は日払いで居住している人が大部分を占めており、再開発後に2年契約の賃貸住宅に変わった場合には、居住できなくなる人がほとんどである。再開発することは決定事項であり、再開発に抵抗し続けているものの、もしも工事の機材が入ってきた場合には、出て行かざるを得ない状況である。東子洞サランバンとしては、当該地域の住民がばらばらになることなく、皆で一緒に同じ場所に住めるよう要望するため、早急にソウル市長との話し合いの場をもちたいと考えているが、市長が面会の機会を設けない状態が続いている。

　2点目の課題は、チョッパン生活そのものが抱える課題である。チョッパン居住者の多くは、基礎生活保障の水準が低く、利用できるサービスも少ない点が指摘されている（黄 2015）。彼らの多くは、支援を必要としている状況にあるものの、実際には支援を利用することが難しい環境にある場合が多い。経済的困窮に加え、社会的孤立状態にあることも珍しくなく、経済面への支援だけではなく、排除の問題にどのように向き合うかも重要な課題である。

　3点目は、東子洞サランバンのネットワークの脆弱さである。

　ソウル市の発表によると、市が2015年3月から12月まで、ホームレス状態にある人516人に、最大6ヶ月間の家賃を援助した結果、430人（83％）が住居への支援終了後も路上生活には戻らずに安定的な生活を送っているという。このホームレス状態にある人への臨時の住居支援事業は、ソウル市が2011年から施行しているものである。

また、ソウル市は住民登録が抹消されたことなどにより就職等にあたり支障のある人83人の住民登録について復元のための援助を行い、障害者福祉サービスを受けられるようにするなどの支援も行っている。その他にも、受診のための援助、生活用品の支援なども実施している。市は引き続きホームレス状態にある人への自立支援を行うため、支援の対象を「路上生活危機階層」にも拡大する計画を立てている。

これらの支援については、タシソギ総合支援センターに業務の一部を委託している。タシソギ総合支援センターはソウル駅前に事業所があり、貧困状態にある人への支援という点では東子洞サランバンと共通する点が多々あるものの、タシソギから住民を紹介されることはあっても、両者の「連携」はあまりみられない。東子洞サランバン側は、「タシソギは市からの委託だから」と、立ち退きを求めている市から委託を受けている団体も敵であるとの意識が根底にある。しかし、支援団体としてネットワークを構築することは、支援を受ける側にとっても支援を行うものとしても求められる支援の重要な要素である。さらに、東子洞サランバンは、周辺地域や近隣住民との関係性もなく、そのことに問題意識を抱いていないこと自体が深刻な課題である。

3　タシソギ総合支援センターの活動と役割

全(2012)によると、韓国におけるホームレス支援の始まりは、1997年にタイを中心に始まったアジア通貨危機に伴う、韓国の経済危機である。その最も早い段階で設置されたのが、「露宿人タシソギ支援センター」(以下、タシソギ)である。タシソギとは、日本語で「立ち直り」を意味する言葉である。タシソギは、総合的かつ包括的にホームレスへの支援を提供する韓国の代表的な拠点機関である。以下、タシソギの概要と支援内容について概観する。

(1) タシソギの概要

運営法人は、「財団法人大韓聖公会維持財団」であり、機関名は「ソウル特別市立　再起総合支援センター」である。ソウル市内に拠点を構えており、

ソウル駅の横に支所がある。

開設日は1998年9月、設立の目的は、「ホームレス及び住居貧困階層への多様な社会福祉サービスの提供とホームレスの自立や自活に寄与し、社会的認識を改善するために努力すること」である。「総務部」「事業支援部」「運営支援部」「現場支援部」「医療支援部」「精神健康部」の計六つの部局から構成される。

(2) 支援内容

タシソギでは、健康面への支援、住まいの支援、心理的支援などの様々な支援や、自活プログラム（バリスタの資格取得、カフェの運営等）（図8-3、8-4）、ホームレス演劇プログラム、施設の従事者教育支援事業など、幅広い事業を展開している。以下、興味深いプログラムを一つ取り上げて紹介する。

[聖フランシス大学人文学課程]

聖フランシスコ大学人文学課程設置の目的は、社会の最貧困層であるホー

図8-3　自活プログラムのひとつであるカフェ

図8-4　自活プログラムのひとつであるカフェの様子

ムレスを対象に、人文学教育を通じて自尊心の回復や自己への洞察力を高めることにより、ホームレスの自活と自立を図ることである。(**図 8-5**)

　このプログラムは、2005 年から始まり、2017 年までに 208 名が課程を修了している。2018 年には 14 期生 26 名が入学した。1 年間の課程で、2 学期制による運営を行っている。講義科目には、哲学、文学、歴史、美術史、執筆などがあり、座学だけではなくワークショップやフィールドワークを取り入れながら、1 年間のプログラムを展開している。

　ホームレスの中には、人とのコミュニケーションを円滑に取ることを苦手にしてする人も多く、入学当初は講師が意見を求めても発言する受講生はほとんどおらず、たとえ意見を言えたとしても、他者の意見を聞き入れることができずに、トラブルに発展することもあるという。しかし、1 年間の課程を修了する頃には、自身で考え発言することができるようになり、また受講生同士の繋がりも深まっていく。学びにも重点を置きながら、それよりも 1 年間を通して他者と共に学ぶという経験により、自分に自信を取り戻し、他者と共存することを体感することを大切にしている。多くのホームレスの人

図8-5　聖フランシス大学人文学課程の教室

にとって必要な、「人間関係」を学び取得するのである。

　ホームレスへの支援では、経済的な支援や居住場所の確保などの支援が優先される傾向にあるが、聖フランシス大学人文学課程のように、自尊心を取り戻し、他者とのコミュニケーションを学び、そして人間関係をつくることを体験として学ぶことのできる支援も、生活への支援と同時並行的に行われることで、まさしく全人的かつ包括的な支援に繋がるものと考えられる。

(3) 韓国における二つの活動からみるまちづくりへの示唆

　東子洞サランバンの実践では、各世帯が居住する個々の住まい（チョッパン）を、それぞれがその権利を主張するのではなく、地区全体のコモンズとして捉えていた。また、東子洞サランバンでは、お金を地域共通のものとしてストックし、活用している。日本にもかつては「ゆい」や「もやい」のような互助のしくみがあった。しかし、現在ではそのような地縁による支えあいのしくみが残っているのはほんのわずかな地域のみである。東子洞サランバンとタシソギの活動では、住民同士の互助を支援者がしくみとして構築しており、

このしくみに入らない住民やホームレスについても排除することなく支援を行っている。また、それぞれの地域の人々は、チョッパン、ホームレスの状態、という同じ環境下での生活であり、生活水準に差がないため連帯意識も生まれやすいものと思われる。地域に居住する人たちが主体となり地域を構成するということは、一方的に支援を受けるだけではなく、支援を提供することをも含まれる。東子洞サランバンではそのことが既に実践されており、日本のこれからの地域づくりにおいて学ぶべき点も多い。

東子洞サランバンの喫緊の課題は、市の再開発による強制立ち退きが迫っていることであろう。市との交渉を当事者のみで行うことには限界がある。問題の当事者（東子洞サランバン及び住民）のみではなく、タシソギなど他の団体や機関と連携しながらこの課題に立ち向かうことも必要であろう。連携については、日本でも支援においては必要不可欠な要素である。

4　今後の課題と展望──地域福祉の新たな地平

地域の中で、自ら支援を求めることが困難な状況にある人に対しては、援助を提供する側からの働きかけが求められる。予防的な支援を含む広範なニーズへの対応においては、制度の枠組みによって対象者を判別するのではなく、本人の側に立った「生活のしづらさ」への排除のないアプローチが重要である。これまでは、課題が深刻化して初めて専門機関に繋がるという事後型の対応が多くみられたが、そこに至る前にアプローチをすることにより、事態が深刻化する前に対応することが可能となる。

また、これからの地域福祉を考える際に重要となる視点としては、「地域住民との協働」である。住民との協働は、戸別訪問の同行等の個別支援に限定されず、地域でのプログラム等を地域住民と協働で開催することも含む。さらに、専門職から地域住民への働きかけのみならず、地域住民側からの専門職への働きかけがあることも重要な点である。地域住民は、日常の生活のなかでちょっとした地域の変化に気づいていることがある。その気づきを専門職と共有する場を地域の側につくることにより、専門職と住民との双方向

性の関係をつくることが可能となる。

　特に、社会的孤立も含む生活困窮の状態にある人の中には、自ら支援を求めることが難しい人たちも少なくない。そのため、その人の生活する地域の中に気軽に足を運べる場をつくることは大きな意味をもつ。さらに、地域福祉においては、本人も意識をしていない日常生活上のニーズを把握することや住民の活動への参画等は不可欠であり、支援対象者の生活圏域である身近な場所で行政、関係機関、地域住民等とが緊密に連携して地域をつくることが求められる。

参考文献

　裵瑢俊、2007、「韓国の地域福祉の概況」、『現代社会学部紀要』5（1）：1-4 頁、長崎ウェスレヤン大学。
　全泓奎、2015、『包摂型社会—社会的排除アプローチとその実践』、法律文化社。
　全泓奎、2012、『韓国・居住貧困とのたたかい』、居住福祉ブックレット 22、東信堂。
　全泓奎、2012、「韓国ホームレス福祉法の制定と包括的な支援システムの構築—制定背景と主要内容」『ホームレスと社会』(5)。
　全泓奎他、2007、「韓国都市部の社会的不利地域における包括的な地域再生と居住支援」『住宅総合財団研究論文集』(34)。
　全泓奎、2006、「韓国の貧困層コミュニティにおけるコミュニティ参加の展開」『都市計画論文集』41-3、635-640 頁、日本都市計画学会。
　金蘭姫、2009、「韓国の地域福祉推進における市民団体の現状と可能性についての一考察」『社会福祉学』49（4）：143-156 頁、日本社会福祉学会。
　呉世雄、2017、「韓国の社会的企業育成法の成果と課題」『社会福祉学』58（2）：80-93 頁、日本社会福祉学会。
　黄英遠、2015、「韓国チョッパン居住者の生活と地域福祉—散在型チョッパン地域を中心に—」、日本女子大学 2015 年度博士論文。

さらに勉強したい人のための文献案内

全泓奎、2015、『包摂型社会――社会的排除アプローチとその実践』、法律文化社。
　　本書では、「社会的排除」の本質的な問題がどこにあるのか等の基礎理論を学びながら、「包摂型社会」とはいったいどのような社会であるのかについて、具体的な実践例をもとに考えることができる。
全泓奎、2012、『韓国・居住貧困とのたたかい』、居住福祉ブックレット 22、東信堂。

本書では、韓国における居住福祉施策、居住福祉実践についてわかりやすく紹介されている。さらに、本書で紹介されている団体等に読者が直接アクセスできるよう、団体等の連絡先等も示されている。

第9章

韓国における国際結婚移住女性の生存戦略と実践
―― ソウル市と京畿道安山市の結婚移住女性たちによる挑戦

川本　綾（大阪市立大学都市研究プラザ）

本章の概要

　この章では、外国人住民が集住する韓国の都市部に居住する国際結婚移住女性（以下、結婚移住女性）に焦点を当て、結婚移住女性が抱える問題と、それに対応する行政や当事者の実践について調査した事例を報告する。結婚を機に海外から移住した外国出身の女性たちが定住してからおよそ10年以上が過ぎ、第二世代の教育や、韓国人の配偶者と離婚、別居、死別等、定住初期とは異なる新たな課題が浮上している。一方、言語や文化を習得してもなお、就労、社会参加が容易ではない結婚移住女性の現状に対応し、政府は二重言語教育政策に基づく二重言語講師の養成を通して、高学歴の結婚移住女性の雇用創出を企図しているが、不安定な雇用環境に対して女性側から異議申し立てがされるなど、課題は山積みである。そんな中、結婚移住女性による自助的な取組みがはじまっている。安山市の女性移住者の自助団体である「文化の世の輪」は、雇用は不安定なものの、利用者の信用が高いという行政の特徴を生かし、社会的企業として起業し、行政からの委託を受ける形で働き口を自ら創出している。また、ソウル市内の移住女性の自助組織である「Talk To Me」という団体は、家族からも離れ、セーフティネットを失って居場所のない結婚移住女性たちへの就労支援を行いながら、社会貢献を行っている。いずれの場合も、韓国社会に適応してもなお、社会参加への道が閉ざされているという現状を打破するための、当事者による生存戦略であり、移住者と共に暮らす社会の新たな道筋を切り拓く新たな試みの一つであるといえるだろう。本章では、当事者の視点から、韓国の結婚移住女性が置かれている現状を探る。

1　問題の背景

　韓国は、第二次世界大戦以降、長年にわたり外国人に対する排除政策を続けてきたが、2000年代に入り、移民国家へと大きく舵を切った。そして移民の統合にかんする法整備を急速に進めていった。

その背景には、アジアからの結婚移住女性の増加と少子化問題があった。韓国も日本同様、深刻な少子化問題を抱えており、2005 年には合計特殊出生率が 1.08 と史上最低値を記録した。韓国政府にとって、「韓国人」を増やすことは、喫緊の課題であり、韓国人を産み増やしてくれる存在として結婚移住女性が注目されたのである。政府は、この後、少子化対策の一環として移民政策を展開し、その政策の焦点は、結婚移住女性と、韓国国籍をもつ子どもたちの社会的統合に当てられていった。そして 2008 年には「多文化家族支援法」が制定され、各地方自治体に「多文化家族支援センター」が設けられるなど、結婚移住女性とその子どもたちに対する適応支援体制が「多文化」の名の下に整えられていった。

しかし、2000 年代初めの結婚移住女性の急激な流入からおよそ 20 年弱が過ぎ、韓国生まれの子どもたちが学齢期あるいは大学進学を迎える時期に差し掛かっている。既に韓国語を習得し、韓国文化にも慣れた結婚移住女性は、子どもを産み、育て、定住初期とは異なるライフステージにいるといえるであろう。移住者への支援というと、適応初期の問題に集中しがちであるが、ホスト国の言語も文化も習得し、場合によっては帰化もしている結婚移住女性たちは、現在どのような困難を抱え、どのように乗り越えようとしているのだろうか。本章では、結婚移住女性が抱える生きづらさを把握すると共に、外国人住民が集住するソウル市や安山市の行政や当事者たちによる実践事例を紹介し、当事者がどのような生存戦略を立てているのかを探る。なお、報告に当たり、2017 年 2 月から 2018 年 6 月にかけて 3 度韓国を訪問し、ソウル市教育庁関係者、二重言語教育関連の研究者、安山市の外国人住民担当者、結婚移住女性当事者、移住女性自助団体へのインタビュー調査を実施した。

2　結婚移住女性の現在

(1) 結婚移住女性の概況

韓国では、1990 年代まで宗教団体を通じて入国し、国際結婚をする日本人女性が多く存在したが、2000 年代に入ってからはアジア諸国からの女性が急

増した。「出入国・外国人政策統計年報(2017)」によると、2017年現在、国際結婚によって韓国に滞在している外国人は155,457名に上り、その83.8%が女性である。出身国別にみると、中国が全体の37.1%と最も多く、次にベトナム(27.1%)、日本(8.6%)、フィリピン(7.6%)、カンボジア(2.9%)と続く。居住地は、京畿道(28.2%)、ソウル特別市(17.9%)、仁川広域市(6.4%)の首都圏居住者が半数を占め、あとは慶尚南道(6.6%)、忠清南道(5.3%)と続いている[1]。

また、2015年に実施された「多文化家族実態調査[2]」によると、帰化者も含めた結婚移住者はおよそ304,516名と推定されるが、そのうちの8割がやはり女性である。また、年齢は30代が32.6%と最も多く、40代が24.3%、29

表9-1 結婚移住者・帰化者の概要

(単位：%、人)

		比率	頻度
全体		100.0	304,516
性別	女性	81.5	248,142
	男性	18.5	56,374
年齢	29歳以下	23.0	69,999
	30～39歳	32.6	99,405
	40～49歳	24.3	74,050
	50～59歳	13.4	40,903
	60歳以上	6.6	20,158
教育水準	小学校卒業以下（それ以下を含む）	10.7	32,612
	中学校卒業	21.8	66,520
	高校卒業	43.5	132,431
	大学卒業以上	24.0	72,953
婚姻状態	配偶者あり	88.0	268,024
	離婚・別居	6.9	20,934
	死別	3.1	9,490
	未婚	2.0	6,068
国内居住期間	2年未満	2.2	6,833
	2～5年未満	13.8	42,055
	5～10年未満	36.1	109,788
	10～15年未満	27.3	83,075
	15年以上	20.6	62,766

出典：「全国多文化家族実態調査」統計情報報告書（統計庁：49）より作成

表9-2 結婚移住者の配偶者の年齢と教育水準

(単位：%、人)

		韓国出身		外国出身		合計
		夫	妻	夫	妻	
全体		100.0 (185,295)	100.0 (20,053)	100.0 (16,574)	100.0 (19,389)	100.0 (241,311)
年齢	29歳以下	0.8	7.8	6.0	9.5	2.4
	30〜39歳	15.4	42.1	19.6	26.8	18.8
	40〜49歳	48.7	31.5	21.6	29.9	43.9
	50〜59歳	26.4	13.8	29.2	23.6	25.3
	60歳以上	8.8	4.7	23.6	10.2	9.6
教育水準	小学校卒業以下 (それ以下を含む)	7.5	4.1	8.4	12.1	7.6
	中学校卒業	13.6	8.7	24.1	22.4	14.6
	高校卒業	53.4	31.8	52.7	49.1	51.2
	大学卒業以上	25.5	55.4	14.9	16.4	26.5

出典：「全国多文化家族実態調査」統計情報報告書（統計庁：270）より作成

歳以下が23.0%と続く（**表9-1**）。一方で配偶者の年齢をみると、韓国人の夫の年齢は40代が48.7%と最も多く、50代の26.4%、30代の15.4%と続く（**表9-2**）。表9-1の結婚移住者の表は男女の合計値なので、正確な比較はできないものの、結婚移住者の全体の約8割が女性であることを考えると、韓国人の男性配偶者の年齢が、結婚移住女性よりも相対的に高いことが推測される。また、教育水準をみると、高校卒業が43.5%と最も多いが、大学卒業以上も24.0%おり、高学歴の結婚移住者が一定数存在していることがわかる。一方、結婚移住者の配偶者の教育水準をみると、配偶者が韓国人の夫の場合は高校卒業が53.4%と最も多く、大学卒業以上は25.5%である。韓国における大学等への進学率をみると、韓国出身の夫の度数が多い40代から50代のうち、調査が行われた2015年現在、40歳の人が高校を卒業した1994年の普通高校及び実業系高校卒業者の合計平均進学率は39.6%、59歳の人が高校を卒業した1975年の同進学率は25.2%である[3]。次に度数の高い30代以下の進学率は40代のそれよりずっと高いことを考えると、平均かそれ以下の学歴をもつ、比較的年齢の高い韓国の男性に若いアジアの女性が嫁ぐという一つの

類型が浮かびあがってくる。次に、表9-1の結婚移住者の婚姻状態をみると、配偶者ありが88.0%、離婚・別居が6.9%、死別が3.1%となっている。これをみると、およそ10人に一人は離婚・別居・死別によって配偶者と離別し、場合によっては子どもを育てていることが推測される。居住期間も10年を超える結婚移住者が約半数にのぼり、全体の5人に一人は15年以上韓国社会で暮らしている生活者である。これらをみてもわかるように、韓国社会への初期適応期や、子どもが幼くて手のかかる時期を過ぎ、子育て後の自らの身の振り方や夫婦も含めた家族の在り方の模索という、次のライフステージに立たされている結婚移住女性が相当数存在するのである。

(2) 結婚移住女性が新たに抱える課題

　それでは、もし配偶者と死別したり離婚を選んだりした際、結婚移住女性が経済的に独立して韓国社会の中で生きていけるような仕組みがあるかというと、非常に限られているといわざるを得ない。**表9-3**は、結婚移住者全体の収入を現したものだが、男性は100万ウォンから300万ウォンに度数が集中しているのに比べ、女性は度数が50万から200万ウォンに集中しており、全体的に結婚移住男性より結婚移住女性の収入の方が低いことがわかる。中でも、女性の度数が集中している200万ウォン以下の割合を合計すると、配偶者ありの場合は79.3%であるのに比べ、配偶者と離婚・別居の場合は89.0%、死別の場合は91.3%と、配偶者がいない方に収入の低い層が集中している。実際に結婚移住女性を支援する自助団体にインタビューに行った際にも、年の離れた夫と死別・または離別して経済的に困窮し、嫁ぎ先でも居場所を失って精神的に追い詰められていく女性たちが後を絶たないという話を聞いた。この点について、移住者の社会統合モデルとして、性別役割分業をもとに女性を再生産労働に追いやる「父権家族的福祉モデル」が採られているためであることが指摘されている（キム 2015）。ただでさえ結婚移住女性が安定的な就労につくことは難しく、社会参加の機会も非常に限られているのに、韓国人の配偶者との離婚、別居や死別等が重なると、困窮度はより増し、移住女性は家族や親族を中心としたセーフティネットからも排除さ

れて孤立していくというのである。この場合、社会との繋がりを確保したり、経済的自立を促したりする支援が必要とされるであろう。

(3) 外国にルーツをもつ子どもたちをめぐる問題

一方、親のどちらかが、またはどちらもが外国人である「多文化家庭」の学齢期の子どもは、2017年現在、約11万人と10年前に比べて7倍に増え、全体の児童・生徒数の約1.7%を占めている。この多文化家庭の学生の多くは、両親の人的資本(学歴、職業、韓国語能力等)が脆弱で、社会経済的に困難な階層に属しており、言語的・文化的な障壁により、学校適応に難しさを抱えていたり、学業不振、皮膚の色の違いや異国的な外見に伴う集団的な仲間はずれを経験していたりするなど、情緒的な困難やアイデンティティの混乱などの問題を抱えている(元 2018:40-41)。ところが、近年、この多文化家庭の子どもたちが抱える困難が焦点化されると同時に、子どもたちに大きな期待がかけられるようになった。二か国語を操るグローバル人材としての存在価値が発見されたのである。多様な言語を駆使する能力が個人的次元ではなく、資源として認識されるようになり、多文化家族の子どもたちが、「韓国の未来を変えるといっても過言ではない」と評価され、「21世紀の未来を担うグローバル人材たち」というスローガンまで動員された(女性家族部 2013:19)。そんな中始まったのが二重言語教育政策であった。政府は、多文化家庭であるがゆえに生じる子どもたちの不適応と、不適応の理由ともなっているエスニックな言語や文化の資源としての価値の発見という、二つの脈絡から、外国出身の親とその子どもたちに対する社会統合政策の一つとして、二重言語教育政策に乗り出したのである。また、これ以外に、もう一つの目的があった。すなわち、高学歴の結婚移住女性の雇用の創出という側面である。

3　結婚移住女性を対象とした働き場作り

(1) 二重言語教育政策の展開

二重言語教育政策は、講師として結婚移住女性を育成、雇用して学校現場

表 9-3 国際結婚移住者の収入状況

		収入なし	50万ウォン未満	50〜100万ウォン未満	100〜150万ウォン未満	150〜200万ウォン未満	200〜250万ウォン未満
全体		5.9 (11,471)	5.8 (11,219)	18.8 (36,510)	30.8 (59,930)	19.2 (37,283)	8.5 (16,516)
性別	女性	7.5	7.1	23.4	36.3	17.4	4.5
	男性	0.8	1.5	4.2	13.4	24.5	21.0
年齢	29歳以下	7.8	7.8	25.5	35.1	13.5	4.4
	30〜39歳	6.4	6.5	18.7	31.0	15.4	8.7
	40〜49歳	5.5	4.2	15.8	28.9	22.5	10.6
	50〜59歳	4.2	3.9	14.9	30.3	26.1	9.8
	60歳以上	2.7	9.5	26.5	26.0	22.4	4.6
教育水準	小学校卒業（それ以下を含む）	8.8	5.5	23.2	36.5	17.5	5.4
	中学校卒業	6.6	5.1	21.1	36.9	18.8	7.0
	高校卒業	5.7	5.9	19.6	31.9	20.9	8.1
	大学卒業以上	4.5	6.2	13.5	21.1	16.9	11.7
婚姻状態	配偶者あり	6.8	6.1	18.9	29.7	17.8	8.9
	離婚・別居	0.0	2.1	17.3	40.7	28.9	5.2
	死別	0.6	6.1	24.2	39.3	21.1	3.6
	未婚	0.0	5.5	11.4	22.9	30.6	12.0
国内居住期間	2年未満	4.5	8.3	20.3	33.3	17.9	7.2
	2〜5年未満	8.3	8.0	20.5	32.7	16.7	4.6
	5〜10年未満	5.9	6.2	22.1	31.6	17.8	6.9
	10〜15年未満	5.5	5.1	17.6	31.2	20.8	9.8
	15年以上	5.4	5.0	14.5	28.1	20.0	10.8

出典：「全国多文化家族実態調査」統計情報報告書（統計庁：185）より作成

や地域に派遣し、外国にルーツをもつ子どもたちが親の国の言語や文化を学べる環境を整備するものである。これは現在、教育部と女性家族部の2機関を中心に実施されているが、前者によるものが、2008年に教育部がソウル市教育庁をモデル教育庁として選定した「多文化家庭子女のための二重言語教授要員養成計画」である。これは、多文化家族の子どもたちに親の言語を教える人材である講師を養成するプログラムで、ソウル市教育庁とソウル教育大学校が連携して「多文化家庭子女のための二重言語教授要員養成課程」

(単位：%、人)

250～300万ウォン未満	300～350万ウォン未満	350～400万ウォン未満	400～450万ウォン未満	450～500万ウォン未満	500万ウォン以上	合計
4.6 (8,996)	2.3 (4,401)	1.2 (2,333)	0.9 (1,842)	0.5 (1,026)	1.6 (3,113)	100.0 (194,641)
1.6	0.7	0.4	0.3	0.2	0.5	100.0
14.1	7.1	3.8	2.8	1.6	5.0	100.0
2.3	1.6	0.6	0.3	0.3	0.8	100.0
5.3	2.7	1.7	1.2	0.6	1.8	100.0
5.3	2.4	1.2	1.1	0.8	1.8	100.0
5.2	2.0	0.8	0.8	0.3	1.5	100.0
2.0	1.7	1.7	1.1	0.1	1.8	100.0
1.5	0.8	0.3	0.3	0.0	0.2	100.0
2.9	0.7	0.2	0.4	0.2	0.2	100.0
4.2	1.6	0.8	0.4	0.3	0.6	100.0
8.2	5.4	3.1	2.6	1.5	5.3	100.0
4.8	2.4	1.3	1.0	0.6	1.7	100.0
2.9	1.2	0.2	0.9	0.1	0.4	100.0
1.1	1.6	0.2	1.1	0.4	0.8	100.0
6.9	3.5	3.3	0.7	0.2	3.1	100.0
3.5	2.0	1.4	0.0	1.0	0.7	100.0
2.8	2.4	1.2	0.9	0.6	1.5	100.0
4.1	2.1	0.9	0.9	0.4	1.1	100.0
4.6	2.1	1.1	0.6	0.4	1.3	100.0
6.3	2.8	1.8	1.5	0.9	2.8	100.0

を開発した。内容は、6か月間、900時間にわたり、韓国語教育と韓国語文化及び多文化社会理解のための科目を受講するものである。翌年の2009年にソウル教育大学校と京仁教育大学校で二重言語指導要員112名を養成したのを皮切りに、毎年一定数の講師を養成し、2016年現在、ソウル86名、京畿道129名、忠清北道40名、慶尚南道57名等、合計425名の二重言語講師が学校現場で活動している（元2018:42）。

また、後者によるものが、2009年より始まり、地方自治体ごとに設置さ

れている多文化家族支援センターを活用した、多文化家庭の子どものための言語教育である。女性家族部独自のプログラムにより養成された二重言語講師が、2016年現在、111カ所のセンターに122名配置されている（女性家族部 2016: 5）。教育部の事業が学齢期の子どもたちを対象にしているのに比べ、女性家族部は学齢期以前の子どもたちとその親を対象にしているのが特徴的である。いずれの場合も、グローバル人材の担い手をして、結婚移住女性の多様性や語学力が政策的に注目されるようになったといえよう。

　これらの政策により、外国にルーツをもつ子どもたちには、親の言語や文化を教えることで自尊心を高め、学力の向上も見込まれるという効果が期待され、移住者、特に高学歴の結婚移住女性にとっては、雇用拡大の機会に繋がるという効果が期待された。

(1) ソウル市内D小学校の取組み

　ソウル市内に位置するD小学校は、ソウル市でも最大のエスニックタウン内に位置している。外国人住民のおよそ95％が中国人であり、中でも、韓国系中国人が多数居住する場所として知られている。

　このD小学校はソウル市内で外国にルーツをもつ児童が最も多い小学校であり、2015年現在、全校生徒500人のうち、約40％にあたる219人が外国にルーツをもつ児童である。このような地域的な背景から、D小学校は、2014年に教育部により「多文化重点学校」に指定され、2015年には二重言語

図 9-1　地域内の市場の様子
出典：筆者撮影

教室のモデル運営が始まった。教育の方法は、①韓国語特別課程（KSL 課程）の編成と運営（正規時間及び放課後）、②二重言語を基盤とした強化授業（Co-teaching）、③二重言語を基盤とした放課後教室の三つがあり、後者の二つが二重言語教育にあたる。そもそもこの D 小学校の二重言語教育は、2014 年あたりから急増し始めた、韓国語が一切わからない、韓国系中国人ではない中国人の子どもたちへの対応に現場が苦慮し、ソウル市教育庁に、二重言語講師の配置を申請したのがはじまりだった。

　基本的に、二重言語講師の要請にかんしては、学校がソウル市教育庁へ年度末に申請し、新学期に合わせて配置されるしくみである。しかし、D 小学校の場合、外国人生徒の急増に現場の対応が追い付かず、年度末に新年度の外国人生徒数を予測することや、年度内にどれだけ増えるかを把握するのも困難なため、申請したとしても、講師の配置が現状にそぐわない可能性が高い。また、制度による二重言語講師は、授業時間数、給与等も固定であるため、学校の現状に合った柔軟な運用も難しい。そのような事情があり、D 小学校では現在、むしろ、校長裁量での採用が可能で、学校の都合に合わせて融通の利く、中国語が堪能な韓国人の講師を採用しているという。ここからは、二重言語教育に対する現場の需要や意識と、制度との間に何らかの齟齬が生じていることが垣間みられた。

図 9-2　街中の看板には韓国語と中国語が並ぶ
出典：筆者撮影

ただ、二重言語教育政策がはじまったことで、学内の子どもたちや保護者の意識は確実に変化しているようである。二重言語教育を担当している教員にインタビューを行ったところ、二重言語教育プログラムが導入されてからの子どもたちや保護者の変化として、次のものが挙げられた。①以前は韓国人児童の中国人児童に対する無視やからかいなどの問題が深刻であったが、二重言語教育が始まってからは、韓国人児童の認識が変化した。②中国から来た児童は、中国で貧しい生活を送っていたケースが多く、故郷に対して良い感情をもっていなかったが、言葉や文化を学ぶ中で意識が変化し、自尊心をもつようになった。③中国出身の親は、学校で中国語を教えてくれることを高く評価し、また学校とコミュニケーションが取れやすくなったと述べている等である。全体的に、外国にルーツをもつ子どもたちにとっても、また韓国人の子どもたちにとっても変化がみられており、一定の効果が感じられた。

一方、制度による二重言語講師は、年度ごとの予算の確保状況によって著しく処遇が変わることもあって、経済的に安定していないという問題点も孕んでいる。このような不安定な雇用条件に対し、2015年には二重言語講師が京畿道庁前で座り込み、断食デモを繰り広げる事態にまで至っている。二重言語講師は、移住女性の雇用創出のために策定された制度ではあるが、当事者が安心して働くことにできる労働環境とは言えないのが現状のようである。

(2) 結婚移住女性たちの仕事づくり①：「문화세상고리（文化の世の輪）」

次に民間と行政の協力によって作られた結婚移住女性の自助組織について紹介する。

「文化の世の輪」は京畿道安山市に居住する移住女性による社会的企業で、教育機関や様々なイベントへの多文化講師の派遣事業を行っている。この「文化の世の輪」ができた安山市は、2018年現在、外国人住民数（約8万6千人）が全市民数の約12%[4]を占める、韓国でも有数の外国人集住地域である。安山では、1990年代より民間団体「国境なき村」等による外国人支援が行われてきたが、行政による先駆的な外国人施策という面でも注目を集めてきた。

図 9-3　マンションの一角に位置する「文化の世の輪」の事務所
出典：筆者撮影

2009年には、全国で初めて超過滞在者をも対象とした「外国人住民人権増進条例」が制定され、また同年には安山市内でも特に外国人が集住する元谷洞（町）一帯が、政府部署である企画財政部より「多文化特区」に指定された。

「文化の世の輪」は、安山市が養成し、教育機関に派遣している多文化講師経験者を中心に運営されている。安山市による移住者の多文化講師としての雇用は、機会の平等性の面から期限が設けられており、先の二重言語講師

図 9-4　安山駅周辺商店街の様子。「多文化飲食街」という案内板が立つ。
出典：筆者撮影

同様、結婚移住女性が教育を受け、多文化講師としての実績を積んでも、任期が切れれば働き口を失うという不安定な状況であった。そこで、安山市で多文化講師として教育を受けて活動し、任期が切れた移住女性たちが協同して2014年に「文化の世の輪」を立ち上げたのである。2017年現在、コンゴ、ナイジェリア、ベトナム、日本、中国など様々な国の移住者8名と韓国人スタッフ2名が所属している。事業内容は、安山市内の行政及び教育機関をはじめとする様々な団体への多文化講師の派遣や、イベントでの多文化ブース展示、料理教室、多文化特区である元谷洞の紹介イベント等である。一週間に延べ300人ぐらいを対象に出張講座を請け負っている講師もいる。この団体は、2016年に政府機関である雇用労働部から認定を受けた社会的企業でもある。

　今回、講師として活動しているメンバー数名にインタビュー調査を実施することができた。設立メンバーの一人は、自らの子どもが、母親が外国人ということで、委縮せずに暮らせるようにしたい、そして出身国の現在の姿を、韓国の子どもたちに伝えたいという強い思いをもっていた。この方は、これまで自宅で翻訳の仕事などをしてきたが、韓国社会の中で自分が何かをできるとは思っていなかったため、多文化講師の仕事を通じて外に出て、「解放されたような気持ち」になったという。同じく設立メンバーのアフリカ系の女性は、講師をする前、街の子どもたちが自分を見ると逃げるのを見て、嫌われているのかと悲しく思っていた。そして、いつも街の人に「韓国の生活はつらくないか」、「いつ帰るのか」と聞かれたりすることに傷ついてもいた。韓国で家族をもち、特別つらくもなければ、帰る予定もないのに、暗に「帰れ」と言われているかのように感じていたからである。しかし、教育を受けて講師になり、子どもたちや様々な韓国人と接する中で、子どもたちは自分を怖がったり、嫌っていたりしたのではなく、英語で話しかけられるのではないかと恥ずかしがって逃げていたということ、いつも同じ質問をされるのも、決して他意があるのではないということがわかった。今では、バスの中などで、知らない人がいきなり髪の毛を触ってきても、怒るのではなく、「この髪、不思議でしょう？」と、話しの糸口として穏やかに対応することがで

きるようになったという。

　彼女たちに共通するのは、それぞれが教育を受けたり、キャリアを積んでいたりしたにもかかわらず、就労を通じた安定的な「居場所」がなかった点、そして、仕事を通して韓国社会をより深く理解し、移住者の視点から、韓国人であれ、外国人であれ、多様性を自然に受け入れる次世代を育てたいという意志をもっている点である。この「文化の世の輪」は、順調に活動を広げているが、その理由について、講師の一人は安山市が果たした役割も大きいと考えている。すなわち、外国人が仕事を行ううえで、顧客と信用関係を築くことは非常に困難であるが、安山市がまず多文化講師の養成と派遣をはじめ、それを受け継ぐ形で仕事を請け負っているので、最初から顧客側に信用があるという点である。この点は、移住者の生存戦略という点でも、一つの可能性を示しているように思われる。すなわち、多文化関連事業にかんし、担い手となる移住者の長期雇用は現段階では難しいものの、住民からの信頼は厚いという行政の特徴を生かす形で当事者が起業し、行政の委託を受けて事業を展開するという方法である。「文化の世の輪」は、行政の施策から派生的に生まれた当事者（スタッフには韓国人も含まれる）による自助団体である点が特徴的だが、行政による移住者施策と、中長期的な就労の安定といった移住者のニーズ及び移住者側からのアクションが合致した、一つの事例であるといえるだろう。

(3) 結婚移住女性たちの仕事づくり②：「톡투미（Talk To Me）」

　次に紹介する「Talk To Me」は、ソウル市内で活動する結婚移住女性の自助団体である。この団体は、スリランカ出身のI氏によって2010年に設立された。2018年現在、スタッフは10人で5,6千人の援助会員を有している。事業内容は大きく、結婚移住女性への就労支援、結婚移住女性の出身地での教育支援、地域内での社会奉仕活動に分けられる。結婚移住女性への就労支援としては、結婚移住女性による出張料理教室、弁当販売、ケータリング、「モニカ人形」のキットの作成・販売等が挙げられる。モニカ人形とは、様々な皮膚の色をした抱き人形で、団体の象徴にもなっている。「モニカ」という

図 9-5　入口の様子
出典：筆者撮影

言葉は、韓国語で「머니까（遠いところから来た）」という意味をあらわしている。結婚移住女性がこのモニカ人形の体や顔のパーツを切り分け、縫製して、まとめたキットを、支援者が2万ウォンで購入し、完成させて団体に送り返す。人形の顔や洋服は、制作者の裁量に任されており、どれ一つとして同じものはない人形が完成する。その人形を結婚移住女性が様々な路上マーケットなどで販売（2万ウォン）することでさらに現金収入が生まれ、その一部が労働報酬となるしくみである。また、完成して送り返された人形は、教育機

図 9-6　様々な顔の色をしたモニカ人形
出典：筆者撮影

関、児童養護施設など、要請のあるところに無料で配布され、子どもたちの遊び相手となる。モニカ人形を通じた取組みは、結婚移住女性の就労支援であるばかりでなく、様々な顔の色をした人形を作ったり、一緒に遊んだりしながら、多様性に対する理解力を育てようとする多文化理解教育の一環としても活用されるのである。

　また、モニカ人形の売り上げ等の一部は、「이모나라 나눔 여행（おばさんの国わかち合い旅行）」事業を通し、結婚移住女性の出身地への教育支援に充てている。この事業は、里帰りが難しい結婚移住女性の出身地を、子どもと韓国人の支援者と共に訪問し、故郷の次世代のための教育支援をする事業である。これまで、代表のＩ氏のふるさとであるスリランカのカルタラ地域で、現地の関係者と協議を重ね、廃校寸前の小学校を再建したり、IT教育にかんする教育プログラムを開発したりしてきた。現在は、スリランカの支援に加え、国際結婚で韓国に渡ったものの、結婚生活が破綻し、ベトナムに帰った女性と韓国の血を引く子どもたちが集住している地域で、韓国語教室などを作る計画が進行中とのことであった。結婚移住女性の子どもたちにとってこの事業は、どうしても遠く感じざるを得ない母親の国を実際に自分の目で確かめ、深く感じることができる貴重な体験となっているという。

　また、この団体は、地域活動の一環として、事務所のそばに位置する「チョッパン（ドヤ）」に住む高齢の単身男性たちとの交流も定期的に行っている。これは、「移住」に伴う苦労は、外国人だけに特有な現象ではなく、韓国内で地方から都市に移住してきた人々も同じはずという発想からきており、悩みを共有する自分たちだからこそ手を差し伸べられるのではないかというメンバーの意見から始まった。

　Ｉ氏の話によると、そもそも団体発足のきっかけは、結婚移住女性が韓国社会で活躍するための居場所づくりの必要性を感じたからであった。韓国社会に定着し、言葉も文化も学び、時には帰化して「韓国人」になっても、実際に結婚移住女性が安定的な就労につくことは困難で、社会参加の機会は非常に限られているのが現状である。Ｉ氏は、いつまでも来るか来ないかわからない支援を待つだけではなく、定住の道を歩んでいる結婚移住女性が、社

会の一員として自主的に行動を起こすことの重要性を語っている。韓国では、結婚移住女性が、移住者である前に、家族に対して責任をもつ一個人であり、また「韓国人」となった存在であるという視点が欠如しているという。「Talk To Me」の活動は、故郷にも韓国にも家族をもつ結婚移住女性だからこそできることであり、そこに社会参加の糸口があると考えている。

　一方、「Talk To Me」の主要事業である結婚移住女性の就労支援を考える際、その背景には、韓国人の配偶者との離婚や死別に伴う結婚移住女性の孤立や経済的困窮等、初期適応期を過ぎ、家族をもつ生活者として韓国社会に定住しているからこそ生じる問題が存在している。韓国人の家族が担っていたセーフティネットから抜け出し、自分の足で立とうとした時、その地盤は脆弱で心もとない。その理由の一つは、韓国の移民政策が、結婚移住女性とその子どもたちを対象に、少子化の解消という国家的課題を目的に設定されているところにもあるだろう。結婚移住女性が、韓国人の家族の中で「韓国人」の子どもを育てるという目的以外の道を歩んだ時、その居場所は極めて少ないのが現状なのである。なお、I氏もまた、「移住」にまつわる問題は、外国人だけではなく、国内外を移動する韓国人にも共通するものであると捉えているのが特徴的で、外国人でもあり、韓国社会に生活基盤をもつ生活者の一人として、韓国社会で排除されがちな人々にも支援の輪を広げていきたいという意志をもっている。「Talk To Me」による実践は、まったく指針のない、定住のその後の結婚移住女性の未来図を、当事者の視点で独自に切り拓こうとする実践であると捉えることができるだろう。

4　今後の課題と展望

　本章では、韓国における国際結婚移住女性とその子どもたちを対象に、定住後だからこそ生じる問題に対応する、行政と当事者による実践をいくつかの事例を通して考察した。

　行政主導で始まった二重言語教育政策は、グローバル人材の養成と高学歴の移住女性の雇用創出を主目的としているが、その雇用環境は不安定で、現

時点では、結婚移住女性の雇用の安定には繋がっているとはいい難い現状が垣間みられた。また、実施校でのインタビューからは、制度設計自体に、現場の要求と合致していないところも見受けられた。ただ、外国出身の保護者やその子どもたちは、二重言語教育について肯定的な評価をしているようであった。

　一方、行政主導からはじまり、結婚移住女性たちがその事業を引き継ぐ形で起業した自助組織、「文化の世の輪」は、行政による事業は雇用環境が不安定であるものの、外国人だけでは構築に時間がかかる顧客との信用関係が既に成立しているという特徴を活用し、事業を展開していた。この事例は、移住女性が感じる困難を当事者が解決していくに当たり、行政とどのような関係性を築くことが可能かという一つの在り方を示しているように思われる。

　また、「Talk To Me」は、移民政策の陰でセーフティネットからこぼれ落ちた結婚移住女性たちの居場所づくりと社会参加を目的に、独自のアイディアで、常に韓国社会に積極的に入り込んでいくことを念頭に置きながら事業を展開している。この団体は、結婚移住女性の自助組織ではあるが、外国出身の「韓国人」だからこそできる社会貢献という視点を強くもっており、結婚移住女性が支援を受ける存在としてではなく、韓国社会の中で積極的に自らの人生を切り拓いていく、定住のその後の生活戦略を表すものでもあろう。

　一方、結婚移住女性が置かれている状況は、同時に韓国の女性が置かれている状況を映し出している。性別役割分業をもとに女性を再生産労働に追いやり、ジェンダーにかかわる様々な差別や格差を生み出している「父権家族的福祉モデル」は、もともと韓国女性に適用されている規範であり、現代の韓国人の女性を苦しめているものでもある。移住者の生きづらさを通して投影される社会の在り様は、そのまま、その社会に暮らすすべての人の生きづらさを象徴する。ホスト国の言語や文化を習得し、家族を形成しながら深く社会に根を張りつつある移住者たちと共に、社会をどのように変えていくのか。当事者たちの声や実践から、その方法を探っていきたい。

注

1　統計庁（2017）による。なお、国際結婚移住者は韓国で「結婚移民者」と呼ばれている。具体的な在留資格は、F-2-1（居住：韓国国民の配偶者）、F-5-2（永住：韓国国民の配偶者）、F-6（結婚移民）の合計である。
2　この調査は、2008年の「多文化家族支援法（第4条）」に基づき、2009年より3年ごとに実施されている全国調査である。2009年は全数調査だったが、2012年調査より標本調査に変わった。調査員が世帯を直接訪問して聞き取りを行う「面接調査」であるが、場合により自記式も併用している。内容については、統計庁「全国多文化家族実態調査統計情報報告」を参照した。（http://kostat.go.kr/portal/korea/kor_pi/8/6/2/index.board?bmode=read&aSeq=351157, 2019.2.27 検索）
3　教育統計サービスHP内、教育部「1999年教育統計の概要」より（http://std.kedi.re.kr/eng/index, 2019.2.28 検索）。
4　安山市「2019年1月末安山市外国人住民人口現況」より（https://www.iansan.net/stat/content.do?cmsid=8489, 2019.2028 検索）。

参考文献

元眞淑、2018、「韓国の二重言語教育政策の現況と課題：二重言語講師制度を中心に」、包摂型社会研究会、『関西都市学研究』(2)：40-46 頁。

韓国語文献

キム・ヒョンミ、2015、「韓国多文化政策と外国人共同体」、ソウルグローバルセンター、「外国人住民共同体発展方案模索討論会」資料。
女性家族部、2013、『二重言語教育の実態及び改善方案研究』。
女性家族部、韓国健康家庭振興院、2016、『多文化家族の二重言語環境造成事業にかんする成果研究』。

さらに勉強したい人のための文献案内

川本綾、2018、『移民と「エスニック文化権」の社会学：在日コリアン集住地と韓国チャイナタウンの比較分析』、明石書店。
　日韓の旧来型移民である在日コリアンと在韓華僑にかんするフィールドワークや韓国の二重言語教育政策をもとに、シチズンシップの観点から、異なる文化や言語をもつ人々と共に生きてきた歴史を振り返り、移民がもつ権利について考察した一冊。

徳田剛・二階堂裕子ほか、2019、『地方発　外国人住民との地域づくり――多文化共生の現場から』、晃洋書房。
　日本の地方都市で、行政、コミュニティ、医療機関、民族学校、市民団体等がそれぞれに、また協同しながら、外国人住民と共に暮らす方法を模索してきた様子が描き出されている。日本社会が既に多文化社会に突入していることを実感させられる書籍である。

第10章

地域ベースの放課後支援と変遷をどうみるか

弘田洋二（大阪市立大学大学院生活科学研究科）

> **本章の概要**
>
> 　市場経済活動の自由性を容認する経済政策の進展に伴い、若者の就労困難者の増大、「子どもの貧困」として提起される格差の増大が社会問題となっている。経済活動の自由と市場原理主義、消費者主義の進行は、生活基盤やそれまであった人と社会との関係の在り方を変えてきた。市場原理主義の進展の中で「生き残ること」を可能にする条件、資質が脆弱な子どもや若者の増加が社会問題として経済、福祉、教育政策などする様々な観点から提起されている。本章では、日本で注目された若者の「社会的ひきこもり」という現象が東アジアを含む先進諸国に共通の課題として浮上していることを報告し、否定的な自己評価に対抗する力を育てる必要があると論じた。日本と韓国の子どもの地域支援実践の歴史と現状を報告し、草の根型の支援と行政主導で立ち上がってくる支援活動を比較することによって、対抗的な価値観が失われていることを問題提起した。

1　社会的ひきこもりについて

(1)「ひきこもり」は日本固有の現象ではない

　学業や就労を通した社会関係の場へ参加できない若者が精神医学の領域で「ひきこもり」という状態が臨床的な病像として注目されるようになったのは21世紀のはじめである。対人恐怖を含む社会恐怖は精神病や神経症の随伴症状として、あるいは臨床ケース以外でもみられるのだが、「一次性ひきこもり（諏訪ら 2002, 2006: 2,3)」としてそのほかの精神疾患とは別に捉えるべき一群があるとされた。そして、その家族関係において陰性の感情が表現されずに関係葛藤に回避的な傾向があることを二群間比較によって明示した。

近藤 (2000: 1) は力動心理学的な観点から症例の自己愛脆弱性に着眼しながら、家族内の特徴的な葛藤処理システムの中で育つことと関連していることを示唆していた。筆者は青年期の回避性人格障害の心理面接をとおして、彼らがその社会で優勢な価値観を取り込みやすく、過剰に取り入れられた観点から否定的で排除する他者のまなざしを内在化していることを報告した (弘田 1989, 2018: 5, 8)。思春期・青年期には親との分離が心理的な発達課題となるので、自前の価値観の形成が必須である。いわゆるおとなしい若者における社会関係からの脱落傾向は「非社会性」として記述されるが、いわゆる「やんちゃ」系の若者が衝動や欲動優位の行動化という問題を示す「反社会性」と二分法的に把握されるゆえんは、既存の優位な社会的価値観への対抗的姿勢の有無にある。欲動や衝動という親に面倒をみてもらうわけにはいかない異物を自分の中に抱え、いつまでも「いい子」ではいれない自分にOKを出す自己形成の道は親や大人との葛藤を経ながらなされる。自前の理想をもつことは単に志向性という貴重なベクトルをもたらすだけではなく、今はダメな自分をOKとしつつそれを超えようとすることに繋がる。関係の中で陰性の感情体験が適切に感知され、すぐには消えぬ「いやな」気持ちをもっていてよしとすることを相互に経験するという機会は助けになるのである。「ひきこもり」をいわゆる「遠慮」や「配慮」が支配する日本的対人関係文化と関連して論じる社会病理の論調があったのも、集団の価値規範への同一化が強いという日本の対人文化にその原因を求めるからだった。

2018年に行われた国際思春期青年期精神医学会のシンポジウムでは「東アジアの若者」をテーマとしたシンポジウムが企画されたが、韓国でも"Oiettolie"については数多くの調査・研究がなされ、病因についても様々な知見が呈されており国民的関心をよんでいるという (Choi 2018: 7)。加藤 (2018: 9) は、「日本だけでなく海外でも、"HIKIKOMORI"(社会文化的撤退症候群、日本文化／社会結合症候群として紹介されている)が報告されており、この現象は国際的な注目を集めて」いるとし、ひきこもり現象の国際化の理由としてグローバリゼーション、都市化、インターネット普及を挙げた。たしかにそれらの社会的な要因と相関はあるが、支援の現場で個人の立ち直りの力動的な

要因としては自尊感情の安定が常に注目されるのである。

(2) 若者の就労支援

NEET (Not in Employment, Education and Training) という言葉が日本で流布するようになったのも 2000 年前後であった。それは就労、教育、訓練などに属さずに生活している若者を発見してその社会・経済的自立を促すイギリスの社会政策の文脈で使われた若者の生活状態を指す言葉だった。日本語のニートは、フリーターなど若者の自由な選択的就労をめぐる生活スタイルを、あるいはひきこもりなどの心理的状態と類似した意味で社会参加を回避する社会的不適応の一様態を指すものとして否定的な意味合いをもってマスコミなどを通じて流布した。NEET 状態は、1960～70 年代にかけて多かったモラトリアム的な生き方なのではなく、社会参加から疎外された状態である点で、生活自立が可能ながら親に世話になることが多いパラサイト的な生き方とも違っている。定位家族に止まっていることが多いものの、急速に発達した直接には接触せずに選択的に情報発信ができるネットを通じたコミュニケーションはもてることもあり、自他関係への苦痛や葛藤が顕在化しないことが多い。精神疾患があろうとなかろうと、こうした若者の自立支援としてまず就労支援が必要であるとして様々な自立支援策、支援事業が立ち上がった。それら就労支援の場に、そこが「居場所」のようになって就労に結びつきにくい「滞留層」の存在とその処遇も支援課題になっている (宮本 2015: 5)。

臨床場面においてこうした若者及びその親に会っていると、若者のこれまでの生活史においてその自我発達の偏り、否定的な他者の反応への傷つきやすさ、対処能力の脆弱性などの個人要因が目につくし、社会参加のうえでそれらを自覚し調整する力を育てる必要がある、という点に目が行く。他方で、そうした若者の急速な増加、世界的な増加を合わせて考えるとき、自我発達のつまづきやすさが社会構造の変化、それに先の世代が適応する中で発達促進に必要な環境の中の要素の喪失について考える必要もあろう。労働という場に参入するのをためらっている若者の一部は、低い自己評価が背景にあって、外からくる圧力に耐えられないという確信めいた思い込みに支配されて

いる。個を対象とする臨床場面では、それは心的組織化及びそれを促進する家族関係の脆弱性として描き出されるが、市場原理が優勢で人を労働資源とする見方、評価基準がますますはびこるなか、それに対抗する考えを自分の中に育てる力が必要とされているのだと考える必要がある。

　児童期の子どもの支援においては、「居場所づくり」によるセルフエスティームの涵養、学習応力の低い子どもへの学習支援が広く行われるようになっているが、それらは労働戦力としての自信を身につけさせよとするものであり、一つのエンパワメントであるのはたしかである。青年期に生じる臨床的な問題を以上のようにとらえるときには、知識やスキルを身に着けることだけではなく、そのなかで経験するネガティブな自他関係を抱える力を関係を通して身につけることが肝要だということになる。子どもを対象とした放課後支援は、青年期に生じる問題への予防的取組みとして公衆衛生上は位置付けられるだろう。健全育成及びそれにかかわる予防については時間経過や因果関係の特定などその効果評定が困難なところがあるが、放課後の子ども支援の歴史と現状を分析しながら理論的に妥当な評価の観点を発見したいと筆者は考えてきた。

2　韓国の子どもの支援事例をとおして

(1) 東明児童福祉センター

　東明(トンミョン)児童福祉センターはソウル特別市冠岳区奉天洞に存在するキリスト教系の児童養護施設である (http://ja.unionpedia.org/ 東明児童福祉センター)。朝鮮戦争による戦争孤児を保護する目的で1950年に設立された社会福祉法人(法人化は1961年)であり、ソウル市立児童福祉センターと東部児童相談所を通じた入所依頼を通じて入所児童を引き受けるなど日本の児童養護施設と同様のはたらきをしている。2017年2月に筆者らが訪問したとき、入所者は78名で、日本と同様に収容児童の多くは虐待や保護者の病気、家出など子どもとの養育関係に問題が生じている家庭の児童が多くなっているとのことだった。生活環境は七つの小規模寄宿舎で構成された小規模グループホー

ムの形で運営されており、従事者は社会福祉士の資格をもつ者24名、保育士16名、心理治療系5名（複数の資格をもつ場合は重複、いわゆる常勤ではなく市や他の基金を利用したパートタイマー的な派遣者も含む）を有し、相談室のほか遊戯療法の部屋、箱庭療法の部屋、美術療法の部屋などを個別に備えた非常に整った施設であった。

　以上のようなベースのうえに、2004年の児童福祉法の改正に伴う地域児童センター関連法（この政策の影響は次の事例では別の角度から検討される）を受けて冠岳地域児童福祉センターが併設された。この事業は日本の放課後事業に当たるもので、家族からの申請によって子どもを預かる通所型のデイケアサービスである。受け入れは、母子家庭、貧困などの社会的な条件不利を抱えた家庭を優先に行われる。いわば行政政策の一環として経費的には成り立つ請負事業なのだが、収容の子どもたちにとっても地域の子どもたちと交流できる機会をもて、地域の子どもたちも収容施設が備えている相談・治療機能を外来で利用できるという点でよい条件を備えていた。個別対応の専門的支援をうたっており、その機能・構造も備える志向性をもった組織だといえる。

(2) コンブバン（勉強部屋）の二組織

コンブバン運動とウリジャリコンブバン

　コンブバンは日本語で「勉強部屋」を意味し、ソウル市にはコンブバンを運営する組織・団体が多数存在した。筆者らはソウル市のウリジャリコンブバンを2018年2月に訪問した際に話を聞いた代表のイ・ヒョンヒ氏を招待して、東アジアの「子どもの貧困」状況に対抗する地域実践活動にかんする国際シンポジウムを開催した（2018年3月21日）。以下の報告は、これら二つの機会に収集した情報をもとにしている。イ・ヒョンヒ氏によると、源流は1920年代に行われた大学生による農村啓蒙運動にはじまるというが、「コンブバン」という名で活動が広まったのは、1980年代のアジア大会及びオリンピックのソウル市への誘致に伴い行われた大規模な貧困地域の撤去施策への対抗としてであった。つまり、貧困地域の居住空間を刷新するという目的で

なされる再開発による、居住者の開発地域からの移転・排除、それまであった地域の交わりや繋がりの喪失を防ぐために「コン（ともに）ブ（扶）バン（町）」を作るという意味が重ねられた。再開発によって排除を被りやすい社会的弱者においてその子どもたちが負わされやすい社会的条件不利を、学習及び学習の場、学習の構えの育成を手伝う形で各地域単位で展開されたのがコンブバン運動である。運動の目的は、「あらゆる貧困により疎外された子ども・青少年たちの正しい成長のために努め、教育的諸活動と連帯を通じて元気な地域社会の教育共同体を建設する」（ソウル地域のコンブバン連合会：1989年10月）ことだった。

　ウリジャリコンブバンも1996年に蘭谷洞の再開発で賃借人の大半が追い出されて、新しく高層建築が整備された新林洞への移住を迫られていたので、そこに社会的な条件不利を受けている子どもたちの就学環境を用意すべく地域住民と共同してその場所を確保（区立の青少年施設の管理委託を受けて）するところからはじまった。ソウル市が各地のコンブバン運動及びコミュニティ活動を支援する姿勢を示すほどに市民的な合意が形成されていたことになる。小学生から高校生までの年齢の子どもたちが放課後から原則21時まで遊びなどの自由時間を含みながら自律的な学習をする環境があり、食事当番もあって長時間労働の養育者も安心して働けるようになっている。ボランティアの学習支援者のほかには、常駐するスタッフ、資格をもった専門家はいないが、主宰者のイ・ヒョンヒ氏はコミュニティとの繋がりを意識しながら、外部の専門機関と関係をもちながら運営にあたっていた。人手はほしいが、資金的にゆとりがないので仕方がないと語った。2004年に地域児童センターの活動を促進する政策の中で、資金を受けいれる事業をすることで人件費も賄えるようになるチャンスが生まれたが、制度に縛られる活動、プログラムづくりへと走ることを拒否した。彼女は、現在の学歴偏重の韓国のマジョリティーの在り方についていくというやり方は、この地区の子どもの現状では無理だと考えており、むしろ独自の価値観を形成して自尊感情を育てるほうが大切だと考えているのだった。他方で、活動を持続的に維持していくうえではリスクを抱えているのも認めていた。地域児童センター施行令時

には全国に 400 か所あまりあったコンブバンは 300 か所が地域児童センターに転換し、当時コンブバンのまま維持すると宣言した 100 あまりのコンブバンも 2 年後にはほとんどが地域児童センターに転換して、いまでは 10 か所程度になっているという。

ポンチョンドン地域児童センター

　冠岳住民連帯と一緒に地域再開発による強制撤去に反対しながら活動をしたコンブバンを母体とする組織で、2019 年 2 月に代表のチョン・ヨンヒ氏よりその歴史、現在の活動と問題などを聴取した。地域住民はソウル市の住宅総合公社の公共住宅に入居できた、放課後を一人で過ごす子どもたちが安全に過ごす生活空間を公社に要求する中で、2005 年に地域児童センターとして現在の活動空間を提供された。大きな団地の集会所のような建物の 2 階ワンフロアーがその活動拠点だった。カナ区には 27 のコンブバンがあったが、2004 年に地域児童センター関連法ができて、政府から新たな補助金を受けるために地域児童センターになったところが多い。補助金を受けると監査があって、年に 15 あまりの書類を提出せねばならないほか、施設面積や利用者 30 名あたり一人のソーシャルワーカーをおかねばならないといった規定があり、虐待などの複雑な背景の子どもへのサービス基準が課せられるなどいろいろと面倒なことは多い。東明児童福祉センターのような歴史的背景があって、分化した専門知識をもった多様な人材を抱えられる社会福祉法人とは違って苦労する面もあるという。ウリジャリコンブバンより施設も大きく収容人員も多かったが、活動内容や活動理念にはコンブバン活動の歴史が反映されて共通部分が多い。この地域の特徴は、大きな住宅団地の大部分を占める中産階級の、貧民層が多いブロックへの差別的なまなざしは強く、地域との関係形成を根気強くやっていく必要がある点だという。冠岳住民連帯などの協力を得て、大学との関係を作り講師やボランティアの学習支援者、プロボノと関係を密にできているという。

二種の組織にみる関係性について

韓国のコミュニティ・オーガナイジングの歴史の活動家であるパク・ジェチョン (2018: 4) は、1980年代のコンブバン運動について以下のように要約している。都市貧民密集地域ではじまったコンブバン、オモニ学校は、劣悪な住環境からくる空間の不足を補填し、生徒の親たちにも欠如した教育機会を提供しながら交流する機会をもたらすものだった。1990年代にコンブバン運動について関連法律を改正してその制度化と共に活動を支えることへの市民的理解が促された。他方で2004年以降、全国の地域児童センターは3000か所に達して政府の財政支援で運営されるようになった。彼は政府主導の財政支援による地域児童センターでは「地域社会の教育共同体を築く」というビジョンが失われていることに注目を促した。教育共同体という原則は、「学ぶことが個人の満足にとどまらないように」支援するという目標と関連しているだろう。その支援は、個人のサヴァイバルに役立つ自立能力を高めるという個人支援の考え方とは性質を異にしている。成員の自主・自発性をそのままに応援するというよりも、個々の問題の専門的なアセスメントに基づいた個別の支援プログラムを提供するという個々の問題解決型（現にあるものが問題として同定されその変容ないし修正に向かう）対応が見落としているものこそが、問題として抽出されているわけである。

東明児童福祉センターの運営する冠岳地域児童センターという行政的なサービス提供では、専門家との一対一の関係ないしは専門家によるグループマネージメントが治療的対応 (treatment) と位置付けられるのであり、地域生活に根差した共同性が志向されるのではない。個別の特徴に応じた個々の支援という現代的な支援モデルにはコミュニティという視点が欠けているのはたしかである。専門家と利用者との関係は焦点化された問題を介して濃密に形成される一方で、"we sense"をポジティブに形成していくという発達課題はその達成条件が悪くなっている学校教育へと委ねられざるを得ない。児童教育・福祉行政の展開の中で関係母体の変化が起こっていることが筆者には印象的であったが、その評価はさておいて日本の事例をとおしてより詳しく描き出したい。

3　日本の母子支援のグッドプラクティスをとおして

(1) 大阪市西成区「子どもの里」

　大阪市西成区にあるカトリック大阪大司教区「こどもの里」は1977年より、子どもの発達保障と養育に十分なエネルギーを振り向けることができない親の養育支援を実践しており、西成区という人権運動の歴史がある地域においてネットワークを形成しながら地域包括支援センターとしての機能を整備してきた。その活動は全国的に注目されてマスコミを通じてもその一端は報道されてきた。筆者は2012年より「こどもの里」の活動に注目した定点観察し、地域における母子支援のグッドプラクティスの一つとして報告してきたが、あらためて子どもをめぐる関係性という観点からまとめてみたい。2018年より認定NPO法人となったが、大阪市では伝統的に存在した「子どもの家」事業、小規模居住型児童養育事業（ファミリーホーム）、緊急一時宿泊事業、育児相談・生活相談など相談事業、コミュニティベースの健全育成プログラム開発事業、青少年自立援助ホームなどの事業を展開しているので包括支援と呼ぶにふさわしい。ファミリーホームなど行政からの委託事業として展開されている部分は、規模こそ違えど前節で取り上げた東明児童福祉センターの同様の機能であるが、コンブバンや行政主導の地域児童センターの機能に対応する「子どもの家事業」の歴史と現状に焦点を当てて検討する。

(2) 子どもの家の運営と活動の特徴

　子どもの家事業は、同じく放課後の子どものケアである児童放課後いきいき事業や留守家庭児童対策事業と比較して、どのような点に独自性があるのだろうかという観点から以下のような特徴を抽出できる。

利用者のニーズ中心の意義

　「いきいき」が行政区分で規定された学校区単位のコミュニティ内児童を対象としているのに対して、子どもの家は、利用者中心のコミュニティを想定している。利用者がそこに自らを委託する場所を選択できるという意味で

の利用者中心性であるが、運営においても、「いきいき」が主催者中心のあてがいの時間と空間を用意しているのに対して、子どもの家の遊び場は、存在し続ける場と空間を提供していることである。つまり、前者が「この時間ここに来れば」という提供者中心の誘因として機能するのに対して、「いつでも必要な時」という利用者中心の、動因に対応する応答性(availability)をもっている点が注目されねばならない。子どもは、自らの自由が尊重されていると感受することによってその主体性は涵養される。主体性、能動性は、「あてがわれる」ことによってではなく、「受け止められる」ことによって育つのである。

利用時間が限定された制度に一元化されることによる懸念はほかにもある。「子どもの家」は、夕刻に育児者が帰宅するという定型的な家庭養育が期待できない条件不利家庭への対応機能をもってきたことである。一般に、ニードに応じてそれを利用させる対象が子どもの自発性、能動性の発達には不可欠である。特に、ニードが顧みられることの少ない生育条件不利下にある子どもにとっては、ニーズに応じてくれる可塑性をもった対象が必要である。その対象は、メタファーとしての「居場所」（自分がそのままで受け入れられていると感じ取れる、安全感をもたらすという意味）になると同時に現実の(actual)居場所（文字どおり身を置く）でもある。

子どもの家の運営が提供する機能は、それら事情へのやむにやまれぬ実践者の思いから発している。それは、制度内でルーティン化されたサービスにはないものだった。制度には経験知のない領域であり、サービス提供者中心の視座に立った運営においては見落とされがちな暗黙知が蓄えられているはずである。そのユニークな試みに注目することなしには、少なくとも地域に根差した(community based)福祉政策の先駆的イノベーションは困難であろう。

輻輳した関係の設定がもつ意義

子どもの家は、0歳から18歳までのすべての子どもを対象としているが、他の2事業では対象が学童に限られる。コミュニティにおいて、思春期の子どもたちの居場所がなくなることが一つのリスクであるのは間違いない。そ

して、幅広い年齢の子ども、発達段階の異なる子どもたちが出会う場がもつ特有の機能も失われることになる。もともと「いきいき」の創設にあたっても、学年という枠を超えた児童の交流がもつ発達促進的意義が強調されていたように、思春期以降の子どもが利用できなくなることについて考慮すべきである。

　対象を限定することは、働きかけの効果を全体で一定水準に保つというサービス提供中心の考え方であり、効率と効果の平等という観点から合理的ではある。したがって、そうしたセッティングでなされるのは、目的を限定した教育や治療場面で構成されるグループ指導である。そのかかわり合いは、指導者、ファシリテーター、治療者と呼ばれる専門家が中心となって放射線状に関係が形成され、それゆえに時間も限定される構造をもつ。したがって、認可における基準設定が明瞭化しやすく、評価の観点も明示しやすい。しかし、このような構造をもつサービスにおいては、それへの参加者、利用者は一定の階層や生活状況にある親（情報を探索し、そこに連れて行ける余裕のある）をもっているという条件が必要である。

　子どもの発達において子ども相互の関係が生じること、またコミュニティの他の大人との交流は、子どもがその関係の中で独自の内的体験をもちながら自己及び他者との関係について学ぶうえで重要である。子どもの里では、年齢区分のない集団の中で相補的な交流経験をもつことが重要だと考えられるようになった。幼い子ども、交流をもつのが難しい子ども、はみ出しがちな子どもたちも折々濃淡のある接触を継続しながら、それらの経験が総体として抱えられ続けるという柔らかい構造がそこにはある。人のどのような在り方もあらかたOKだという自他への信頼を生み出す作用を果たす構造である。権威的でない関係基盤において展開される多層性をもった相互主体的な関係性がもつ意義を理解して関係を営む大人の存在が重要視されるところである。

コミュニティベースの健全育成プログラム開発事業

　西成という社会的な条件不利が集積しており、それに伴う大人たちの生きづらさを目にし、家庭内でそこに巻き込まれもする関係において育つ子どもたちにおいて、「子ども夜回り学習会」という事業は、コミュニティ活動としても注目されるようになっている。こどもの里代表の荘保共子氏によると、野宿者に声をかけて食事や毛布を提供する「夜回り」では、子どもたちはおとなにはない隔てのない気遣いを示し、野宿者もそのような子どもの声かけを喜んで受け入れるのだという。子どもたちは、大人が企画して見守る状況下で人に示すべき配慮と孤立しながらもそれに応える大人を肌で知りながら、自分と他者を大切にするというセンスを獲得するということであろう。それは、西成という条件不利地に向けられる一般的な社会のまなざしに対抗する自尊心のよりどころとなり、思春期以降の発達のリソースになるというのが、30年になる学習会運営からの知見だった。このようなコミュニティに密着した発達保障のプログラムは、地域の運動会をはじめ多く運営されており、スウェーデンやオーストラリアにおける放課後プログラムと同様の「子どもの権利」を認知したものなのである。

　コミュニティケアという指導関係の緩やかな、むしろ横の同心円的な多相な関係の中での育ちを待つという構造においては、その効果や達成について別の説明モデルが必要になる。その効果や達成にかんする評価は、そもそも構造が緩いがゆえにその客観的な根拠を示すことが困難になるが、利用者の様子の観察や当事者評価を通じて確認されてきている。多様な参加者の相互交流、異なった問題を抱える人々の出会いが確保されることが、相互の理解と自己受容を促していくという知見が積み上げられてきている（関主観的交流理論として、人文・社会科学領域で論考の形で展開されてきた）。

(2) 地域児童福祉と行政施策

子どもの家事業への公的補助の打ち切り

　1989年に「子どもの家事業」は開始された。学童保育事業（有料）が強化される中で、子どもの家事業（無料）が弱体ながら生き残っていく（対共産党

対策という政治的なストラグルを含んだもの)という構図があったのだという。1992年には児童の「いきいき活動育成事業」が開始された。「いきいき」は放課後や休業期間を利用して、学年を越えた子どもたちの主体的な交流による学びを促すという目的をもち、教室での知識偏重教育がもたらすと考えられた発達の偏向を修正する健全育成の観点をもっていた。学校において元教職員が指導に当たるもので、当初は子どもの家事業とのすみわけが図られつつほぼ全小学校に広がった。子どもの家事業と対比して以下の3点が特徴的な相違である。

①対象者が0歳児から18歳まで　vs　学区内居住小学生
②地域にある　vs　学校施設利用
③福祉の観点　vs　教育の観点

つまり、その目的が異なっているのであり、実際に担っている機能も異なっていたのである。2012年7月に策定された市政改革プランにおいて、こども青少年局が所管する事業も見直された。「ムダを徹底的に排除し、成果を意識した行財政運営に向けた主な取り組み」として「放課後3事業のあり方について」が挙げられた。取組みの方針、目標内容の中に、「留守家庭児童対策事業」(通称；学童保育)を拡大される「児童いきいき放課後事業」の補完的役割として位置付けること、そして「子どもの家事業」を26年度から「留守家庭児童対策事業」に移行することが記載されていた。これらの見直しは、橋下大阪市長就任早々になされた一連の「改革」と共に進行し、社会的条件不利のある地域への支援は平等性を欠くとされたのであるが、コンブバン運動への公的支援から地域児童センターへと推移した韓国におけると同様に、政権担当者のイデオロギー性及び個人的な嗜好に動機付けられている。

　市民やそのボランティア精神によって成り立っている多くの自発的活動は、単に「好きでやっている」と片づけられるものではない。そこには関係の中に入るがゆえに生じる「やむにやまれず」というパトスと歴史的な経緯とそれを踏まえた認識が存在する。公的機関はサービス提供の平等性と効率を原則にするがゆえに、個々のニーズよりも平均的なニーズへの対応が求められる。いくつかの差し迫ったニーズに対応できない、いわゆる「隙間」が生じ

てしまう理由がそこにある。したがって、ニーズに寄り添うきめ細かな活動は「新しい公共」の主体が、公的機関が実施主体となる公益サービスの視点からは抜け落ちがちな部分を担っていることが多いのが現状である。補助金を支出する事業の見直しが入るのは当然だとしても、事業の評価については数量的根拠を示す客観資料及び理論的根拠などの客観的妥当性に基づく説明は、事業主体だけにではなく行政組織にこそ求められるのだが、支配的なイデオロギーに左右されるのが現実である。

放課後デイサービス事業とその現状

2012年に児童福祉法の一部が改正されて、「放課後等デイサービス」が小学校、中学校、高等学校に在籍する障害者を対象として実施されるようになった。サービス提供機関は「児童発達支援センター」とされ、放課後及び休業日も利用が可能であること、そして利用日数は保護者と施設が相談の上自治体が決定すること、利用に際して療育手帳、身体障害者手帳が不要とされているので、利用者登録ができる対象範囲はサービス提供機関に裁量の余地が残されている。特に発達障害をはじめとする適応障害など心理・発達的な問題を抱えている子どもたちの親にとっても利用しやすく、公費負担が明確で事業費が確保しやすいことから各地でセンターが立ちあがっている。2016年9月段階で、大阪市市内だけで232の障害児通所支援事業所(学齢期以前の同じ趣旨の事業も含む)があり、社会福祉法人、特定非営利活動法人のほか、それらを上回る数の株式会社による事業展開がされていた。発達支援がその趣旨であるので、「学習や運動面で同年代の子より遅れを感じる」、「生活習慣がなかなか身につかない」、「適切な意思表示がむつかしい」といった印象を親が子育てにおいてもてば来所するように促す広報がなされており、支援プログラムも千差万別である。こうした状況を受けて厚生労働省は2016年2月に「放課後等デイサービスガイドライン」を示して、発達支援であること、発達支援を保証する個別対象者の支援プログラムの作成、事業従事者の資質の保証のための研修機会の確保などを通達している。障害をもつ子どもに限定した放課後支援事業が、地域で小規模で行う支援に欠かせないものについ

ての認識を欠いたまま、営利目的で成り立つがゆえにサービス産業化しているという点にここでは焦点を当てておく。日本の場合、国家レベルの施策も、大阪市の子どもの家事業への補助金の停止以後制度化されたバウチャー方式での放課後事業と同様に、営利目的の企業活動の場となりうるという事実を抑えておきたい。

4　今後の課題

　第1節において、筆者は社会参加を恐れている若者が過剰に取り入れて内在化している否定的な他者視線という問題を提示し、自前の価値・理想形性の不全を指摘しておいた。時代の優勢な価値に対抗する視点をもちえない限り、脱落感覚に捉われた自分を立て直すのは困難である。有用な人材という観点から伝達される様々な能力の要請に応えるよりも、楽しさを作り出せる自分を発見できるような子ども時代の大人との関係が必要である。地域をベースとする放課後支援は様々な年齢、属性をもつ子どもが集う場として形成され、そのうえでそれぞれの抱える個別の困難を支援する（あるいはリファーする）という入れ子構造を備えるところにその利点があるだろうことを第3節において明確にした。そうした観点から、今回の一連の調査で生まれた問題意識をまとめる。

　韓国のコンブバン運動と西成区の子どもの里に共通する点の一つは、前者が貧困地域の一掃という行政の排除的な政策に伴って、後者は貧困地域というばかりでなく浮浪者の集住地域として社会的スティグマの中で暮らす子どもたちのために、いずれも社会的条件不利を補う草の根型の活動として立ちあがったという歴史である。当初は任意団体で設立されている（子どもの里の場合は、NPO法の成立後はNPO団体になり、観光の場合には社会的協同組合法に基づく組合傘下の一組織に）。それらはその地域、そこにあるコミュニティの保全ということを意識した、ほかならぬその地域でなければならなかったという存在理由をもっており、コミュニティ内の子どもであれば誰もが参加できるというしくみをもつ。

東明地域児童センターの事例としてみた韓国の地域児童センターという制度は、母子家庭や貧困家庭に優先利用を認めているように、優生的な利用対象を指定して条件不利のある家庭の子どもたちの放課後を充実させようとするアファーマティブアクションといってもよいだろう。地域児童センターというソウル市の公的制度は、特定の地域特性を想定していないので、標準的な仕様、プログラム内容が定められており、その地域の独自のメッセージがあるわけではない。例えば、子どもたちが過ごす部屋のしつらえも機能、規則が重視されており、固有の価値観の伝達という文化的メッセージがほとんどない。筆者が公的な居住施設である一時保護所と子どもの里のファミリーホームを比較して報告 (2016: 10) したが、地域に暮らすことをエンパワーするメッセージや、学業や規則を身につける以外に、どのような人々、事柄に関心をもつように導きたいのか、個の発達を超える価値伝達メッセージがそこにはない。

放課後子どもサービスが公的な施策と連動すれば、草の根型の支援にあった価値志向が減殺され、子どもの支援の中に運営者の理念や世界に対する原則的理解にかんするメッセージが失われる現象が市民社会で進行している。

参考文献

狩野力八郎、近藤直司編、2000、『青年のひきこもり―心理社会的背景・病理・治療援助』、岩崎学術出版。

諏訪真美・鈴木國文、2002、「『一次性ひきこもり』の精神病理学的考察」、『精神神経誌』104 (12)、1228-1241 頁。

諏訪真美、2006、「今日の日本社会と『ひきこもり』現象」、『医療福祉研究』(2): 23-29 頁。

パク・ジェチョン、2018、「貧困地域における CO、Community Organization、運動の歴史とセンター活動」、『子どもの貧困に関する国際シンポジウム 2018 抄録』、AKY インクルーシブコミュニティー研究所。

弘田洋二、1989、「回避性人格障害、Avoidant Personality Disorder、についての考察―心理療法の経過とロールシャッハ・テストより―」、『大阪府立公衆衛生研究所報　精神衛生編』(27): 55-62 頁。

弘田洋二、2016、「児童養護において求められる『家庭的なもの』について」、『居住福祉研究』(22): 30-36 頁。

宮本みち子、2015、「若年無業者と地域若者サポートステーション事業」、『季刊・

社会保障研究』51(1): 18-28頁。
Choi, T.Y., 2018, Hikikomori in Korea and Family Intervention, 2nd Regional Meeting of International Society for Adolescent Psychiatry and psychology.
Hirota, Y., 2018, Discussion on the Narcissistic Vulnerabilities in Japanese Adolescent, 2nd Regional Meeting of International Society for Adolescent Psychiatry and psychology.
Kato, T., 2018, Multidimensional approach against hikikomori, a severe social withdrawal, 2nd Regional Meeting of International Society for Adolescent Psychiatry and psychology.

さらに勉強したい人のための文献案内

樫村愛子、2007、『ネオリベラリズムの精神分析——なぜ伝統や文化が求められるのか』、光文社。
市場の原理は、都合や便宜を優先してトータルな存在として人間についての基本認識、そこから生まれる原理原則を無視して消費者として位置付け扱う。人が生きていく中で作られてきた事物の象徴性の減衰への警鐘として読める。

Jones、G. & Wallace、C.,1992, YOUTH, FAMILY, AND CITIZENSHIP. Open University Press.；宮本みち子監訳、『若者はなぜ大人になれないのか——家族・国家・シティズンシップ』、新評社。
英国における NEET 対策の進行中に、若者が従来の大人像である自立、独立へと歩まなくなっている状況を、社会・経済的要因との相関を証拠として論じる実証的研究からなっている。

コラム

韓国における住宅公企業「LH」の成果と展望

林徳栄(LH 土地住宅研究院)

韓国の公共賃貸住宅の普及と LH 公社

　韓国政府の公共賃貸住宅供給事業が本格化したのは 1989 年以降である。これ以来、韓国の公共賃貸住宅は着実に増えてきた。特に、10 年以上入居可能な公共賃貸住宅の場合、この 10 年での増加が著しい。2007 年の 825,487 戸から 2017 年の 1,357,701 戸まで、約 1.5 倍に増えた。住宅全体に占める公共賃貸住宅の割合をみても、5.1% から 6.8% へと顕著に増えている。

　一方、政策の内容をみても、変化は目立つ。低所得者を対象とする公共賃貸住宅ばかりでなく、若者や新婚夫婦を対象とする公共賃貸住宅が増えている。以前よりも標的を広く捉えた公共賃貸住宅供給事業へとシフトしているのである。特に、公共賃貸住宅供給事業の内容に明らかな変化がみられたのは、最近である。2017 年 11 月の「居住福祉ロードマップ」(以下、「ロードマップ」)においてであった。これは、2017 年の春に登場した文在寅政権がその後 5 年間の計画を示した文書であり、そこで政権は主な居住福祉の対象者として①若者、②新婚夫婦、③高齢者、④住宅困窮者の四つを提示している。所得基準でみた貧困層に加え、入居者の年齢やライフコースまでを基準とした新たな居住福祉計画であると評価できよう。

　このような韓国の公共住宅供給事業を第一線で指揮しているのが、国や自治体傘下の公共企業である。中でも、国土交通部(日本の国土交通省に該当)傘下の LH 公社は、居住福祉の拡充を担う最大の公共企業である。

LH 公社の成立過程と役割

　LH 公社は、「韓国土地住宅公社」の別称であり、「Land and Housing Corporation」の略語である。かつては、「韓国住宅公社」(1962 年に創立) が賃貸住宅を供給し、「韓国土地公社」(1975 年に創立。創立当時は「土地金庫」だったが、1996 年に「韓国土地公社」へと改称) が都市計画や開発を担当していたが、これらを一括する公共企業として登場したのが「韓国土地住宅公社」(2009 年～) である。LH 公社の根拠法は「韓国土地住宅公社法」であり、LH 公社の設立目的は「土地の取得・開発・備蓄・供給、都市の開発・整備、住宅の建設・供給・管理業務を行い、国民住居生活の向上と国土の効率的な利用を図り、国民経済の発展に資すること」(第 1 条) とされている。資本金の約 30 兆ウォン (約 3 兆円) はすべて政府の出資金であり、約 9,000 人の職員が勤務する韓国有数の公共企業である。従業員の数でみると、韓国第 4 位の公共企業である (最も大きい規模は鉄道会社のコレイル (Korail) で約 3 万人)。

　現在、LH 公社は、10 年以上入居可能な公共賃貸住宅の 4 分の 3 (約 75.4%) を管理している。長期入居が可能な公共賃貸住宅のほとんどは、LH 公社によって管理されているといってよい。それ以外は、自治体及び自治体傘下の公社で 14.6%、民間で 9.9% である (国土交通部の賃貸住宅統計参考)。LH が独自に展開している事業もあるが、ほとんどは国の意向を受けて事業を進めているのである。公共賃貸住宅供給事業において、LH 公社の役割は大きい。先にみた「ロードマップ」でも、目標値の 75% に当たる 74.8 万戸は LH によって供給される見通しである (政府は今後 5 年間で公共賃貸住宅合計 100 万戸を新規供給することとしている)。

LH 公社の役割の変化

　政府の「ロードマップ」に沿って LH 公社が進めている新たな試みは、以下の三つにまとめられよう。

　一つ目に、公共賃貸住宅供給方式の多様化である。従来の公共賃貸住宅供給方式は、ほとんど公共賃貸住宅団地を建設する「団地型」であっ

た。また、「団地型」は依然として公共賃貸住宅供給方式の主流でもある。だが、これとは違った供給方式も試みているのである。「団地型」は住宅を供給するために時間と費用がかかるだけでなく、貧困層の地域集中を招くという弊害があるからである。「団地型」の問題を解決するために試みられているのが、「買い入れ型」である。「買い入れ型」とは、LH公社が既存の多世帯住宅を買い取って住宅困窮者に提供する事業である。団地を建設する方式よりも低費用かつ迅速に住居を提供できる。また貧困層集中に伴う社会的スティグマを予防できる点でメリットがある。この「買い入れ型」は、2005年から臨時事業としてはじまっており、現在は公共賃貸住宅全体の約7.6%（約10万戸）を占める事業となっている。LH公社は「買い入れ型」10万戸のうち約8万戸を供給しており、この「買い入れ型」以外にも多様な公共賃貸住宅供給方式を試みている。例えば、LH公社が都心の老朽化した単独・多世帯住宅を購入して1人用の小型住宅にリモデリングあるいは新築した後で高齢者や大学生に安価で供給する「公共リモデリング型」、住宅新築に必要な資金を家主に補助してLHが賃貸管理を行う「家主賃貸住宅型」などである。このような多様な供給方式は今後さらに拡大する見通しである。

　二つ目に、「団地型」においても、入居者のニーズに合わせる努力を見せている。これは、少子高齢化に伴う世帯構造の変化を考慮した対策といえる。特に、子ども、若者、新婚夫婦、高齢者といった、ライフコースや世帯構造の変化に合った団地を計画・供給する試みである。新婚夫婦や大学生に合った住宅を供給したり、一人世帯の多い建物にコミュニティスペースを配置するなど、入居者の特性に合った団地設計を行っているのである。また、高齢者の入居を見こして、すべての団地にバリアフリーや安心センサー（非常事態に管理室へ自動通知するシステム）の設置を進めている。これ以外にも、団地の1階に福祉施設が入ったシルバータウンも増えている。

　三つ目に、入居者向けサービスの拡充である。これまでも、団地型公共賃貸住宅には「総合社会福祉館」（注：日本の隣保館のような地域福祉施設）

を設置し、これを拠点とした教育、趣味、余暇、育児サービスを提供してきた。最近ではこれに加え、入居者に雇用とサービスを提供するサービスも提供している。例えば、高齢の入居者をシニア社員として雇って団地の管理やシルバー宅配(宅配業者が管理室に預けた宅配物を高齢者が団地内の配送先に届ける)などを任せる「シルバー社員事業」、韓国家事労働者協会との連携の下に主婦を雇って高齢者の家事を代行する「家事代行サービス」、高齢者の一人世帯を訪ねて簡単な家の補修を行う「管理ホームドクター・サービス」、見守りと相談を行う「一人暮らしヘルパー」などである。

LH公社の展望

　LH公社の事業は、住宅の建設を超え雇用やサービスの分野にまで及んでいるが、課題がないわけではない。

　第一に、負債である。2018年12月現在、LH公社の資産は175兆80億ウォン(約17兆6000億円)であるが、利子負担負債は68兆8377億ウォン(約57億円)に及んでいる。これは、住宅困窮者を顧客とするLH公社の事業特性上、当然の結果ではある。また、政府の住宅政策を執行する中で生じた負債であるため、LH公社の負債を一般企業の負債と同様に扱うのは問題である。しかしながら、LH公社も「企業」である以上、こうした負債を解決できるかどうかで事業の持続可能性が問われている。LH公社は、今のところ、事業の多様化を進めることで負債の軽減に努めているが、長期的な事業運営のための根本的な打開策を求められているところである。

　第二に、自治体との協力関係の構築である。韓国の公共賃貸住宅政策は、ソウル市など一部の自治体を除けば、政府主導で進められている。これまでの執行プロセスも、LH公社の計画を優先する形で進められてきた。また、韓国でも地方分権は進められているとはいえ、ソウル市を除けば自治体の財政自立度は非常に低い。自治体独自の居住支援はごく限られている。今後、自治体と国の関係をどのように確立していく

か、そして、LH 公社はそのプロセスでどのような役割を担うのか。LH 公社は、地方分権の進展の中、地域を基盤とした居住福祉を実現するための明確なイメージを求められている。

　第三は、入居者をいかに社会サービスに繋げるのか、という問題である。韓国では、少子高齢化、若者の失業、住宅困窮といった問題がマスコミをにぎわしている。また、これに伴い、こうした問題に対応する社会サービスも急激に増えている。爆発的に増えた社会サービスを居住支援にどのように結びつけるか。現在、様々な試行錯誤がみられているところである。LH 公社は住宅問題の地域格差を是正する取組みに加え、地域に合った居住支援及び社会サービスを実現するという、新たな課題も抱えているのである。

コラム

韓国のホームレスと生活困窮層

湯山　篤（大阪市立大学都市研究プラザ）

日本と韓国のホームレス

　日本と韓国では中高年の貧困が目立つ。これを反映したかのように、日韓両国のホームレスには中高年が目立つ。これは、ヨーロッパとは異なる、日本と韓国の特徴である。ヨーロッパでは失業扶助（雇用保険の対象とならない人々のための、税を財源とした現金給付）や公的年金といった福祉給付が貧困のリスクを抑制しているが、日韓両国では、就業機会が途絶えると、貧困や路上生活に陥りやすいのである。

　特に、日本と韓国では、福祉給付が薄いため、雇用に冷遇された中高年が路上生活のリスクに晒されやすい。日本で1990年代前半のバブル景気崩壊を機にホームレスが急増したのも、韓国で1997年の通貨危機を機にホームレスが急増したのも、一因は福祉の薄さである。日本も韓国も「すべり台社会」だった。

　戦後、日本で貧困層の支えとなってきたのは「仮小屋」、「ドヤ」、「社宅」であり、韓国で貧困層の支えとなってきたのは「タルトンネ」、「パンジャチョン」、「チョッパン」、「コシウォン」であった。企業の福利厚生が効いたのは大企業の正規職労働者に過ぎなかった。民間の低廉な住居で吸収できる衝撃には限界があった。そのうえ、国の福祉制度による防貧効果やホームレス予防効果は低かった。それゆえ、雇用情勢の悪化が貧困問題やホームレス問題に直結したのである。

2000年代以降の変化

　一方、日本と韓国において、2000年代は貧困対策の一つの変曲点となっ

た。日本はホームレスに生活保護を適用することに消極的だったが、ホームレス支援団体の要求が実り、以前よりも生活保護でホームレスを保護するようになった。また、厚生労働省は、2000年代後半の通達を通じて、稼働年齢層への生活保護適用を追認する見解を明らかにした。求職者支援法の制定や生活困窮者自立支援法の制定など、新たな法律の導入もみられた。

韓国は、「65歳以上の高齢者」、「18歳未満の児童」、「妊婦」、「障害や傷病を抱える者」など限られた者にのみ生活保護法（1961～1999年）を適用していたが、生活保護法の廃止及び国民基礎生活保障法の制定（1999年制定、2000年施行）を通じてこれらの条件を撤廃した。また、2014年の国民基礎生活保障法改正（2015年施行）では、生計給付、医療給付、住宅給付、教育給付の「単給化」に踏み切り、公的扶助制度の敷居を下げた。社会的企業育成法の導入を皮切りに生活困窮者の雇用を促す取組みも進めてきた。

日本と韓国には違いもあるが、ホームレス問題の拡大以降、生活困窮者支援を徐々に拡大してきた点は両国の共通点である。日本は生活保護制度の適用拡大、求職者支援法の制定、生活困窮者自立支援法の制定と立て続けに貧困対策を拡げ、韓国はそれまでの福祉の遅れを取り戻すかのように急速に貧困対策を拡張しているのである。

韓国の生活困窮者支援とは

日本が「生活困窮者」という言葉を用いて貧困対策を進めているように、韓国では「脆弱階層」という言葉を用いて貧困対策を進めている。日本の「生活困窮者」と同様、韓国の「脆弱階層」には単に貧困、障害、傷病といった状態にある人々だけでなく、そのリスクの高い人々までが含まれている。例えば、平均世帯月収が全国の平均世帯月収の6割未満の世帯にある者、高齢者、障害者、売春行為の被害者、就業経験の途絶えた女性、脱北者、家庭内暴力の被害者、一人親世帯、移民、刑務所から出所した人、などである（社会的企業育成法施行令第2条）。韓国では「次

上位階層」という定義を用いることもあるが、「次上位階層」とは所得認定額(＝世帯所得＋世帯資産の所得換算額)が中位所得の 50% 以下である者を指す言葉であるから(国民基礎生活保障法施行令第 3 条)、「脆弱階層」に近い定義といえよう。

　日本と重なる部分もあるが、韓国の生活困窮者支援の特徴は、一つ目に、雇用面のアプローチである。就業成功パッケージ事業を実施して「脆弱階層」に合わせた雇用サービスを構えつつ、国民基礎生活保障法(自活企業)や社会的企業育成法(社会的企業)などで「脆弱階層」向けの雇用を創出してきた。二つ目に、大都市の取組みが、国レベルの政策を引き出している。ソウル市の「青年手当」やソンナム市の「青年配当」といった自治体レベルの取組みが、紆余曲折を経つつも、国レベルの政策に拡がっている。ソウル市が始めたアウトリーチ事業が全国に普及しているのも同様である。三つ目に、福祉政策、特に国民基礎生活保障法自体の改正が活発である。

　こうした韓国の生活困窮者支援のうち、雇用政策、住宅政策、そして自治体の取組みについては他の章で触れているので、ここでは福祉政策に簡単に触れたい。

韓国の生活困窮者向け福祉政策

　韓国では、保健福祉部の国民基礎生活保障、基礎老齢年金、障害者年金、児童養育手当、障害児童手当、「次上位階層」向け糧穀割引、欠食児童給食支援などをはじめ、国土交通部の住宅政策(公共賃貸住宅事業や住宅補修など)、雇用労働部の雇用政策(社会的企業育成法)、教育部の基礎生活保障受給者奨学金(大学生)、低所得層無料給食費支援事業など様々な政策が進められている。これらの中には日本の政策と近いものもみられるが、韓国に特徴的な試みもみられる。

　まず、韓国の貧困対策の根幹を支えてきたのは、保健福祉部の国民基礎生活保障法(1999 年制定)である。これは、日本の生活保護に該当する制度であり、税を財源に生計給付、医療給付、住宅給付、教育給付を

支給する制度である。ただし、韓国の場合、朴槿恵政権下の2014年に国民基礎生活保障法を改正(2015年施行)し、生計給付、医療給付、住宅給付、教育給付の「単給化」に踏み切った点に特色がある。国民基礎生活保障の選定基準を生計給付(中位所得の30％。国民基礎生活保障法第8条の2)、医療給付(中位所得の40％。国民基礎生活保障法第12条の3の2)、住宅給付(中位所得の43％。住宅給与法第5条の第1項)、教育給付(中位所得の50％。国民基礎生活保障法第12条の1の3)と分け、以前よりも住宅給付や教育給付を容易に受給できるようにしたのである。

また、貧困防止に寄与する給付としては、基礎老齢年金も地道に伸びている。基礎老齢年金は、2008年に始まった制度であり、所得下位70％の世帯に暮らす高齢者の所得を補填する制度である。税を財源とする貧困対策としては、国民基礎生活保障に次ぐ予算規模の制度である。当初は10万ウォン(約1万円)に満たない少額給付であったが、現在は25ウォンほどの給付へと成長した。2019年から2021年にかけて段階的に30万ウォンへと増額される予定である。

これに加え、失業扶助の議論も結実しつつある。2019年の3月に、雇用保険の適用されない低所得失業者(中位所得の50％以下)を対象に、就業プログラム参加を条件に最長6ヶ月間、月約50万ウォン(一人世帯基準)を支給することが政労使間で合意を得た。日本の求職者支援法より金額は低いが、新たな取組みとして評価されよう。

また、給付以外の特徴としては、アウトリーチの強化が挙げられよう。ビッグデータから電気、水道、ガスが止まった世帯や医療費が急増した世帯を検出し、邑面洞の福祉専門チームが地域住民との協力の下にアウトリーチをかけている。2015年の7月にソウル市がはじめた事業であるが、2018年9月の時点で全国3371(96.1％)の邑面洞に拡がっている。アウトリーチは、「脆弱階層」を国民基礎生活保障をはじめ、障害者年金、介護サービス、保育サービス、さらには共同募金会や赤十字社をはじめとする民間支援に繋ぐ成果を上げている。

2000年以降の韓国をみると、金大中政権が国民基礎生活保障法を制

定して以降、盧武鉉政権は邑面洞(町・村レベルの基礎自治体)に「社会福祉係」を新設しつつ福祉提供主体の補強と漏給防止を強調し、李明博政権は不正受給の防止(電算化)と効率性の向上(政策間の調整)を狙い、朴槿恵政権は雇用と福祉の連携強化や官民の協働を強調するなど、いくらかの変遷はあった。ただ、福祉給付の拡張をベースに、アウトリーチの強化と担当公務員の増員を進め、「脆弱階層」の発見、既存政策の活用、民間資源の発掘を進めてきたのがこれまでの流れといえよう。アウトリーチの強化に止まらず、給付自体も増やしている点に韓国の力強さがある。

　一方、高齢者の増加、共働き世帯の増加、一人世帯の増加、脱施設化といった時代の流れを受け、「脆弱階層」支援において、普遍的な政策だけでなく選別的な政策、現金給付だけでなく現物給付も求められている。韓国では電算システムの普及により「脆弱階層」を現金給付に繋げる体系が格段に発達したが、「支援につなげる」以上の取組みが求められているのである。日本の「地域包括ケア」は韓国でも関心を集めているが、韓国の邑面洞は比較的小規模なので、導入には工夫も必要である。

コラム

韓国における若者の貧困とベーシック・インカム

志賀信夫（県立広島大学保健福祉学部人間福祉学科）

韓国における貧困問題

韓国ではベーシック・インカム（以下、BI）の議論が熱を帯びつつある。BIとは、その社会のすべての個人に対して、無条件で一定額を給付するという制度である。BIの給付額水準が、最低限の生活をおくるために必要とされる額（＝ベーシック・ニーズをみたす額）となるのか、それとは無関係なものであるのかについては、論者によって異なる。

また、BIにもいくつかの形態があり、部分的BI（Partial BI=PBI）、過渡的BI（Transitional BI=TBI）、完全BI（Full BI=FBI）などがある。FBIは、基本的なベーシック・ニーズを充足させ得るものであり、PBIはその充足が不十分なものであるとされる。TBIは、FBIやTBIの導入に至る過渡的な措置として構想されるものである。

次節に説明するように、韓国ではソウル市と城南市が政府に先立って、BIとも理解し得るような制度の導入や試みを行っているが、これらがどのようなものとして位置付けられるのかについては、議論の余地がありそうである。

韓国における若者の貧困問題と新たな試み

本節では、ソウル市における「青年手当」と城南市における「青年配当」について説明する。また、そうした制度の導入や試みがなされている社会背景についても若干の言及を行う。

ソウル市では、「青年手当」の給付が試験的に開始されている。ソウル市における青年手当は、19〜29歳の、失業状態か半失業状態の若者

がその対象となっている。青年手当は、2016年8月から試験的に導入されたものであるため、初回の給付は、2831人であった。給付は、一人当たり50万ウォンの現金給付となっている。この青年手当は、最大6カ月間、求職活動を行うことを条件に給付される。その使途には制限があり、求職活動に関係するものでなければならない。

　城南市では、2016年1月から、城南市に3年以上継続して居住している24歳の青年を対象に、「青年配当」が給付されている。給付額は、1人当たり年間50万ウォン（2018年現在は100万ウォン）であり、四半期ごとの給付である。ただし、給付形態は、現金ではなく地域通貨となっている。給付実績としては、既に2016年の1年間で1万人以上の青年に支給されている。

　ここで説明したいずれのものも、若者を対象としていることに注目したい。これは、韓国において厳しい生活状態を余儀なくされている若者が非常に多いという指摘と関係がある。例えば、韓国における若年層（15～29歳）の就業率は低い。しばしば、その就業率の低さは大学進学率の高さから説明されるが、それよりも20歳代の多くが卒後、あるいは卒業を延長して就業の準備に取組んでいるということが最大の要因になっているとされる。それらの人々は「就業準備生」とも呼ばれ、統計上の失業者数と合わせると、100万人超となり、若年層の「体感失業率」は30%を上回るとも指摘されている。

　こうした状況に加え、ソウル市では住居費が非常に高く、居住の不安を抱えている若者も増加している。居住の不安定性を余儀なくされている人々を、殻をもたないナメクジに喩えて「ナメクジ族」と呼ぶことがある。ナメクジ族が住む住居は、狭小で通気性も悪いことが多い。ほかにも、ソウル市には「タルトンネ（不良住宅密集地域）」と呼ばれる貧民窟が現在も存在している。「タルトンネ」では、建築基準を満たしていないような危険で狭小な間取りの建物も多い。

　厳しい生活状態を余儀なくされているという具体例を挙げればきりがないが、BI論が熱を帯び始めた主要な理由の一つは、若年層の体感失

業率が 30% を超えているということからも理解できるように、失業や反失業、不安定雇用などの労働問題に端を発している。そしてこうした状況は、さらに学歴競争も激化させている。過当競争にさらされているのは、若者だけでなく子どももそうなのである。人々が少しでもより良い労働条件をめぐって競争した結果、万人による万人に対する闘争状態が生じ、排除が助長されているという状況なのである。労働市場における規制が不十分なままである中で、より良い生活を求めて人々が激しく競争した結果、住居費や学費の負担が増加する傾向にあり、かえって若者の生活は厳しい状況に追い込まれていったのである。

現金給付に対する社会的要請

　先進諸国における社会保険制度はそもそも、正規雇用の男性と扶養される女性や子ども、高齢者という家族モデルを想定して形成されたというのが一般的な理解である。したがって、近年の先進資本主義諸国における家族形態の多様化は、既存の社会保険制度では対応が困難である領域を増加させた。このとき、社会保険制度から漏れてしまう人々は、公的扶助制度を利用することが想定されているが、公的扶助制度は補助的な役割を演じるに過ぎないというのが、制度のアイデアが提示された当初からの想定であった。しかし、補助的な役割を演じるに過ぎないと想定されていた公的扶助制度を利用する人々が看過できないほど増加した。それは先進資本主義諸国ではむしろ一般的な現象である。その背景には、失業及び反失業の増加がある。かつてのような、正規雇用がすべての人々に用意されているという状況は、一般的な状況ではなく、例外的な状況だったということである。

　このような失業や反失業が増加しつつある社会においては、社会保険制度と公的扶助制度の改革に加え、種々の社会手当制度が創設されてきた。社会手当制度は、公的扶助制度よりも受給要件が緩和されており、アクセスのハードルが低く設定されている。先進資本主義諸国の多くは、この 3 層構造のなかで人々の生活状態を維持しようとしているのが現状

である。それでもなお、制度では対応できない領域が続々と発見されている。

これに対し、韓国の政治と経済は、1970年代の急速な工業化、1980年代の民主化、1997年のアジア経済危機という短期間の大きな変化によってその特殊性が際立たせられている。経済状況と政治状況が短期間で急速に変化したことは、失業や反失業だけではなく、劣悪な労働を一気に噴出させたが、社会政策的対応はこれと必ずしも歩調を共にすることができなかった。社会保険制度では人々（特にアジア経済危機以降に就労した若者）をカバーできず、かといって、公的扶助制度における現金給付部分は、その給付額が非常に低く、利用してもなお厳しい生活状態を強いられる可能性が高かったのである。明日すぐにでも使える現金（そして制度利用のハードルが低いもの）に対する要求が韓国社会で高まったのは、このように、一定の必然性があったのである。

BI 慎重論と考察

韓国では、進歩派陣営からBIに慎重な意見も提示されている。それは、最低生活保障水準が一体どの程度のものであるのかということが明らかにされていないからである。

ここでは、最低生活保障水準がいかなるものかという議論を踏まえ、若干の考察をしておきたい。最低生活保障水準がいかなるものかという議論からは二つの検討すべき事項が導出される。第一に、その生活保障が保障しようとする生活上の平等は、どのような側面の平等であるのかということである（機会の平等、所得の平等、結果の平等など）。第二に、保障すべき平等の側面について、どの程度の水準まで保障するのかということである。本稿では第一の検討事項について言及する。

結論的にいえば、BIはそれ単独でみれば、所得の平等を目指すものである。所得の平等は自由の平等を惹起する可能性が高い。韓国のBI議論の盛り上がりを背景にした青年手当や青年配当の実施は、一部の人々の自由を拡大するかもしれないが、他の人々との自由の格差をます

ます助長するかもしれない。あるいは、他の一部の人々の自由の欠如状態を放置し続けてしまうかもしれない。BI慎重論を支持する人々の基本的な懸念は、以上のような内容と近いものであることがほとんどである。

　もちろん、BIがより多くの人々の支持を集めるようになる条件も想定可能である。例えば、医療、介護、教育、保育等の現物給付サービスが無償化された社会においてBIが実施されるとすれば、それの給付額の上昇と人々の自由の拡大が正の相関関係をもつことになりそうなので、より多くの人々の支持を獲得できる可能性が高い。

コラム

韓国の矯正・保護と居住支援

掛川直之（立命館大学衣笠総合研究機構）

韓国の犯罪動向

2000年代以降、韓国においても矯正施設等出所者による再犯事例の多さが社会問題となっている。近時の再犯率のピークは2005年の53.2%であるとされており、その後減少傾向にあるといわれているが依然として高い比率で推移している。このことに対して、マスメディアによる非難が徐々に増大していき、矯正施設のレゾンデートルが問われ、矯正施設における再犯防止機能の不全が叫ばれるようにまでなっている。中でも、2006年から2010年ころまでにかけて発生した一連の殺人事件、児童強姦事件、誘拐事件等は世間の耳目を集め、「再犯防止・再社会化・国民保護」を目的とした諸立法が相次いで成立していくことに拍車をかけることとなった。

韓国の矯正処遇

このような状況の中、近年の韓国における矯正処遇の大きな転機点が訪れるのは、2009年のことである。矯正本部をはじめ、全国に配置される補導所（刑務所）等に設置される「教育教化課」が「社会復帰課」へと改称されるに至る。そもそも、韓国の矯正施設における処遇理念を定める「刑の執行と収容者の処遇に関する法律」には、その1条において、「この法律は、受刑者の矯正教化と健全な社会復帰を図り、収容者の処遇、権利及び矯正施設の運営にかんして必要な事項を規定することを目的とする」と、明確に「社会復帰」が目的として定められている。受刑者の矯正教化、職業訓練など矯正施設内における処遇の最終的な目的が、受刑

者の社会復帰にあるため、このような点を強化していったのだと考えられる。

また、韓国においても日本と同様に、高齢者や障がい者による犯罪の増加がみられる。日本と同様に福祉的支援のニーズを抱えた受刑者が存在している、ということである。韓国では、高齢や障がいといった課題に、施設を指定するかたちで対応がなされている。まず、高齢受刑者担当する矯正施設としては、ソウル南部矯導所、大田矯導所、大邱矯導所、光州矯導所が指定されている。これらの施設では、①高齢受刑者の居室は1階に設置され、冬季には暖房設備あり、②6ヶ月に1回以上の健康診断が実施され、③高齢者関連プログラムがおかれている。次に、障がい受刑者を担当する矯正施設としては、身体障がいに対しては、光州矯導所、安養矯導所、順天矯導所、驪州矯導所、浦項矯導所、群山矯導所、清州矯導所が、視覚障がいに対しては、驪州矯導所、清州矯導所が、聴覚・言語障がいに対しては、安養矯導所、驪州矯導所が指定されている。これらの施設では、①障がい者の居室は1階に設置され、冬季には暖房設備があり、トイレなどにも配慮がなされ、各所に手すりや点字が設置されているほか、②釈放後の障がい者就労のための職業訓練（製菓・製パン、調理、貴金属工芸）が実施され、③精神障がい者の心理治療チームを全国の53の機関を設置すると共に、臨床心理士などを採用・配置している。さらに、2016年には、受刑者の福祉と社会復帰支援のために、社会福祉士42名（ソウル庁に13名、大田庁に6名、光州庁に6名、大邱庁に17名）を採用している。

加えて、家族がいない受刑者や、家庭が貧しいために生活に困難のある受刑者に対しては、①矯正委員などの協力を受けて相談支援を行ったり、②矯正協議会が収容生活支援を行ったり、③矯正委員中央協議会とウリ銀行とが財団法人「カッチハムケ」を設立し、生活に困窮する受刑者の子どもを対象に大学の学費の一部の支援などを行っている。

（※本節の執筆にあたって著者は、2018年11月9日に韓国の大田補導所の参観の機会を得た。辛京又所長をはじめ、多くの刑務官の方々から多くの示唆を

いただいた。とりわけ、本稿における基礎資料の多くは、李昌培刑務官からの情報提供によるところが大きい。また、基礎資料の訳出にあたっては、ソウル大学の湯山篤氏の協力を得た。記して謝意を表したい）

韓国の更生保護

　他方、社会内処遇はどうか。韓国の更生保護の基本法ともいえる「保護観察等に関する法律」では、その1条で、「再犯防止のため、保護観察……等体系的な社会内処遇が必要と認められる者を指導・援護することにより健全な社会復帰を促進し、効率的な犯罪防止活動を展開することにより、個人及び公共の福祉を増進すると共に社会を保護する」ことを目的として規定している。改善更生のための指導と援助を行うことで、社会復帰の基盤を整えると共に再犯防止を行う、という考え方である。

　具体的には、①宿食提供、②居住支援、③創業支援、④職業訓練、⑤出所予定者相談、⑥更生保護対象者の家族支援、⑦心理相談・治療、⑧事後管理、⑨その他自立支援等が行われている。

　韓国の更生保護事業は、保護観察法71条によって設立された韓国法務保護福祉公団と法務部長官の許可を得た民間の更生保護法人が、法務部の指揮・監督を受けながら保護事業を担当・実施している。この韓国法務保護福祉公団が韓国における更生保護事業の中核をなす。韓国法務保護福祉公団は、ソウルに本部を構え、各地方検察庁の所在地に14ヶ所の支部と1ヶ所のセンター、7ヶ所の支所が設置されている。

　（※本節の執筆にあたっては、主に朴相烈「韓国の更生保護について」更生保護学研究10号〔2017〕を参照した）

韓国の矯正・保護領域における居住支援

　韓国の矯正・保護領域における居住支援施策としては、韓国法務保護福祉公団によるもの、邑・面・洞といった基礎自治体によるもの、社会福祉施設によるものが挙げられる。

①韓国法務保護福祉公団

補導所における残りの刑期が6ヶ月以内の場合に相談が可能となる。①宿食の提供、②援護支援、③職業訓練、④就労訓練、⑤創業支援、⑥居住支援、⑦相談支援、⑧その他自立支援といった支援が2年にわたり行われる。稼働能力がなくとも利用可能な制度である。居住支援という観点からみた場合、①の宿食の提供は、生活館などに対象者を帰住させ、食事や衣服等の提供を行うと共に精神教育を行い、⑥の居住支援は、住宅の賃貸に必要な支援を行うというものである。この居住支援の実施にあたっては、「居住支援審査委員会」を設置し、居住支援対象者の選定、各種契約、支援期間についての審議が行われている。また、住宅の確保及び管理、居住支援申請者統合序列名簿の作成、居住支援対象者の選定・供給住宅に対する保証金及び賃貸料の調整などの事務を行うための「居住支援事業団」も設置されている。

②邑・面・洞

国民基礎生活保障法という日本の生活保護にあたる制度に繋ぎ、3ヶ月間にわたって安価な宿泊先や食事を提供するといった緊急的な支援が行われる。

③社会福祉施設

主に障がい者、高齢者、帰る家のない者、頼るところがない者を対象に支援が行われる。中には「出所者の家」と呼ばれるものがあり、衣食住と就労の支援が2年間にわたって提供される（法務部から一部運営資金補助あり）。

韓国の出所者に対する居住支援

ここまで、韓国の矯正・保護領域における福祉的支援について、特に居住支援の観点から概観してきた。総じて、韓国も日本と類似の状況にあるといえよう。日本と比較的にみた場合、韓国の矯正処遇において特徴的なのは、高齢者や障がい者といった属性に分類される受刑者について、指定施設を設けて処遇を行っていることであった。

また、居住支援という観点からみた場合、「居住支援審査委員会」や「居住支援事業団」の設置など、更生保護や社会福祉の領域から一歩踏み出した一般住宅での生活に向けた支援が整えられつつある点は、日本も大いに学ぶべき点として挙げられるであろう。

　しかし、矯正・保護領域以外の出所者支援という観点から考えた場合はどうであろうか。著者はこれまでに、複数の研究プロジェクトにおいて、韓国の生活困窮者支援の現場をしばしば訪れる機会に恵まれてきた。そのたびごとに、著者は、「支援されている中に刑務所等を出所されてきた方はどのくらいいらっしゃいますか」と、という質問をするようにしてきたが、この問いに対する答えは、概ね「そのような人は存在しない」か「何人かはいますが……」という２種類にわかれた。韓国ではホームレス状態の人々に対するスティグマの強さを感じることがあるが、出所者に対するスティグマはそれ以上にあるのではないのか、という印象を受ける。洋の東西を問わず出所者は自己責任をひときわ強く問われる存在であり、そのスティグマは重大な課題となっている。今後、ますますの啓発と、本質的な理解とが不可欠となるだろう。

第11章

「農」と「福」は本当に連携できるのか？
——野宿労働者や若者と一緒に農福連携に取り組んだ経験から

綱島洋之（大阪市立大学都市研究プラザ）

本章の概要

　私事に過ぎないが、2000年前後、関西で野宿者の生活現場をウロウロしていた。その頃から世間では「自立支援」が喧しく叫ばれ、「ホームレス」などを対象に法制化がなされた。しかし、野宿しながら生計を維持してきた労働者の方が、一般市民よりも遥かに自立しているように、私には見えた。それでは支援する側が「自立」すればいいのか。「自立支援」が指す「自立」は、個人が楽しむ範囲を明らかに超えていて、ほかのだれかの「自立」を阻み得る。あるいは、そのような「自立」以外の支援ならばいいのか。いや、支援すること自体に問題がある。

　野宿者たちは「支援はいらない。仕事を返せ。」と主張してきた。単純な要求である。支援がコインの表だとすれば、その裏には仕事を奪う者がいる。いわゆるマッチポンプである。ところが、野宿者の主張に共感してきた運動体も「仕事を返す」ことは簡単にはできず、忸怩たる想いを抱いた。多くの経験者が自らの支援活動に嘘臭さを感じた。だから「支援者」という言葉には自己批判的な意味が込められていた（綱島 2007）。

　支援ではないかかわり方を追求するとなると、仕事をつくるほかに手段はない。そのためには、人手不足に悩む農業分野と連携するのが良い。そうすれば農業の後継者不足も解消できて、都市と農村が win-win の関係を結べるはずである（綱島 2015a）。極めて単純な発想であるが、後述するように、近年盛んになりつつある「農福連携」にも通底する。しかも、野宿者の側が社会を支援するという構図、ひいては、これまでもそうしてきたという事実を可視化できるのではないか。このような作業仮説を掲げて取り組んできた研究活動の現在の到達点について、本章は報告する。

1　脱支援とアクションリサーチのはじまり、そして「農福連携」へ

仕事が奪われた以上、仕事ができない。だから本人は免責されて然るべ

きである。しかし、「できないから支援する」という論理は、いつの間にか、仕事を奪うという行為の主体をも免責する。障害の医療モデルや社会モデルがそれぞれ、不能という事態を生み出した社会や多数派諸個人の責任を問わないことと似ている。その結果、社会が、より正確にいえば、仕事を奪われていない人々が負うべき、仕事を奪われた人々と共に仕事を取り返す責務が、支援することにより曖昧にされる。マルクス主義による福祉国家批判と本質を同じくする疑問が、野宿者から支援者に向けて突き付けられていた。それで当時の私は体調を崩した。「できないから支援する」以前の「奪われたから取り返す」地平に立ち戻ることはできないかと考えた。そして私は上述の作業仮説に行き着いた。

　2011年、大阪近郊にて耕作放棄地を利用して雇用創出を試みるアクションリサーチを開始した。開始後すぐに、知り合いの高齢野宿者や、若年就職困難者向けに就労支援を行う事業体に声を掛けた。最初の2カ月間は、草刈り、排水溝掘削、荒起こしに費やされた。耕地として再生された部分から順次、暫定的に野菜などの栽培を開始した。その様子が口コミで広まると、他の野宿労働者や生活保護受給者、就労支援事業体、フリースクールから新しい参加者を得た。

　その後、参加者が農地の利用方法について新たに具体案を出すことはなく、また私以外に農作業の経験がある者が不在であり、参加者が私の指示を受けて作業するという形が定着した。本アクションリサーチを持続可能にするためには現金収入が必要であり、就労訓練の多角化が図られるという利点も期待されることから、収穫物を大阪市内で直売した。2012年10月に耕地全体の再生が完了して以降、常時20種類近くの野菜を栽培した。定期的に販売して常連客を確保したり、参加者に多様な学習材料を提供したりするためには、多品目が必要と考えられたからである。2017年3月末までで、有償・無償合わせて、延べ3655人／日の参加を得た。野宿労働者や一部の若者には報酬が支払われた。その費用は科研費や収穫物の売り上げなどで賄われた。

　奇しくも同じ頃、農地政策と社会福祉の間に相補的な関係が見出され、公共財を投入して農業分野で「仕事」をつくることに社会的同意が得られはじ

めていた。以前から、農業分野では、担い手不足に起因する耕作放棄地の増大が社会的課題として認識され始めていた(綱島、2015)。一方で、生産性の観点からは必ずしも「農業」と捉えることはできないような、非農業者が主体の「農」という活動に、耕作放棄地の解消に止まらない多様な機能が認められている(松宮 2013)。「農的福祉力」という言葉がある(池上、2013)。農的な営為は、生命の再生産という本来的特質ゆえに創造的であり、良くあること(well-being)としての福祉を引き出す力をもつと考えられる。人々が個人あるいは集団で良くあることを作り上げていく力、すなわち「主体的福祉力」をもって生命に働きかけるときに、この「農的福祉力」が発揮される。都市住民が農村を訪れ自然や農作業を体験できるようにすることで、さらに応用の幅が広がるであろうと期待されるという。

　1990年代半ば以降、欧米に倣う形で「園芸療法」の実践が積み重ねられ、園芸福祉の考えに基づきながら農とのかかわりを深め農地保全や生産の役割を担う「農産園芸福祉」が提唱された(豊原ほか 2007)。また、障害者施策が「福祉から就労へ」と方向転換しつつある中で、実践事例が数多く報告されてきた。いくつかの事例調査(田中ほか 2011、牛野ほか 2007、安中ほか 2009、大澤 2010)は、農業分野において障害者就労を受け入れる際の課題を明らかにした。近年は、障害の有無を問わず、労働市場から排除されがちな労働者を遍く、農地の福祉的利用の潜在的主体として捉えようという潮流が生まれている。そして「農福連携」(近藤 2013)というキャッチフレーズが生まれた。今では『農業白書』で一節として取り上げられるくらいに認知されている。

2　若者と高齢野宿者が一緒に農作業した成果

(1) 農作業の位置付けと意義

　しかし、いくら社会的に必要性があるという合意が形成されたとはいえ、当の労働者たちの意見に基づいたものではなかった。果たして本アクションリサーチの参加者たちは、どのようなニーズを抱えて参加に至り、そのニーズを満たすような何らかの意義を実感することができたか否か、そして、そ

れらの意義が実感されていることが、いかなる問題性を内包しているのか。

　聞き取り調査を実施したところ、農作業の位置付けが参加者ごとに異なることが明らかにされた。フリースクールの引率者や利用者は、労働市場から排除されるなら自ら食料を生産したいと考えていた。高齢野宿者は野宿生活が維持できるだけの副収入を現金で得ることを目的としていた。ある就労支援事業体は、利用者を作業環境の中に受け入れたり突き放したりすることで、他者に対する信頼感を醸成し、利用者の関心や適性を可視化しようとした。もう一つの事業体による就労支援は、排除の予防という視点が強い。労働市場から排除された経験があるか、発達障害などのために労働市場から排除されることが予想される利用者が対象である。排除の要因となる特性を利用者が自ら克服することを、農作業の目的としていた。これらの視角が「社会適応」に傾倒していたために、フリースクールの参加者に違和感を与えていた（綱島 2015b）。

　これらの位置付けの相違は、就労意欲の在り方の多様性を表していると考えられる。政府がすすめる「若者自立支援施策」は「就労意欲喚起」に力点を置いている（佐藤 2008）。しかし、そもそも「就労」という言葉には社会的に合意された定義がない（工藤 2013）以上、「就労意欲喚起」の定義も困難なはずである。政府は「具体的な就職活動」をしていない状態を「働く意欲に乏しい」と表現していること（伊藤、三上 2004）から、「具体的な就職活動」の前段階に該当する取組みを総称していると考えられる。すると、就労支援事業体の活動は「就労意欲喚起」に該当する。しかし、指導員たちは利用者に就労意欲が欠けていたとは考えていない。むしろ、就労訓練に農作業を取り入れて内容を多様化することにより、利用者の潜在的な就労意欲に応答して、「具体的な就職活動」に繋げようとした。一般的に、職業訓練は技能習得だけではなく、就労意欲を喚起及び持続させるためにも用いられている（金井、四方 2013）。就労支援事業体による職場体験も同様であり、必ずしも技能習得を目指しているわけではない。

　参加の成果として最も目立つ回答は「体力がついた」である。無業状態に置かれて体力が衰えていた、あるいは体力がないから無業状態に置かれてい

たのに、相応の体力を必要とするような重労働を直ちに続けられたのはなぜか。ある指導員によれば「農作業には没頭できる要素がある」という。たしかに、利用者からも「無駄に拘ることができる」「無心になれる」「作業しているうちに時間が過ぎる」などという回答が得られた。その多くは様々な作業を「楽しい」あるいは「辛くても続けられる」ものとして特定した。参加者が農作業に「没頭」していたことは事実であると考えて間違いない。しかし、この「没頭」から「具体的な就職活動」や「社会適応」へ必ずしも向かう必要はない。

(2) 社会適応に回収されない没頭の可能性

　それでは「没頭」することの別の意義は何か。草柳 (2004) は、アーヴィング・ゴッフマンの「相互行為秩序論」を援用して、人々が居合せる場において、各人が「社会の現秩序に完全に従い、それに完璧に適応」しようとするとき、すなわち「状況把握につとめ自分の身体や外見を監視しているとき、人は自分のいる状況に完全には没頭しえない」と述べている。つまり、「没頭」という現象は、自分自身を監視しなくても済むという条件が整えられていなければ起こり得ない。星加 (2007) は障害学の立場から、「相互行為場面」において、その場にいる人どうしの間に力関係上の優劣があることを指摘する。「社会適応」を目指す就労支援において、利用者は例えば「ビジネスマナー」と称されているような「現秩序」に適応を迫られる側、すなわち劣位にあることを自覚している。就労支援事業体の指導員たちは、「ビジネスマナーを身につけることを軽視してはいない」と答えていた。「納得できなくても外在的な知識として学んでおかなければ社会の中で不利になる」、あるいは「自己の振る舞いが他者からどのように見えるかを考えるべきである」と利用者に伝えているという。

　つまり、「社会適応」を目指すためには、没頭する自己から意識的に距離を取り、「現秩序」を遵守しているように他者から見えるべく振る舞わなければならない。しかも、その「現秩序」は、その場で優位に立つ者の恣意に左右される余地が大きく、時と場所により変化する。「相互行為場面」を渡

り歩いている限り、自己を監視するという作業には終わりがない。とりわけ、いわゆる「人間力」という捉えどころのない能力が人材を評価する基準として重要化した社会状態、すなわち「ハイパーメリトクラシー」(本田 2011)において、この傾向は強烈である。

就労支援の利用者たちの多くが「体力が付いた」と答えた背景には、実は劣位に置かれてきたがゆえに、このような理不尽な消耗戦を長らく強いられてきたことがあるのではないか。農作業の現場では「作為的なものがない」あるいは「自分を出せる」「他人の視線を気にする必要がない」と、就労支援事業体の指導員が異口同音に回答していた。決して体力が不十分だったわけではなく、もともと備えていた体力を無駄に消耗せずに済んだ。その結果として、きつい作業に根気強く取り組めたために、さらに体力が向上した可能性は高い。しかし、それは副産物でしかない。むしろ、「体力が付いた」と感じられる以前に、ある種の解放感が経験されていた。ここに本質があるはずである。「社会適応」を目指す就労支援において見落とされがちな点である。

(3) 解放感と批評精神

なぜ解放感がもたらされるのか。一つには、それを味わえる機会を若者に提供したいと願う者が参加していたのだから、当然と言えば当然である。そうであるならば、そのような者が農作業を体験できる場を求めて集まる理由は何か。前節で述べた「農的福祉力」が作用していたからであろうか。この理由を詳細に検討することで、今のところ漠然と語られているに止まる「農的福祉力」の正体を一部でも明らかにできると考えられる。

話は前後するが、上述したような解放感は何をもたらすのかというところから検討する。一つに批評精神の発露が挙げられる。優位に立つ者の指示や説明を鵜呑みにせず、一つ一つの作業が必要とされる理由を自分なりに検証できるようになる。最終的に納得できれば、その作業について理解が深まる。就労支援の利用者たちは次のように述べていた。「自分なりに考えるクセがついた」「仕事の覚え方を学んだ」「考えるとはどういうことかを考えるようになれた」。もちろん、ひねくれた意見もある。例えば「鍬の持ち方や力の

入れ具合を学んだが、自分からやりたいと思わなければ役立たないということを学んだ」。自信が生まれていることが伺える。ある指導員が「没頭できることは自己肯定感を高めるためにも有効である」と説明していた通りである。

　農作業において体力を消耗する作業をしなければならない理由を理解しようとすると、必ず生理や気象など自然の摂理に思いを馳せなければならない。どんなに早く仕事を終えたくても、雨が降る前に畝立てを済ませなければならない、薹が立つ前に収穫を済ませなければならないなど、なかなか希望通りにはいかない。このように「人間が超えることができない法則を悟る」（守田 1987）とき、「相互行為場面」で消耗した人は安心感を得られる。「自己の振る舞いが他者からどのように見えるか」など自分も他人も気にしている暇がないからである。自然現象の法則性は、優位に立つ人間の言動に制限をかけ、「ビジネスマナー」などのような現秩序すなわち恣意の産物を相対化する。

　それでは話題を戻して、解放感の源泉はどこか。昨今の農業や農村の衰退は批評精神のそれでもあるという指摘がある（例えば津野 1995、参照）。逆にいえば、批評精神なくして農業は成立しない。本質的に農作業は生物を対象とする。同じ親から生まれた個体どうしでさえ遺伝的にバラつきがある。生育環境が違えばなおさらである。そのような集団を扱う以上、離れた場所にいる他人の想定には、常に誤りが含まれる可能性がある。権威付けられた言説を自ら検証することが欠かせない。今でも現役の農家は一般的に流通している情報を簡単には信用しないそうである。「緑の革命」のように、研究施設で開発された技術が現場で予想外の問題を引き起こしたという例は、これまで数多く報告されてきた。同じ畑の中でも、ある畝の様子を見て誰かが出した指示が、他の畝については不適切だということもある。つまり、農作業を一緒に行おうとする集団の中では、ある人が他の人よりも優位に立つことが難しく、他所における力関係がもち込まれにくい。

　批評とは、虚偽を見抜き真実を追究する精神の働きである。人が他人を騙すことはあるが、作物や家畜がそうすることは滅多にない。（農福連携や園芸療法、動物介在療法を含む大きな概念として欧州で用いられている）Green care にか

んする文献によると、人に評価を下さず、世話をすると正当な評価を返してくれる存在が重要であるという。人を信用できないときに動物が励ましてくれたという例が挙げられている (Kogstad et al. 2014)。つまり、人が世話しなければならない生物の存在に、人どうしの関係を変容させる可能性がある (Garcia-Llorente et al. 2018)。しかし、どのようなプロセスを経て実現されるのかは明示されていない。本アクションリサーチが示唆するのは、批評精神を肯定するという農業労働の本質。これこそ「農的福祉力」であろう。

(4)「社会適応」に向かうのか否か

ここまでの議論は、農業分野における就労機会は、若者の「社会適応」の基盤を形成すると同時に、それを相対化する契機でもあることを明らかにした。この二律背反性の意義は何か。裏を返せば、社会適応しようとしてもしなくても困難が待ち受けている。そうであるならば良いとこ取りを狙うしかないと、私たちは開き直れる。

解放感がもたらす批評精神は農作業の現場以外でも役に立つ。ある若者は、本アクションリサーチに参加した想定外の成果を次のように述べた。「最初に野宿者と一緒に作業すると聞いたときは驚き、友人からも危ないのではないかと言われたが、話してみれば当たり前に良い人だと感じられた」。偏見を自力で克服したわけである。その結果、野宿者が多い地域に足を踏み入れるようになり、仕事を探す際の選択肢も増えたという。

高齢野宿者たちは若者たちほど解放感を享受していたようには見受けられない。むしろ、彼らの参加について、若者たちの側が重大な意義を見出していた。彼らは農漁村出身であり親の仕事ぶりを見ていたので、様々な農工具の使い方がわかる。鍬の刃の厚さの違いで、用途の違いに察しが付く。初めて見た道具でも、使い方を類推することができるという。だから、若者たちに道具の使い方や組仕事の機微を教えることができる。また、高齢者ゆえ人生経験が豊富であるという自信もある。

若者たちは「初対面のときに気さくに話しかけてくれた。柵の運び方や杭の打ち方を教えてくれるなど、助けてくれた。」「(指導員に)注意されて落ち

込んでいるときに励ましてくれた」などと親近感や謝意を表した。一方で高齢野宿者の側は「人生で失敗したことがある人間が指導していいのか」という迷いを抱えていた。若者たちに謙虚に接しようとする姿勢が読み取れる。彼らには自分が「社会適応」に失敗したことがあるという自覚がある。だから若者たちに「社会適応」を迫るような接し方が控えられていた。この意味で「失敗」は成功に転化した。

　高齢野宿者と若者が世代を超えて集う場所では、「社会適応」とは別の方法で、つまり「人間力」とは異なる技能を駆使して生き抜く術が次世代に継承される。ここで野宿経験者の就労機会を新たに創出する余地が生まれる。これが本アクションリサーチにより得られた最大の知見である。ところで、ある参加者が言明していたように、「社会適応」を目指さずに自力で食料を生産したいとなると、それはそれで決して容易なことではない。そこで求められる技能は、どうも高齢野宿者が蓄積してきたものとはまったくの別物であるらしい。次節では、技能にまつわる問題について考察する。

3　農作業で求められる技能の特性

(1) 技能にかんする課題の構造

　先に述べたとおり、本アクションリサーチの現場では、参加者が私の指示を受けて作業するという形が定着していた。そして私は次のような課題を発見した。作業の大部分は、経営学的な意味で暗黙知の比重が大きく、指示すべき内容をすべて表現することは時間がかかり過ぎて非現実的である。このような制限の下で作業を遂行するためには、可能な限り指示を効率化する必要がある。参加者に作業方法や手順を覚えてもらいながら、参加者の経験や能力に応じて必要最小限の指示を出すというように、段階的に指示を簡略化していこうとした。より少ない指示で作業が遂行できるようになることを、ここでは「自律性が高まること」と考えてみよう。すると、これらの事象を自律性が高まる順に配列することにより、段階的にクリアすべき課題の構造が見えてきた。

課題は大きく分けて［動作］［前提知識の補足］［認知特性のメタ認知と対策］［作業］［観察］［意思決定］という6個のカテゴリーにまとめられた。これらは、作物を育てるための必要性という観点に関連付けて定義できる。［作業］は各作物の作業体系の構成要素であり、各作物の生理的必要性に応じて分類したものを指す。一方で、［動作］は参加者の身体の動きに着目して［作業］を細分化したものを指す。例えば、播種という作業は、播種穴を開け、種子を置き、覆土や灌水を行うという複数の動作から構成されている。その動作を行うための基礎となるのが［前提知識］と［認知特性］である。［観察］と［意思決定］は、共に［作業］に先立つ精神の働きである。指示を出す際に私が常に実行していたことである。［観察］は作物や環境にかんする情報を得ることであり、その結果をもとに［意思決定］が行われる。

果たして多くの参加者は様々な［作業］を習得した。さて、その先にある課題は、「この作業をせよ」という指示がなされなくても、参加者が「この作業をしよう」という［意思決定］を下せるようになることである。それぞれの作業のタイミングを見極めるための判断材料は、参加者が自ら圃場の様子を［観察］して取得するしかない。しかし、参加者に観察を促しても意思決定に結びつかないどころか、多くの参加者は意思決定を下すことに消極的な姿勢を示した。

(2) 作物の存在

自律性が高まる過程は、指導者と参加者、作物の三者間関係の変化として描くことができる（図11-1）。すなわち、(a)指導者に指示された通りに行動することから(b)指導者に指示されずに行動することへという第1段階と、さらに(c)「作物に指示を受ける」ことへという第2段階からなる。最初は指導者が作物の様子を観察して参加者に指示を出さなければならないが、第1段階の変化により参加者は以前受けた指示の記憶を頼りに作業できるようになる。しかし依然として参加者と作物の関係は一方的である。第2段階の変化により、参加者が作物に現れた変化を観察するという新しい関係が生まれる。多くの参加者は第1段階を通過できたものの第2段階に消極的な姿勢を

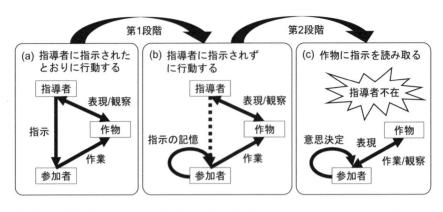

図 11-1　自律性が高まる過程における指導者と参加者，作物の三者間関係の変化
出典：綱島（2018）、一部改変

示した。

　第 1 段階は、現在の労働市場に適応する能力を育成する取組みに類似している。最初は、指示された通りに行動することが課題であり、就労支援事業体が目的としていた内容と合致する。なぜそれが就労支援の目的となるのかといえば、発達障害などによる困難にもかかわらず雇用されるためには、どうしても満たさなければならない条件だからである。このような就労支援が就職活動の前段階に相当するものとみなされていることを踏まえれば、その次に控えているものはキャリア教育に代表されるような就職支援である。キャリア教育の現場では、指示された通りに行動するだけの「指示待ち」の姿勢は疎まれる。例えば、「社会人基礎力」（経済産業省 2017）の提言にみられるように、「主体性」が重要なキーワードとして掲げられている（柳田 2015）。「誰かの指示を待つのではなく、自らやるべきことを見つけて積極的に取り組むこと」を意味している。ちなみに「社会人基礎力」は「人間力」の経済産業省版である。

　別の機会に、ホームレス状態の参加者に聞き取り調査を実施したところ、試行錯誤しながら学習することに消極的な姿勢が示された。むしろ、学び取るべきマニュアルのようなものの存在が暗黙裡に想定されていた。特に年配

の参加者は、たとえ嫌なことでも言われた通りに作業することが仕事であると考えていた (綱島 2017)。現場では、彼らは決して「指示待ち」ではなく、指導者の指示を先読みしながら行動するという積極性を見せていた。「社会人基礎力」を既に内面化しているかのような「主体性」である。問題は、指導者の意向を察知しようと努めるばかりで、作物を無視している点にある。

「社会人基礎力」における「主体性」とは、「誰かの指示」を待たずに先読みすることであり、その「誰か」とは雇用主や顧客など学習者に対して権力を及ぼす者である。一方、「作物に指示を受ける」ためには、逆に学習者が生殺与奪の権を握りかねないような植物の姿に自らへ向けられた表現を読み取るという、別の「主体性」が必要になる。つまり、第2段階における変化は「主体性」の変質であるが、これが実は容易ではない。

(3) 過去から継承すべき課題

「作物に指示を受ける」過程について過去の論考を参照する。第1に、津野 (1995) は伝統的な生業としての農業を念頭に置いて次のように表現した。

> 農業労働は、作物の要求を解読し、それを労働により満たし、その成果を確認することの繰り返しである。作物を単に見渡し眺めるだけでなく、人手を加えないものと加えたものを比較し評価を加えたとき、葉のつや、茎の立ち上がり、花の咲き方、それぞれが人間の美意識に無数の情報で訴えかけてくる。

そうであるならば「作物に指示を受ける」ための受信装置は「美意識」ということになるが、それがどのように作動するのかは明示されていない。ただし、「死の恐怖に根差す労働」を通して自然の法則を認識することが、結果的に自然の営為を代行する農耕を発展させてきたという記述を踏まえれば、「美意識」は「死の恐怖」に慄くことを契機に獲得されるものとして読める。

第2に、松尾 (2005) も「植物が求めるものを的確に読み取り対処する」「これに植物がこたえ次の手入れを無言の姿勢で暗示する」というサイクルが園

芸であるとする。これは伝統文化であり、「美意識」に相当するものは決して教えようとして教えられるものではないことが強調されている。園芸は「直接的あるいは間接的強制」を契機として始められるものであり、反復される中で「植物栽培のコツ」が無意識のうちに察知されるという。「美意識」を涵養するためには、「死の恐怖」や「強制」という仕掛けが必要とされることになるが、この発想は福祉とは相容れない。

第3に、園芸を福祉に取り入れるようとする立場では、豊原ほか(2007)が農作業の動機付けにかんして最も多く紙幅を割いている。「多くの人は、自分の働きかけに対する植物の応えに惹かれることを契機に農園芸作業を継続するように」なるという。「惹かれる」ために必要な「美意識」を既に備えていることが前提とされているから、園芸は人々の潜在能力を引き出すものとして福祉にふさわしいことが直ちに了解される。しかし「惹かれる」ことができない場合にどう対処すればいいのかは不問にされている。

津野(2005)も後に「人間と作物・家畜との共生関係から生まれる感動」が農業の魅力であると述べている。「共生関係」とは上述の「働きかけ」と「応え」の関係と同じであろう。「感動」は「美意識」を養うための「死の恐怖」に代わる教育工学的な仕掛けかも知れないが、やはり「感動」できない事態は想定されていない。あるいは「美意識」が前提となるという堂々巡りである。

本アクションリサーチが明らかにしたのは、このような「美意識」が自律的な技能習得の基盤になると考えられるにもかかわらず、それを備えていないか、発揮することが著しく困難な状態にある事例の存在であり、「死の恐怖」や「強制」とは異なる福祉的な仕掛けを用いて「美意識」を養う方法論の不在である。

4　今後の課題と展望

農福連携に関連して全国の認定農業者を対象に行われた調査によると、障害者の就労に取り組まない理由として、「任せられる作業が限られる」「作業を安定的に提供できない」「指導する社員の負担が大きい」という回答が上位

を占めた (小谷ほか 2016)。多くの実践者が労働者の監督や指導に困難を感じていることを示唆している。本アクションリサーチも同様の問題に直面したといえる。自らが生殺与奪の権を握りかねない生物の姿に自らへ向けられた表現を読み取るという農業労働の特質が、実は労働者に敬遠されていた。

どうすれば解決できるのか。単純に考えれば、その逆を行けばいい。労働者が自律的に技能を向上させられるようになれば、指導を担当する者の負担が軽減されるはずである。ところが、先に紹介した農福連携にかんする先行研究では、労働者の技能を向上させようという方向性は控え目である。欧米のUrban farmingないしgardeningにかんする研究では、農業教育を受けていない都市住民が試行錯誤しながら技能を習得している事例が報告されている(Cabannes and Raposo, 2013; Opitz et al. 2016)。すぐれて自律的な活動の好例であると考えられるが、試行錯誤という方法論を習得した契機や経緯は、やはり考察されていない。総じて、社会的包摂と農業分野を結び付けようとする研究において、農業の多面的機能が強調されていることに比べると (Hassink et al. 2016; Sant et al. 2016)、労働者の自律性や技能は注目されることが少ない。

他の農福連携の実践者に教えを乞うてみたところ、彼らの大半がそもそも労働者に自律性を求めていない。障害者就労支援制度や他部門による収入で生産性の低さを補うことにより、労働者の指導に係る負担を回避している。ときに実践者の意図を超えて自律性を発揮する労働者が現れるが、その自律性の根源が何かは本人にも周囲にもわからないという。つまり、自律性向上の方法論について、たかだか「好きこそ物の上手なれ」程度の知見しか誰ももち合わせていない。むしろ、なぜ私が農福連携において労働者の自律性を重視するのか、その理由が逆に問われているように感じられる。

立岩 (2005=2006) は、本アクションリサーチのような仕事づくりの取組みが困難に陥る様子を、既に的確に表現していた。そして無意味ではないと評価しながらも、同時に、所得や生産財、労働機会の分配に消極的な体制の補完物である可能性は免れないとも指摘した。これについて、「仕事づくり」という側面のみをみるのであれば、私は首肯せざるを得ない。すると本章の冒頭で述べたような、『『できないから支援する』以前の『奪われたから取り返す』

地平に立ち戻る」という発想は相対化される。両者はうまく組み合わされるべきである。

さて、仕事がつくられた。しかしできない。このような場合、基本的には、他のできる人が代わればよいが、必ずしもそうとは限らない（立岩、2018）。何かの目的のための手段は代行してもらえるが、目的そのものは本人がやらなければ意味がない。例えば、生きることは代わりが利かない。ここまで極論しなくても、以上で言及した「批評」や「感動」はどうなるか。これらは自力で食料を生産するための手段であるが、それらを目的に他の仕事をやめて農業をはじめた人もいる。敢えて代行しないことで新たな可能性が拓けるかも知れない。

農福連携の実践者の多くは、労働者に「批評」や「感動」を必ずしも期待せずに、今できることを労働者にしてもらうだけでよいという姿勢を貫いている。それでもよいかも知れない。しかし一方で私は次のようにも考える。「人への愛の存するところには、またいつも学術（テクネー）への愛がある」（ヒポクラテス）。技能を向上させる過程においてこそ、労働者が農作業の醍醐味を経験することが可能になり、その瞬間にこそ、上述のような農業労働の特質が、新たな社会福祉の展開へと昇華されるのではないか。もちろん、その方法論が現時点では不在である以上、「人間力」と同じ轍を踏む危険性は承知している。しかし、この可能性を追究してみたいという欲求を、どうしても私は捨て切れない。

参考文献

池上甲一、2013、『農の福祉力―アグロ・メディコ・ポリスの挑戦』、農文協。
伊藤正史、三上明道、2004、「若者の就業・自立を支援する政策の展開と今後の課題―無業者に対する対応を中心として」、『日本労働研究雑誌』533: 49-55 頁。
牛野正、中野裕子、林賢一、2007、「農業における知的障害者雇用に関する一考察―農業に労働力を、障害者に雇用の場を」、『農村計画学会誌』25 (4) : 556-563 頁。
大澤史伸、2010、『農業分野における知的障害者の雇用促進システムの構築と実践』、株式会社みらい。
金井郁、四方理人、2013、「生活保護受給者の自立支援の検討―埼玉県生活保護受給者チャレンジ支援事業の分析」、『社会政策』5 (2) : 87-100 頁。
草柳千早、2004、『「曖昧な生きづらさ」と社会―クレイム申し立ての社会学』、世界

思想社。

工藤啓、2013、「就労困難な若者への自立支援における人材育成のあり方」、『日本労働研究雑誌』639: 63-71 頁。

経済産業省 2017 年 2 月 3 日、「社会人基礎力」http://www.meti.go.jp/policy/kisoryoku/（最終閲覧日：2017 年 12 月 11 日）

小谷幸司、内藤義樹、島田正文、小島仁志、笹田勝寛、2016、「農業法人における障がい者就労の現状と課題」、『人植関係学誌』16（1）: 23-28 頁。

近藤龍良編著、2013、『農副連携による障がい者就農』、創森社。

佐藤洋作、2008、「コミュニケーション欲求の疎外と若者自立支援」、『東京経大学会誌』258: 71-85 頁。

立岩真也、2005、「限界まで楽しむ」、立岩真也、2006、『希望について』、青土社所収。

立岩真也、2018、『不如意の身体』、青土社。

田中誠、土井利勝、萩原義文、宇川浩之、矢野川祥典、石山貴章、2011、「農業分野における障害者就労―事業所現場の実践を通して」、『就実論叢』、40: 61-72 頁。

綱島洋之、2007、「『支援者』という言葉を再び骨抜きにするために」、『VOL』2: 281-284 頁。

綱島洋之、2015a、「自律への希望（後編）」、『フリーターズフリー』3: 132 -147 頁。

綱島洋之、2015b、「農地再生事業による就労困難層の就労機会づくりの意義と課題」、『食農と環境』16: 99 -114 頁。

綱島洋之、2017、「参加型仕事づくりの試みから明らかになる労働観と外部者の役割」、大阪市立大学都市研究プラザ編、『包摂都市のレジリエンス―理念モデルと実践モデルの構築』、水曜社、218-231 頁。

綱島洋之、2018、「農福連携において労働者の自律性を高めるために何が必要か」、『日本農業教育学会誌』49（1）: 1-13 頁。

津野幸人、1995、『小さい農業―山間地農村からの探求』、農文協。

津野幸人、2005、「再生紙ならびに不織布のマルチングによる雑草抑制技術の開発とその背景（2）」、『雑草研究』50（4）: 300-309 頁。

豊原憲子、石神洋一、宮上佳江、2007、『福祉のための農園芸活動―無理せずできる実践マニュアル』、農文協。

星加良司、2007、『障害とは何か―ディスアビリティの社会理論に向けて』、生活書院。

本田由紀、2011、『軋む社会―教育・仕事・若者の現在』、河出文庫。

松尾英輔、2005、『社会園芸学のすすめ』、農文協。

松宮朝、2013、「都市部における非農業者主体の『農』の活動の展開―愛知県長久手市、日進市の事例から」、『サステイナビリティ研究』、法政大学サステイナビリティ研究機構、85-97 頁。

守田志郎、1987、『農業は農業である―近代化論の策略』、農文協。

安中誠司、山下仁、片山千栄、石田憲治、2009、「農業分野での障がい者就労の類型化による支援課題の抽出とその解決方策」、『農工研技報』210: 49-59 頁。

栁田純子、2015、「大学生のキャリア発達過程におけるピア間活動の事例研究―『発達的ネットワーク』および『社会人基礎力』の観点から」、『東京情報大学研究論集』

19 (1) : 59-86 頁。

Cabannes, Y. and I. Raposo, 2013, Peri-urban agriculture, social inclusion of migrant population and Right to the City, *City* 17 (2) : pp.235-250.

Garcia-Llorente, M., R. Rubio-Oliver and I. Gutierrez-Briceno, 2018, Farming for life quality and sustainability: A literature review of green care research trends in Europe, *Int. J. Environ. Res. Public Health*, 15 (6) : 1282.

Hassink, J., W. Hulsink and J. Grin, 2016, Entrepreneurship in agriculture and healthcare: different entry strategies of care farmers, *Journal of Rural Studies* 43: pp.27-39.

Kogstad, R. E., R. Agdal and M. S. Hopfenbeck, 2014, Narratives of natural recovery: Youth experience of social inclusion through green care, *Int. J. Environ. Res. Public Health*, 11: pp.6052-6068.

Opitz, I., R. Berges, A. Piorr and T. Krikser, 2016, Contributing to food security in urban areas: differences between urban agriculture and peri-urban agriculture in the Global North, *Agric. Hum. Values* 33: pp.341-358.

Sant, R., A. Palmer and B. Kim, 2016, *Vacant Lots to Vibrant Plots: A Review of the Benefits and Limitations of Urban Agriculture*, Johns Hopkins.

さらに勉強したい人のための文献案内

Sandrine Glatron & Laurance Granchamp (eds.), 2018, *The Urban Garden Policy: Shaping the City with Gardens Through History*, Springer.

欧州におけるアーバン・ガーデニングの多様な歴史的展開を紐解く。都市で植えることの意味とは？単に食べるものをつくるだけではない。都市空間に表出する既存の規範に対する抵抗の意思表示でもあり得る。教育や優生思想との関連など、多角的に検討する材料を提供してくれる。

Michael Hardman & Peter J. Larkham, 2014, *Informal Urban Agriculture: The Secret Lives of Guerrilla Gardners*, Springer.

Urban Agriculture シリーズ第1号。都市の狭小な空き地を無許可で耕す「ゲリラ・ガーデニング」の実態と可能性にかんする、英国における事例調査をもとにした論考。権力や都市と植えることの関係が問われている。大阪市内でテント村の強制撤去が相次ぐ前に読めていたら…。

第12章

エスニック・マイノリティ「支援」の取組み
——大阪府下自治体のケースから

鄭栄鎭（大阪市立大学都市研究プラザ）

本章の概要

　近年、日本ではエスニック・マイノリティが増加しており、各地で「支援」が進められている。本章では、それら「支援」の先駆例といえる八尾市の取組みを紹介するものである。八尾市では、古くからエスニック・マイノリティを「住民」として位置付け、エスニック・マイノリティ当事者や行政などにより様々な「支援」の取組みがなされてきた。八尾市の特徴として、オールドタイマーである在日朝鮮人の取組みがニューカマーへと継承されていることが挙げられる。ニューカマー「支援」にあっては、オールドタイマーとの「断絶」があるといえ、在日朝鮮人は不可視化されている。しかし、八尾市ではオールドタイマー「支援」の礎石のうえにニューカマー「支援」が成り立っており、全国的にみても希有なケースである。八尾市の取組みは、エスニック・マイノリティ「支援」の先駆例としてはもとより、モデルケースとして捉えることもでき、今後の日本におけるエスニック・マイノリティ「支援」の指標ともなりえるものである。

1　八尾市とエスニック・マイノリティ

　「外国人」に対する一般的な認知とは、「いつかは帰る人」であろうか。しかし、三世や四世が占めるオールドタイマーの在日朝鮮人だけではなく、「永住者」や「定住者」という在留資格がしめすように、「いつかは帰る」というような認知だけで「外国人」をみることは既に不可能になっている。海外から渡日し、この地で暮らし続ける「外国人」もいれば、日本で生まれたパスポートをもたない「外国人」も存在する[1]。

さて、本稿があつかう八尾市は大阪府東部に位置する。2017年12月末の住民基本台帳人口26万7,965人[2]に対し、2018年1月1日現在での在留外国人数は7,080人となり、人口比は2.64%[3]である。

八尾市では、1945年以前より多くの在日朝鮮人が暮らし、「朝鮮街」といわれる集住地があったとされる（部落解放同盟大阪府連合会・解放新聞社大阪支局：1982）。1970年代中頃には部落解放運動の影響を受けた在日朝鮮人運動が起こっている。この運動は在日朝鮮人を住民として位置付けたうえで、住民として日本人とかわらない権利を求め行政闘争を行い、公営住宅入居や児童手当支給、市職員採用試験の受験資格にかかる国籍条項撤廃に至ったなどの経過がある（鄭 2017）。

2003年には「八尾市国際化施策推進基本指針」が策定されている。そこには、「八尾市の国際化について取り組みは、従来から行政、市民運動、外国人コミュニティの連携によって、先進的自治体としての評価を得てきました」とある。「国の法律、制度が改正されたり、他の自治体のモデルとなるような先進的事業を実現」してきたとされ、「これらの成果は、八尾市が日本全国に情報発信してきた誇りある八尾市民共有の財産」（八尾市人権文化部人権国際課 2003: 4）ともしている。

つまり、八尾市では、在日朝鮮人運動、「外国人コミュニティ」が「外国人」を「いつか帰る人」とみるだけではなく、その課題の解決に向けた実践が進められてきた。それゆえに、「先進的自治体」としての評価を得ることになったといえよう。八尾市では、「外国人」を地域社会の一員として認知してきたのである。

近年、日本ではエスニック・マイノリティ[4]が増加している。その諸課題の解決のため各地で「支援」の取組みが進められており、地方自治体によっては「支援」の行政施策化が執り行われている。しかし、管見の限りでは、これらの施策や「支援」は、なんらかの「課題」を抱えるとされるニューカマーに対してのものであり、オールドタイマーである在日朝鮮人との間には、みごとなまでの断絶があると感じざるを得ない。在日朝鮮人の存在は不可視化されているのである。

このようなエスニック・マイノリティ「支援」の現況とは異なり、八尾市でのそれは、先にふれた在日朝鮮人運動の要求や「外国人コミュニティ」による実践が行政による取組みなどに至り、1980年代以降に増加したベトナムや中国等のニューカマーへと継承されている。

八尾市のエスニック・マイノリティ「支援」は、運動の要求という当事者視点によるオールドタイマー「支援」の礎石があり、そのうえにニューカマー「支援」が成り立っている。両者は連続しており、そこには断絶がみられない。八尾市におけるエスニック・マイノリティ「支援」は、現在日本各地で行われているそれらの先駆例[5]としてとらえることが可能である。オールドタイマーからニューカマーへの継承は、全国的にみても希有な事例といえるのではないだろうか。

以上、本章では、八尾市でのエスニック・マイノリティの課題解決に向けた取組みのうち、主に子どもを中心とした事例について紹介する。

2　教育委員会、公立学校での「支援」の取組み

では、八尾市におけるエスニック・マイノリティの「支援」について、主に公立小中学校にかかる制度的なものからまずはみていき、次いで学校内での取組み例をみていこう。

(1) 通訳派遣と日本語指導

通訳派遣

エスニック・マイノリティが八尾市に転入すると、通常、まずは住民登録担当課である市民課にて住民票の移動手続きを行うこととなる。その後、教育委員会指導課学事係で子どもの転入学手続きを行うが、その際にエスニック・マイノリティ教育を担当する人権教育課に連絡が入る。次いで、人権教育課からは子どもの転入先の学校への連絡が行われ、受け入れがはじまっていく。

まずは子どもや親に対して、日本語の学習歴や日本語力を把握するための

ヒアリングが行われるが、これは時に通訳を介すこともある。このヒアリングをもとに通訳派遣が必要か否か判断され、必要な場合はその頻度などが計画されていく。

通訳は、八尾市での過去の通訳経験者と、あとで紹介する公益財団法人八尾市国際交流センターの登録者の中から選択のうえで依頼が行われ、学校での日本語学習や家庭訪問時、保護者懇談会時などに派遣される。

子どもが日本生まれであり、ある程度の日本語は理解できるが学習補助のために派遣を依頼してくる学校もあれば、他方では、子どもがまったく日本語ができないために派遣を依頼する学校もある。また、子どもが日本語会話が可能であったとしても、保護者との懇談のために派遣を依頼する学校もある。

多岐にわたる要望が寄せられる一方では予算の制約があることから、すべてに応えることができず、どの機会まで、どの程度の習得まで通訳を派遣するかが難題である。このため、居住年数などで一定の基準を定め、かつ、実際に子どもへのヒアリングを実施したうえで、必要と判断される場合には可能な限りで配置時間を増加するよう考慮がなされている。しかしながら、学校現場では子どものみならず保護者と接する機会が多いために不足を感じているようであり、配置回数増の要望が寄せられている。

日本語学習

次いで、学校での日本語学習である。学校でのそれは教科学習を兼ねず、日本語の指導のみが行われる。教員により異なるが、様々な教材を活用し、文化習慣の違いなども含めての日本語指導が行われる。その後、まずは国語（日本語）からはじまり、次いで、他教科へと移行していく。

出身国・地域で中学校に通っていた子どもの場合、数学では計算問題が取り入れられ、理科の実験など文章をあまり用いない教科学習では、現学級で一緒に学習する場合もある。社会、歴史、古典などでは、日本語の表現を理解することが難しいため、教員によっては、簡単な文章に書き直した「リライト教材」といわれるものを利用する場合もある。

学校によっては、「日本語指導」加配教員[6]が配置される。通常の授業時間内に日本語指導が必要な子どもが現学級より抽出され、日本語初期指導のテキストを参考にして加配教員が授業を行う。また、通常授業内に加配教員が教室に入り、日本語学習を支援する場合もある。

(2) アイデンティティ保障のための活動

民族クラブの狙い

エスニック・マイノリティの子どもに対しては、日本語学習だけではなく、エスニック・ルーツの尊重やアイデンティティ保持のための活動などが取り入れられている。これらの多くは、通常の教育課程とは異なる、教育課程外活動の「民族クラブ」として行われている。

エスニック・マイノリティの子どもは学校の中では少数であり、大多数の日本人とは異なる自己の民族的ルーツをマイナスに感じ、卑下、隠すことが多々ある。また、日本人の子どもから日本人と異なることでのいじめや差別を受けることもあり、これら学校での差別事象が学校から人権教育課に報告されることも年に数例ある。ただし、これは教員や子ども、保護者が差別を把握した場合にのみ報告されるものであり、実際にエスニック・マイノリティの子どもたちが学校でどれほどの被差別体験があるかは不明である。

さて、先述のような、学校内でのエスニック・マイノリティの子どもたちの状況を解消するため、子どものエスニック・ルーツへの肯定感やエンパワメントを高めること、学校内でのピアグループづくりを進め、かつ、エスニック・マイノリティの子どもと日本人の子どもとの対等な関係づくりを進めることが、民族クラブの狙いである。

民族クラブの現況

民族クラブは1970年代後半より、主にエスニック・マイノリティが多数在籍する小中学校に設置されてきた。各校の教育課程外活動であり、自主活動という位置付けではあるが、実際には教育委員会からの指導者派遣などの支援が行われている。また、教育課程内で行っている学校もわずかではあ

がある。

　2018年現在、小学校28校のうち10校に20クラブ、夜間学級を含む中学校16校のうち7校8クラブの合計28の民族クラブが設置されている。民族クラブは、韓国朝鮮のクラブの設置校は小学校10校10クラブ、中学校7校7クラブであり、以外では、ベトナムのみ、中国のみの学校や、ベトナムと中国を一つのクラブとしている学校、フィリピンやボリビアなどを含め一つとしている学校、韓国朝鮮、中国、ベトナムを一つとした学校、世界の文化としている学校など多岐にわたる。クラブの名称は、その韓国・朝鮮語での動物名や、ベトナムや中国などそれぞれのルーツにまつわるものなど、学校によって異なって冠されている。

　民族クラブの運営

　民族クラブの運営にあたっては、年度当初に設置予定調査が人権教育課より全市立小中学校に対して行われ、その後、設置予定校のクラブ担当教員を対象とした説明会が実施される。説明会では民族クラブの指導にあたる指導員派遣の手続きなど制度の説明が行われるが、それに先立ち、1990年に策定された「八尾市在日外国人教育基本指針」の説明と、エスニック・ルーツ、エスニック・アイデンティティの尊重がクラブの目的であり、かつ、活動の前提だと周知される。

　クラブの活動は、学校により、また、教育課程内か外かによっても異なるが、おおむね週1回程度の放課後に行われる。多言語を用いた遊びや伝承遊び、民族楽器演奏、民族舞踊の練習などがその内容である。これらの成果発表の場として、「民族文化フェスティバル[7]」が1982年より年1回秋に八尾市内の公共ホールで実施され、発表者やスタッフ、観覧者などを合わせると、毎年1,000人以上の参加がある。この発表に参加する学校のほとんどは、イベント前後に各学校内での個別発表を各校の全校児童・生徒、教員を前に行っている。

　韓国朝鮮のクラブでは、コリア・ルーツをもたない子どもであっても希望すれば参加が可能である。コリア・ルーツをもつ子どもは自文化を学び、日

本人の子どもは他文化・多文化を共に学び、共に生きる関係をつくるということを目指しており、八尾ではこの形式が多い。

　一方の中国、ベトナムの民族クラブでは、そのエスニック・ルーツに参加が限定される場合がほとんどであり、かつ参加が「強制」となる場合も多い。放課後に拘束されることや、まわりの日本人の子どもの反応を気にするなどして、子どもの反発が生じることもある。また、クラブに参加することによって、他の子どもからその子がエスニック・ルーツをもつかがわかる。エスニック・ルーツをもつことを他の子どもが嘲笑、侮蔑するのではなく、ちがいが当然であり自然のことと理解させるような集団づくりをすすめることが、クラブへと送り出す教員の役割の一つでもある。

　民族クラブのうち、韓国朝鮮のクラブの多くの指導に携わるのは、教育委員会生涯学習スポーツ課分室の職員である。同室は、民族クラブの指導だけではなく、市民向けの啓発講座や語学講座なども開催している。また、八尾市立学校の教員で組織される「八尾市在日外国人教育研究会」と連携し、先述の「民族文化フェスティバル」や、八尾市の小中学校に在籍するエスニック・マイノリティの子どもを対象とした「多文化キッズサマースクール・オリニマダン[8]」を実施している。

　生涯学習スポーツ課分室に所属する職員は5人で、全員が在日朝鮮人、すなわち、エスニック・マイノリティ当事者であるのが特徴である。ルーツをもつ子どもが有する、エスニック・マイノリティであるがゆえの悩みや揺らぎなどにも、自分たちの経験から寄り添うことも可能であり、実際、そのような学校からの要望に応えた講演等も行っている。しかし、5人全員が非正規雇用である。

(3) 母語学習

　母語学習の狙い

　母語学習の機会を設けている学校も、わずかではあるがある。

　その実施校によれば、母語学習は日本生まれのエスニック・ルーツの子どもが大半になり、日本語を教えるための教室の意義が再考されたうえではじ

められている。

　日本生まれの子どもたちは日本語が第一言語となるが、親は日本語での会話が不十分なためにディスコミュニケーションになりがちになる。また、子どもたちが日本語の不十分な親を見下すことがあり、さらには親を見下すことで、自己のルーツを肯定的に受けとめられず、荒れることがあったという。そのような子どもの置かれた状況から、日本生まれの子どもたちに日本語を指導するだけではなく、アイデンティティを保持するために母語が必要かつ大切であるとの問題意識があったという。

　学習の実施当初には、日本の学校で母語を教えることの疑問が教員より提起されたことがあったともいう。しかしいまでは、エスニック・ルーツをもつ子どもと親とのディスコミュニケーションが生じること、親と話すツールになることばの保障の意義を教職員間に伝えることによって、このような声も出なくなったという。

母語学習の運営

　母語学習は、ネイティブの講師が派遣される時間に合わせて2週間に1回程度のローテーションを学年ごとに年度当初に組み、現学級より抽出して行われている。内容は本格的・専門的な語学学習を行うのではなく、家庭での会話レベルである。語学の取得には読み書きが必要不可欠であるが、子どもたちの反応からはそれが強制しづらいという。したがって、語学を習得するばかりではなく、日本語、母語の両方が理解できることを自分のツールととらえ、将来展望をひらく意欲づけや、それを保持することを学習の狙いの一つとしている。

　母語学習は学習時間や内容の制約が伴う中で実施されており、ことばの習得という意味ではきびしいものがある。しかし、学習に参加する子どもはネイティブ講師との会話を楽しむ様子があり、教室がエスニック・マイノリティの子どもたちの学校内での居場所になっている。学習の場としてよりも、アイデンティティ保障の場としての機能がより強いといえよう。

3　八尾市国際交流センターとトッカビの取組み

　ここまでは公立学校における制度的な「支援」とその取組みをみてきたが、次いで、公益財団法人八尾市国際交流センター（YIC）と、NPO法人トッカビ（トッカビ）が実施するエスニック・マイノリティへの取組みについてみていこう。

(1) 八尾市国際交流センター

　YICは、八尾市と民間企業の出資により1991年に設置されている。後述する日本語学習事業や海外文化紹介、交流事業などを設立当初より実施してきた。現在では、それらの事業だけではなく、小中学生を対象として、その居場所的事業という「SALA」と題した活動を週2回実施している。

SALAの活動

　SALAは八尾市内からの参加に限らず近隣市からの参加も受け入れている。また、SALAは、夏休みなどの長期休業中は週2回に限らず、いつ来てもよいというスタイルでも実施している。

　SALAは、高校進学に伴うエスニック・マイノリティの子どもからの相談が契機になっている。その相談から、まずは事務局スタッフが個人的に一緒に受験学習をはじめたのだが、口コミからか、他からも宿題などを教えてほしいとの相談が寄せられたという。このような学習の場をもつことによって、それが子どもたちにとっては単に勉強を教えてもらえるだけではなく、同じ境遇のなかにあることを互いが気づき励まし合い、話し合える場になっており、他にも同じような思いを抱いている子どもがいるのではと、事務局スタッフは考えたという。

　その後、学習をすすめていくなか、エスニック・マイノリティの子どもが学習の基礎を定着させるには、文化が関連して理解しづらいことがあることへの事務局スタッフの気づきがあり、さらには、最初に相談に訪れた子どもが無事に高校に進学し、自信をつけた姿をみせ、子どもたちのための場をも

つ効果が確認されたことから、正式な事業展開へ至ったという。

日本語学習

　成人を対象とした事業では、YIC発足当初から開始された日本語学習事業がある。これは、日本語を学びたい者であれば在留資格や国籍を問わずに受け入れを行っており、学習者からは年間500円の参加費を徴収している。
　学習は一人の学習者につき一人のボランティアがサポートする。学習をはじめるにあたっては、学習者とボランティア、事務局スタッフの三者でどのような学習をしたいかを話し合い、内容を決めていく。ただし、途中でこれが変わる場合は、都度相談しながら進められている。学習者、ボランティアとの一対一の学習のため、ペアの組み合わせをアレンジする時間がかかることもあり、それが決まるまでグループレッスンとして週1回日曜日に2クラスでの学習会も実施している。
　YICが実施する日本語学習は、YICの言葉を借りれば、「生活の日本語」であり、最小限の日本語コミュニケーションができるまでである。しかしながら、教室参加者の一部から、日本語能力試験の受験といったニーズが寄せられることが増加してきたともいう。「生活の日本語」と相反することでもあるが、熟慮の末、日本語能力試験の受験は学習者への理解をふかめる手段の一つとして考えられ、かつ、その学習には「生活の日本語」が入るとも考えられることから、柔軟に対応することになったという。
　日本語学習の様子であるが、参加者は熱心な学習態度をみせ、実際に日本語話者と接し、会話していくことで会話力の伸張が感じられ、気恥ずかしさからか、当初はなかなかしゃべらなかった参加者も、毎週参加することで徐々に慣れ、自分から話しかけてくることも増えるという。また、日本語学習ばかりではなく、同じ出身国・地域の人どうしでの、問題や悩みごとなどを母語で話す場にもなっているが、母語ばかりの会話となってしまい、そのグループだけに頼ってしまうこともあり、これが課題の一つという。

それ以外の事業

これら以外では、先にふれた交流会や日本文化紹介などの事業を不定期で行い、また、ボランティアが料理や日本語コーラスなどの自主的サークルをつくり、活動を実施している。これらのサークルには、かつては日本語を学ぶ立場、つまり「支援」される側であった者が、現在ではリーダーとなって活動しているものもあり、小中学校から「国際教育」などのゲストスピーカーとして招かれることもあるという。エスニック・マイノリティが「支援」される側だけに止まらない姿があるのである。

(2) NPO法人トッカビ

トッカビは1974年に「トッカビ子ども会」として発足し、在日朝鮮人の子どもへの民族教育の実践をすすめた。2002年にはNPO法人化されている。

トッカビの教育実践と運動

トッカビの発足当時、在日朝鮮人の子どもへの民族教育の実践は主に民族学校で行われ、他方では、公立小中学校内での「民族学級」などの取組みが大阪市内で行われはじめていた頃にあたる。トッカビは、民族学校でも公立学校内でもなく、地域での子ども会というスタイルで民族教育の実践を行った。そして、その実践から把握した在日朝鮮人の被差別の実態の解消を目指し、行政への要求運動へと繋げた。先に述べた国籍条項撤廃などの在日朝鮮人運動や「外国人コミュニティ」の実践の中心を担ったのはこのトッカビといっても過言ではない。その教育実践や運動などには多くの日本人の支えがあったが、中心を担ってきたのは在日朝鮮人である。つまり、当事者の立場からの、当事者が求める教育、運動を行ってきた。

先述の通り、トッカビは、在日朝鮮人への民族教育からその実践をはじめたが、近年では、ニューカマーの子どもへの教育実践をも行っている。

現在の主な子どもの事業は、ベトナム・ルーツの子どもたちを対象に2004年度から開始した「ルーツ語教室」である。同教室は、ベトナム・ルーツの子どもがベトナム語を学習する教室である。日本で生まれた子どもや、

いわゆる「ダブル」の子どもたちの参加がほとんどとなり、「ルーツの言葉」という意味から「ベトナム語教室」や「母国語教室」ではなく、「ルーツ語教室」と称している。

　教室は夏休み等の学校休業期間をのぞく週1回土曜日午前に実施され、習熟度別クラス編成での学習が行われている。参加者は小学校入学前の幼児から中学生までであり、トッカビが作成したオリジナルのベトナム語教材を用いて学習を行っている。講師は2名で、結婚で日本に居住するベトナム語ネイティブと、小学生時からこの教室でベトナム語を学んだ青年がつとめている。講師以外にも、教室を卒業した青年が「サポーター」として教室に参加し、子どもへの指導などにあたっている。

　教室の目的は、「ベトナムルーツの子どもたちがベトナム語学習を通じて自己肯定感を育む」、「同じ教室に集う仲間と触れ合うことで、教室が子どもたちの『居場所』になる機能を果たす」、「ベトナム語を学ぶことによって、親子のコミュニケーションをさらに深め、ベトナムの言葉だけでなく、文化や習慣などにも興味を持つこと」である（特定非営利活動法人トッカビ、2018）。つまり、教室は言葉の習得だけが目的ではなく、ピアグループでのなかまづくりなども視野に入っている。実際、週1回の限られた時間のため、先述の学校での母語学習と同様に、ことばの習得は極めてむずかしい。それよりも、教室に集い、ピアグループとふれあい、自己のルーツが絶対に否定されない感覚を保有することでのエスニック・アイデンティティを醸成するための場としての機能の方が、より強い。

成人対象の事業

　トッカビの成人対象の主な事業としては、「外国人市民相談事業」がある。「日本語の問題をはじめ、日本で生活するにあたっての困りごとをサポートするため、2004年度からトッカビ独自で相談活動を展開してきた」ものである（特定非営利活動法人トッカビ 2018）。

　相談事業は、その実績に基づく八尾市への要望から2008年度より行政事業化され、八尾市による事業者公募とプロポーザル、審査を経て、トッカビ

が受託している。現在、ベトナム語対応可能のスタッフが週4回、中国語対応可能スタッフが週1回で実施されている。

2017年度のベトナム語、中国語の相談内容をみると、両者を合わせた相談件数のうち、群を抜いて多いのが「医療・保健」である (特定非営利活動法人トッカビ 2018)。これは相談事業が開始されてから一貫しての傾向である。日本語が不得手なエスニック・マイノリティが医療受診時にことばの問題に直面せざるを得ないためであり、スタッフが依頼者と病院に同行することも多い。

これ以外では、「保険・年金」や、「仕事・労働」にかんする相談もあり、日本語の理解が不十分なことや、出身国・地域とは異なる日本の行政サービスの申請等のしくみを理解していないため、これらにアクセスできないこともある。八尾市ではベトナム語などに翻訳された公的書類も多く、適宜配布されてはいるが、すべてが翻訳されているわけではない。このようなために、年度がかわる時期にはその記入のサポートを求めて多くの相談が寄せられるという。

エスニック・マイノリティが出身国・地域とは異なる日本の行政サービスや制度を理解し、また、日本語の理解が不十分なために不利益を被らないためにも、相談事業は重要である。相談事業は、単に行政サービスの紹介を通訳に仲介させるだけのものであってはならない。その地に暮らす「市民」「住民」の利便性の向上はもとより、エスニック・マイノリティが日本人と同等の行政サービスにアクセスできることによって、自身を日本人と対等の「市民」「住民」として意識する効果を生み、強いては市政への参画意識を高めていくことへと繋げていくべきであろう。

しかしながら、一方では課題もみられる。エスニック・マイノリティが母語での相談に頼り切ってしまうことである。日本語習得の必要性の意欲を削ぎ、かつ、欠如を招く危険を招く場合もあり、いかに、「自立」に繋げていくかが常に問われている。

4　今後の課題

　以上、八尾市におけるエスニック・マイノリティへの「支援」をみてきた。もっとも、より充実した他自治体の事例もあるであろう。しかし、先述した通り、八尾市の「支援」は、オールドタイマーからニューカマーへと継承されているのが際立った特徴である。つまり、そこでは、常に在日朝鮮人の存在が意識されている。また、在日朝鮮人が同じエスニック・マイノリティという立場からニューカマー「支援」に携わっているのも特徴である。当事者視点からの取組みは、より、当事者の立場に寄り添った「支援」を行うことが可能であり、大きなアドバンテージである。

　もっとも、「支援」には大きな陥穽もある。「支援」する側とされる側とが固定化される傾向が生じることである。日本の地域コミュニティにおける日本人とエスニック・マイノリティとの関係でいえば、前者が「支援」する側であり、後者がされる側とならざるを得ないことがほとんどであり、両者の立ち位置は明確である。「強者」たる日本人が「弱者」たるエスニック・マイノリティに手をさしのべる、という関係性を「支援」はつくりかねない危険がある。

　先にみた YIC の取組みでは、「支援」される側であった者が、現在ではリーダーとなって活動している者もあった。このような、「支援」される側であった者が、いつまでもそこに止まらないことを目指した「支援」こそが求められる。「支援」「被支援」の関係の固定化に繋がるような取組みはもとより、エスニック・マイノリティを「弱者」としてアプリオリに捉えることは絶対的に避けるべきである。「支援」される側の人々とは、その置かれたその時々の社会関係によって、たまたま「弱者」となった、されてしまっただけであることを、「支援」する側は常に留意し続けなければならない。「支援」に潜むこのような危険性を警戒しながら、それらを乗り越えるような取組みが求められる。

　その意味では、在日朝鮮人のニューカマーへの取組みは、「支援」される側から「支援」する側への移行ともいえなくもない。ただし、在日朝鮮人が

エスニック・マイノリティであるとはいえども、その日本における社会的、経済的地位を他のエスニック・マイノリティと比較すれば、既に「有利」な立場にあるのは明らかである。つまり、在日朝鮮人によるニューカマー「支援」は、在日朝鮮人がニューカマーに対しては常に「有利」な立場性にあり、その立場性を固定化しかねないという危険性を孕んでもいる。これに留意しない「支援」はありえない。

　以上、本章では、八尾市におけるエスニック・マイノリティの課題解決にむけた「支援」の取組みについて、主に子どもの事例から紹介してきた[9]。当然ではあるが、八尾市でのすべての取組みを紹介したわけではなく、ここで紹介した以外にも様々な取組みがあることを最後に付け加えておきたい。

注

1 　日本の国籍法は、いわゆる「血統主義」であり、外国籍を有する両親から生まれた子は、自動的に外国籍を保有することとなる。
2 　http://www.city.yao.osaka.jp/0000036748.html、2018年9月10日アクセス。
3 　八尾市情報公開コーナー資料「国籍人員別調査票」による国籍（出身地）別では、「韓国」2,908人（「韓国」「朝鮮」合算は3,061人）「中国」1,967人、「ベトナム」1,380人がトップ3である。ただし、これらの数値は国籍による集計であり、日本国籍取得者や、その子どもなどは含まれていない。
4 　本稿では、「外国人」ではなく、エスニック・マイノリティと呼んでいく。「外国人」を「外の国」の人としてのみ捉えるのではなく、日本に暮らし続ける日本社会の一員であり、かつマイノリティであるという意からである。なお、引用や文脈によっては「外国人」と表記する場合もある。
5 　本稿は、紙幅の関係からも八尾市における在日朝鮮人運動等の歴史についてはあつかわず、現在のエスニック・マイノリティへの取組みに限定して紹介したい。
6 　文部科学省の基準により、日本語指導が必要な児童・生徒18人に対して教員1人が加配される。
7 　1982年の第1回開催時の名称は「フェスティバル 韓国朝鮮のうたとおどり」。韓国朝鮮以外の民族クラブが増加したことなどから、1992年から現在の名称となった。
8 　1981年の第1回開催時の名称は「八尾市に住む韓国・朝鮮人児童・生徒のためのサマースクール」。これとは別に1996年より「ベトナム人・児童・生徒のためのサマースクール」が開催されていたが、1999年より両者の同時開催となり、2003年より統合され、現在の名称となった。小学生の部は2日間にわたり開催され、中学生の部は1泊2日の宿泊で行われる。「オリニマダン」は朝鮮語で「子どものひろば」の意である。

9 本稿は、大阪市立大学先端的都市研究拠点「共同利用事業・共同研究公募」助成により、筆者が実施した「都市におけるエスニックコミュニティの地域資源を活かしたまちづくりに関する研究」でのインタビュー記録に多くを依っている。助成していただいた大阪市立大学ならびに、インタビューに対応していただいた八尾市教育委員会職員、八尾市国際交流センター事務局スタッフ、八尾市立小学校教員に感謝いたします。

参考文献

鄭栄鎭、2017、「まちとエスニックマイノリティと包摂」、大阪市立大学都市研究プラザ編『包摂都市のレジリエンス 理念モデルと実践モデルの構築』、水曜社、157-167頁。

特定非営利活動法人トッカビ、2016、『あらたな「コミュニティ」を紡ぐ』-ルーツ語教室10年の実践から』、特定非営利活動法人トッカビ。

特定非営利活動法人トッカビ、2018、「特定非営利活動法人トッカビ2018年度総会議案書」。

部落解放同盟大阪府連合会・解放新聞社大阪支局、1982、『被差別部落に生きる朝鮮人』。

さらに勉強したい人のための文献案内

鄭栄鎭、2014、『八尾のまちと外国人市民』、一般財団法人八尾市人権協会。
　八尾市における、在日朝鮮人をはじめとしたエスニック・マイノリティと日本人との関係の歴史を、「共生」の切口からコンパクトにまとめた一冊。ただし私家版。

鄭栄鎭、2018、『在日朝鮮人アイデンティティの変容と揺らぎ 民族の想像／創造』、法律文化社。
　本章でのべたトッカビ子ども会について、その発足の経緯や運動の言説、運動によって生じた意図せざる結果について、第4章で詳しくあつかっている。トッカビ子ども会と八尾市については、本章の参考文献『包摂都市のレジリエンス』でも取り上げている。

第13章

エリア活性化策と人権保障の交錯
―― 共に生きるまち東九条の形成と変容

石川久仁子（大阪人間科学大学人間科学部社会福祉学科）

本章の概要

　京都・東九条は、戦前の植民地政策を背景に形成された在日コリアン集住地域である。新幹線の乗車駅も兼ねるJR京都駅のすぐ南側に位置し、交通至便な土地である。国際文化観光都市京都の玄関口の直近のエリアは、日本のマイノリティと都市を考えるうえで、二つの特徴的な集団である、被差別部落民と、本研究対象となる在日コリアンの集住が存在する。歴史的に周縁化され、近代都市では都市の拡大発展の際に、地理的には京都市の歴史的中心地の周辺に位置する、典型的な日本の近代の周縁的インナーシティにあたる。2014年ごろからの外国人観光客の急増を背景に、ホテルが建設ラッシュであるが、それまでは新幹線乗車駅にもかかわらず駅前の商業施設が部分的にあるだけであったのは、このような二つの周縁的地域の存在があり、歴史的発展の経緯も複雑であることが背景にある。被差別部落とこれに接する在日コリアン集住地域の北東部周辺は、戦前からの不良住宅地区の系譜をもつ。日本の戦後、都市政策の中で、国事業として公的資本が被差別部落に投下された一方で、在日コリアンに対しては、都市政策が欠如するという対照的な状況が長らく続くことになった。一方、東九条では北側に暮らす被差別部落民と南側に暮らす在日コリアンが、そして高齢者や障害者など様々な生きづらさを抱える人たちがどのように共に暮らしていくのかが内発的に問われてきた。

　本稿においては、東九条に暮らす人々が、歴史的にどのような困難を抱えていたのか、どのような流れから「共に生きるまち」づくりが展開されたのか、そして市営住宅建設を中心とする住環境整備事業が一定の区切りを迎えた2011年以降、「共に生きるまち」がどのように変容しつつあるのか、新たにどのような取組みが起こってきたのか、この変化に東九条がどのように応じていけるのかについて検討する。

1 劣悪な住環境をかかえたまち"東九条"の形成

　1960 年代以降、東九条は約 50 年間、人口は減少しつづけている。1965 年の国勢調査では 30,986 人が暮らしていたが、少子高齢化が進み、2015 年の国勢調査では 16,055 人と半減している。かつては、地域の中に三つの小学校、すなわち山王小、陶化小、東和小があったが、少子化により 2012 年 4 月に三つの小学校と陶化中学校が統廃合、小中一貫校の京都市立凌風小学校・凌風中学校となっている (図 13-1)。

　同じ東九条でも三つの元学区・38 ある町ごとでかなり様相は異なる。北は京都駅八条口に接し、複合商業施設や観光客向けのホテル、飲食店や娯楽施設の歓楽街も立ち並ぶ。しかし、その一角を過ぎれば、古い建物が目立つ街並みに変わる。特に河原通の東側にはいるとその傾向は強まる。

　かつて、東九条、京都府紀伊郡東九条村は京野菜の九条ねぎなど近郊野菜の産地であり、河原町通より鴨川にかけて東側は田畑が広がる閑静な田園地帯であった。しかし、明治維新後、京都市の交通網の整備に伴い工場等が増加、1920 年代から 1930 年代にかけて朝鮮人が暮らしはじめ、繊維・染色業に、また鴨川の護岸工事、東海道線の複々線化工事などの京都市都市整備事業に従事した[1]。以後東九条は京都最大の在日朝鮮・韓国人集住地となった。北隣に京都市最大の被差別部落であった崇仁地区があり、貧困な層を受け入れる土壌があったことも集住の一因とされている (宇野 2001)[2]。

　東九条は戦前、戦後とも劣悪な住環境に悩まされる。戦後まもなく国鉄京都駅の南側、八条口には闇市が形成され、旧植民地からの引揚者などが崇仁・東九条に流入した。朝鮮半島に帰国しようとした他地域の朝鮮人たちが京都駅の南側にある八条口に集まったものの本国が不安定な情勢に置かれていることを知り、周辺地域に止まったという説もある。

　ともかく、駅東南部にある崇仁学区の屋形町からこれに隣接する山王学区 4 ケ町の高瀬川沿いにはバラックなど不良住宅地域が形成された。京都駅を往来する列車の車窓からはちょうど鴨川の沿いのバラックの風景がみえる格好になった。しかし、国際文化観光都市を目指していた京都市にとっては居

住者の生活問題よりもスラムの存在そのものが頭の痛い問題であった。そのような時代に起こったのがオールロマンス事件である。

　オールロマンス事件とは、1951年10月に発行された雑誌『オールロマンス』に京都市職員が崇仁及び東九条を流れる高瀬川沿いに形成されたバラックに暮らす人々をモデルにした「特殊部落」という小説を発表した事に端をする差別糾弾闘争を意味している。運動団体は、この小説は部落差別を煽るものとし、そのような実態を放置してきた京都市の責任を追及した。被差別部落における劣悪な生活実態を放置した行政責任を追及する闘争は全国に広がり、1965年の国の同和対策審議会答申に繋がっている。しかし、京都市の同和対策に基づいて建設された改良住宅には属地属人方式[3]がとられたため、在日コリアンは同和地区で暮らし続けることができず、東九条に流入せざるを得なかった。高瀬川沿いのバラック住民の一部はバラックエリアの近隣に建築された北河原団地[4]に移転したが、バラックの撤去された後も4ヶ町周辺における木造アパートが密集する状況はかわらなかった。

　4ヶ町と並んで、東九条にはもう一カ所、劣悪な住環境下に置かれた町があった。陶化学区の南東、陶化橋から北に向かって鴨川の河川敷1kmにわたって形成された「40番地」である（図13-2）。もともと豚小屋があるだけの河川敷であったが、1950年代後半からにわたって「不法占拠地区」が形成された。この付近では鴨川河川敷のすぐ横に高瀬川が流れていた。この高瀬川と河川敷の間に建つ40番地は学区自治連合会としては、撤去すべき問題であり、4ヶ町や40番地は排除・差別の対象ともなる。なお、河川敷の不法占拠問題そのものは横浜の鶴見川や静岡の安部川、広島の太田川など全国各地にみられた。しかし、他地域では1964年に制定された「新河川法」を契機に建設省や地方自治体による整備が行われ、概ね解消されたという（本岡 2014）。しかし、鴨川の「40番地」の完全解消は2000年を越えることになる。

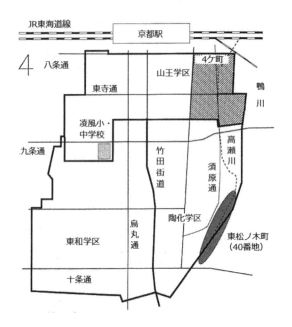

図 13-1　東九条の位置
出典：東九条まちづくりサポートセンター（2011）を一部改変

図 13-2　鴨川の堤防に立ち並ぶ 40 番地（1980 年代）
出典：東九条まちづくりサポートセンター所蔵

2　共に生きるまち"東九条"の形成

　東九条では貧困と差別を核に住宅問題、少子高齢化、民族をめぐる問題など複合的な課題を抱えてきた。このような状況に住民たちは甘んじたわけではない。京都市は1967年「スラム対策基本計画」を立案、東九条対策を本格的に開始することになるのであるが、これも地域改善を求める住民による訴えかけによる。「観光都市の玄関口」を整えようとするスラムクリアランスではなく、地域住民の最低生活を保障するという方向性を住民運動によって京都市から引き出した。東九条においては人間としての当然の生を求める抵抗ともいえる取組みが、1967年以前より2019年の現在に至るまで、住民団体・民族団体・支援団体、そして福祉団体によって展開されている。

　まずは、地域住民による団体の取組みである。現在も活動を行う東九条改善委員会は1982年2月の火災をきっかけに地域住民が自主的に地域環境改善に取り組むべく発足させた地元団体である。夏祭りやもちつきなど地域住民の繋がりづくりを行うと共に、京都市に対して住民の立場から要望や事業の提案を行っている。特に1993年度からはじまった住宅市街地総合整備事業に対しては地元の意見を代表する団体として位置付けられている。

　在日コリアンが多数暮らすまちである東九条には民族団体、すなわち在日本大韓民国民団、在日朝鮮人総聯合会の支部が置かれている。二つの民族団体では生活権の獲得と同時に、相互扶助的な活動も行われている。例えば総聯京都府南支部では、高齢者を対象とした老人会もつくられ、京都市南区社会福祉協議会にも登録されている。長寿会の活動にかんしては、在日本朝鮮民主女性同盟も協力を行っている。女性同盟の活動は在日コリアン高齢者の民族的ケア拠点であるNPO法人京都コリアン生活センターエルファの立ち上げに繋がっている。

　1980年代からは民族団体の枠にはまらないようなエスニックなボランタリーアクションも生まれている。1986年、文学者である梁民基のよびかけによりハンマダンが結成されている。これはマダン劇という民族の文化を継承しつつ、東九条の地で在日コリアンと日本人が共に主体的に文化創造を目

指す団体であり、祖国の発展に寄与しようとする民族団体とは異なる新しい運動であった。ハンマダンの活動は地域を代表する多文化の祭りである"東九条マダン"の誕生に繋がっている。

　東九条マダンは、年1回、地元の小学校を借りて開催されている。地元の保育園や学校、京都市内の民族学校の生徒たちのパフォーマンスなどが行われ、1993年から現在までつづいている(図13-3)。東九条マダンの趣旨の一つは「韓国・朝鮮人、日本人をはじめあらゆる民族の人々が、共に主体的にまつりに参加し、そのことを通して、それぞれの自己解放と真の交流の場を作」ることである。この趣旨はまつりの最後にパフォーマンスされる"和太鼓＆サムルノリ(通称　ワダサム)"に象徴されている。通常、マダンは在日コリアンを中心としたまつりであり、朝鮮の民族楽器によるサムルノリが定番である。しかし、東九条は被差別部落民も数多く暮らす街であり、日本の文化、かつ被差別部落の産業である和太鼓をつかった競演は日本人と在日コリアンが試行錯誤しながらも、共に生きていこうとする願いが込められている。

図13-3　東九条マダン
出典：筆者撮影

3 共に生きることを支える独自の居住支援実践

　東九条においては福祉団体も大きな役割を果たしている。中でも、東九条には在日コリアン高齢者や障害者、身寄りのない日本人高齢者など住まいとケアを同時に必要とするマイノリティが多住傾向がある。東九条には公的な福祉施設も存在するが、これらに加え、マイノリティに対するボランタリーで独自な居住支援の仕組みが構築されている。ここでは三つ紹介する。

　まずは、4ヶ町にある地域福祉センター希望の家による生活支援である。もともと希望の家は1959年、アメリカ人神父によって設立されたセツルメントハウスである。1965年には児童センターを、1967年に希望の家カトリック保育園も開設するなど児童福祉事業を展開する一方、4ヶ町周辺の複合的な課題を抱えがちな住民が暮らし続けるための訪問活動や配食活動などの生活支援を実施している。2011年からは地域福祉センター希望の家が京都市地域・多文化交流ネットワークサロンの運営も受託している。

　二つめは不法占拠地区であった40番地住民が移り住んだ京都市営東松ノ木団地における住宅管理・生活支援事業である。不法占拠かつ鴨川の堤防にあったため40番地は大雨・台風など災害と隣り合わせであり、住民は支援者の協力も得て、安心して暮らすための生活保障を行政に対して粘り強く求めた。その結果、1996年から2004年にかけて鴨川河川敷の一部に3棟の公営住宅建設が実現し、住宅管理・生活支援事業が実施されることになった。京都市による事業であるが、不法占拠地区の自治会による交渉によって実現した。不法占拠地区を支援してきた経緯のあるNPO法人東九条まちづくりサポートセンターに事業が委託されている。具体的には①見守り・相談・家事援助などの気がかりな住民への個別生活支援、②会食会・レクリエーションなどの集会所事業、③自治組織や他の専門機関との連携がその内容である。

　三つめは外国人福祉委員という有償ボランティア活動である。日本の医療福祉現場では、まだまだ文化的背景の異なるクライエントを想定していない。研修をうけた外国人福祉委員が通訳を行ったり、文化的背景を尊重したうえでの相談援助、見守り活動などを実施している。高齢者介護問題の激化を背

景に 2000 年にスタートした介護保険制度は国籍差別がなく本来ならば在日コリアン高齢者にとって役に立つものである。しかし、日本の社会福祉制度は申請主義であり、自分で制度を理解し書類を窓口とやりとりする必要がある。書類の文字が読めなかったり、これまで国籍によって社会保障制度から排除されつづけた経験から外国人高齢者が制度を活用しない、できないことが当初懸念された。そこで、民族団体と学識経験者、ソーシャルワーカーらが京都外国人高齢者障害者ケアネットワークモアを結成し、外国人福祉委員というシステムを考案、京都市の助成をうけながら運営を行っている（石川 2015）。

4 人権保障としての東九条対策と京都駅前活性化策の交錯

では、京都市役所は東九条に対してどのようにかかわってきたのか。東九条に対して京都市は様々な政策を行ってきたが、これらは大きく分ければ地域住民の人権を保障しようとする流れと地域を活性化させようとする流れがある。

人権保障としての流れは 1967 年当時の京都市長がしめした「東九条地区住民の生活上の実態は、憲法に規定する基本的人権並びに社会福祉かかわる重要な社会問題」という認識を出発点としている。1968 年に北東部の 4 ヶ町を対象とした生活実態調査が行われ、隣保館に準じる施設である生活館が設置されるなどの各種福祉施策が重点的に展開されてきた。1993 年からは住宅問題に本格的に切り込んだ「東九条地区コミュニティ住環境整備事業計画」を策定、老朽住宅の買収・除却と市営住宅及び地区施設の整備が行われた。総事業費は 200 億円を超えたが、1995 年の西岩本町における東九条市営住宅の建設皮切りに合計 4 カ所の市営住宅が建設、最後の東岩本市営住宅には京都市地域・多文化交流ネットワークセンターも合築されている。このセンターは東九条地域の歴史的特性から、在日コリアンをはじめ多様な背景をもった人たちが交流し、共生するための社会福祉事業を実施することを目的として京都市が設置したもので、地域福祉センター希望の家に運営が委託されている。

陶化学区の「40番地」においても、1992年に国・京都府・京都市の三者による「鴨川陶化橋上流域環境整備対策本部」が設置され、40番地住民は付近に新たに建設された市営住宅東松ノ木団地に移転するというかたちで「不法占拠問題」が解消されている。前項でみたように、東松ノ木団地には他の公営住宅では実施されていない住宅管理・生活支援事業も実施されている。

　もう一つの流れは地域経済の発展、地域活性化にかかわる政策だ。京都駅前は従来、下京区側の北側を中心に開発されてきた。これに対し、京都市は南区側の八条口周辺の開発が遅れてきたとし、1976年、西山王町周辺を地区指定、京都駅南口地区第一種市街地再開発事業を実施、幹線道路の整備や複合商業施設の整備を行った。1983年に「ホテル京阪」が、1984年に「京都アバンティ」と名付けられた複合商業施設が駅前に開業した。京都市は更なる南口開発を目指し、2001年、京都駅南口周辺地区まちづくり指針をまとめている。まちづくり指針では「新しい施設を誘導するゾーン」が設定されており、2005年、事業地区に既にあった新・都ホテル京都が新館を増築、2011年には「イオンモールKYOTO」が開業している。京都駅八条口から西側にかけて大きな人の流れが生まれている。

　京都駅前も4ヶ町も同じ山王学区ではあるが、駅前を含む竹田街道付近から西側と河原町通より東側で異なる政策がとられてきた。「共に生きるまち東九条」という内発的なセーフティネットづくりは地域活性化の流れの中でマイノリティが排除される可能性を常に感じてきたからこそ進んだのかもしれない。

5　崇仁地区への京都市立芸術大学の移転

　二つの流れによって山王学区の東側は福祉のまちに、山王学区の西側は京都市南部開発拠点となった。このような中、2017年、東九条を文化芸術エリアとして特色付けようとする京都駅東南部エリア活性化方針が京都市から新たに発表された（図13-4）。背景にあるのは、京都市東山区への文化庁の移転、そして崇仁地区への京都市立芸術大学移転だ。

東九条の北隣に立地する崇仁地区は、東九条の形成と深いかかわりがある。崇仁地区は京都で最大の被差別部落であり、大規模であることなどから同和事業の進展が著しく遅れてきた。バブル期には東九条同様、地上げ問題は発生している。かつて、同和対策との関連で地区の大部分をしめる市営住宅にかんして属地属人方式が取られたことや、同和対策終結に伴い稼働年齢層が地区外に移転したこともあり、東九条以上に少子高齢化が進んでいた。地元団体は地域を活性化する公的な施設の移転を切望していた。一方、京都市中心部から外れた感が否めない西京区に位置する京都市立芸術大学は2010年頃から建物の老朽化狭隘化もあり京都市中心部への移転を模索していた。2013年3月、「崇仁地域への移転・整備に関する要望書」を京都市長に提出、地元の崇仁自治連合会及び崇仁まちづくり推進委員会も、これを歓迎するかたちで要望書を提出した。

　崇仁地区の新たなまちづくりは急速に進んでいる。2015年京都市が策定した京都市立芸術大学移転整備基本構想によれば、大学の全面移転は2023年、教育研究成果を発信する施設を一部移転2020年の予定であるが、2015年より、校舎移転の機運を高めようと取り組む「移転整備プレ事業」が実施、学生の制作や作品展示が実施、2018年3月には予定地にある元崇仁小学校の職員室を利用して「ギャラリー崇仁」が開設、市立芸術大学の卒業生の作品が展示されている。

　地元にも新しい組織が生まれている。まず、部落差別の歴史の中で生き抜いてきたまちの人々の思いを発信し、心地よく繋がる社会づくりを目指す崇仁発信実行委員会である。崇仁地域のひとやまちの歴史を発信するためのマガジン「崇仁〜まち・ひと・れきし」の発行やイベントを行っている。これらは元PTA会長や教員、地域外の学生など地元住民を中心にボランティアによって運営されている。もう一つは地元の崇仁まちづくり会役員や大学教員を理事に設立された一般社団法人渉成楽市洛座である。工事開始までの2年半の期間限定でコンテナを活用した屋台村「崇仁新町」を立ち上げ運営している。京都駅から徒歩5分という好立地ということもあり、連日サラリーマンや観光客でにぎわっている。そして、この二つの団体の取組みに京都市

図13-4　京都市立芸大移転予定地及び京都駅東南部エリア活性化方針対象地域
出典：京都市（2017）

立芸術大学学生も参加している。

6　「若者とアート」のモデル地区"東九条"の模索

　JRをはさんだ北側ではこのような新しい動きが生まれているのであるが、南側の東九条ではどうだろうか。東九条では、予定された市営住宅の建設が2011年に終了したことに伴い、東九条地域改善委員会などを中心に、新たなまちづくりを模索する東九条エリアマネジメント準備委員会が発足していた。市立芸術大学移転に向けての機運が高まる2013年7月、東九条エリアマネジメント準備委員会は、差別や貧困など困窮の課題を抱える住民が安心して暮らし続けるための取組みの必要性などは東九条も崇仁と同様であり、「隣接する崇仁地域と東九条地域が一体となった」まちづくり推進を求める

要望書を提出している。このことも伏線となったのか、先に紹介したように2017年、東九条を文化芸術エリアとして特色付けようとする京都駅東南部エリア活性化方針が策定された。若者やアートなど新たなまちづくりは基本的にはまちに歓迎されているが、実際のところどのように住民とのかかわりがあるのか。そもそも、芸術大学は崇仁地区に移転するのであり、崇仁地区と東九条の間には在来線、新幹線の線路が横たわるという空間的な"JRの壁"がある。

　これに対して京都市は2017年度、明確な政策を展開させた。「「文化芸術」と「若者」を基軸とした新たなまちづくり推進事業」(所轄：総合企画局)及び「文化芸術で人が輝く社会づくりモデル事業」(所轄：市民文化局)である。この二つの事業を受託したのは、東山アーティスツ・プレイスメント・サービス(以下HAPS)である。そもそも京都市には京都市立芸術大学以外にも京都精華大学、京都造形芸術大学、嵯峨芸術大学、京都美術工芸大学と五つの芸大が存在し、毎年数千人単位の卒業生を輩出するにもかかわらず、多くの卒業生は京都市外に出てしまう。そこで、若手芸術家等の居住・制作・発表の場づくりを目的に各分野の専門家による実行委員会としてHAPSは2007年発足、若手芸術家と制作スペース、キュレーターや企業などとのマッチングなどを図っている。これらに東九条地域における文化発信と社会包摂とアートをめぐる事業が2017年より加わった形だ。京都駅東南部エリアアートトライアル2017-2018と題して、まちあるき等のワークショップと内外のアーティストによる共演パフォーマンスが開催された。「「文化芸術」と「若者」を基軸とした新たなまちづくり推進事業」は、社会的養護・LGBT・多文化共生の三つの社会的課題をテーマとしたプロジェクトを実行、東九条においては多文化共生プロジェクトが実施された。具体的には「故郷の家・京都」や京都コリアン生活センターエルファの利用者と職員、東松ノ木団地住民とダンサーが数カ月にわたり対話を重ねたうえでの公演『はじめまして、こんにちは今私は誰ですか』が開催された。

　また、民間側から市民の寄付も含めた民間資金で文化活動を推進しようとする新たな動きも生まれている。一般社団法人アーツシード京都による小劇

場「Theatre E9 Kyoto」建設計画である(**図 13-5**)。この建設計画は東九条のまちづくりとも京都市の政策ともまったく異なる脈絡から生じた。左京区で33年間つづいてきた「アトリエ劇研」など若手劇団や学生演劇に活動の場を提供してきた京都市内の複数の小劇場が所有者の高齢化や建物の老朽化などにより2017年に相次いで閉鎖される事態が発生した。京都の演劇の衰退に危機感をもった「アトリエ劇研」ディレクター、現代美術作家らが、一般社団法人を設立し、劇場となる場所を探していた。そんななかみつかったのが4ヶ町にあった株式会社八清の倉庫だった。八清の倉庫を借用し、約100席の「Theatre E9 Kyoto」として改装するために必要な資金1億円を3期にわけて、市民・企業など民間から幅広く集めようとするファンドレージングが現在進行中である[5]。2018年9月の段階で約7000万円が調達、2019年夏のオープンにむけて残り3000万円の資金調達が行われている。

　アーツシードの動きは資金調達と劇場へのリノベーションだけでなく、劇場の地元となる東九条地域との関係づくりにも及んでいる。京都市地域・多文化ネットワークサロンで開催された2017年の東九条夏まつりではアーツシード京都理事の茂木あきらによる狂言が披露された。先に紹介したHAPSによる公演の企画コーディネイトは代表理事のあごうさとしによるものである。あごうは、京都市役所に対して交渉を行うと同時に、小劇場建設が計画された段階より、4ヶ町の地域行事や京都市地域・多文化ネットワークサロンに参加しつづけ、地域との関係づくりを模索しつづけている。ときに、アートディレクターらしい取組みも行っている。2018年6月に実施されたネットワークサロンにある児童館に通う子どもたち参加による劇場づくりワークショップ及び映画づくりワークショップである。東九条地区の住民だけではないが、一般的に舞台にしてもアートにしても、理解しがたいイメージがある。「アトリエ劇研」でもかつて開催されていた子ども向けのワークショップの経験をいかし、芸術表現を通じたコミュニケーションの豊かさなどを平易に伝えるための模索も同時に行われている。

図13-5　Theatre E9 Kyoto　イメージ図

7　空き地・空き家を活用したゲストハウス及び"民泊"の急増[6]

　京都市立芸術大学移転も東南部エリア活性化方針も行政施策であるが、これとは異なる動きにいま東九条は揺さぶられている。ゲストハウスと民泊の急増である。

　世界的な観光都市である京都市を訪れる観光客は増大している。これまで八条口南に位置するホテルは、「ホテル京阪」(1983年開業)「京都第一ホテル」(1991年開業)「ホテルセントノーム京都」(1995年開業)の3カ所であった。大阪・釜ヶ崎、横浜・寿町では地域活性化を図るため比較的安い不動産物件をいかして、海外からのバックパッカーを対象とした宿泊業を起こそうという動きがあったが、東九条のゲストハウスは九条通の「ジェイホッパーズ」(2002年開業)ぐらいであった。

　しかし、2012年頃から様相がかわりはじめた。それまでホテルは京都駅からごく近い場のみに建設されていたのが、2012年にアルモントホテル京

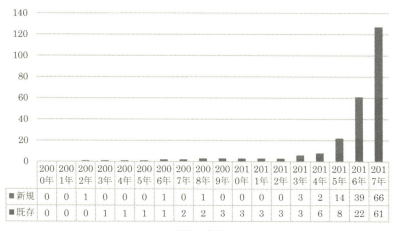

図 13-6　東九条における簡易宿所の推移
出典：筆者作成

都が河原町通沿いに開業した。つづいて、ゲストハウス（簡易宿所）が徐々に開業、2012 年には 3 件しかなかったゲストハウスが 2013 年に新しく 3 件、2015 年に入ると 14 件、2017 年に至っては 10 月までに 56 件と登録件数はうなぎのぼりである（**図 13-6**）。

　京都市でも 2015 年 12 月『「民泊」対策プロジェクトチーム』を立ち上げ、翌年 3 月にかけて京都市内の民泊施設実態を行っている。京都市調査の具体的な内容は Airbnb をはじめとする 8 つの民泊仲介サイトを対象とした宿泊施設の実態調査及び、関連事業者等へのヒアリングである。調査結果として仲介サイトで 2702 件の施設が紹介されていることを確認、最も多い施設がある上位 3 区は下京区 (599 件)、中京区 (470 件)、東山区 (445 件)、東九条がある南区は 168 件であった。所在地が特定できたのは 1260 件と全体の 46、6% と半数にも至らず、旅館業法の許可をうけていたのは 189 件と全体の 7% であった。調査結果をうけて、①民泊施設は無許可営業が多いこと、②宿泊施設周辺の住民は不安に感じている、③宿泊施設の管理ができていない、④半数以上は所在地が特定できないという四つの課題があるとしている。京都

市は「宿泊客と周辺住民の安心・安全の確保」が最も重要だと強調している(京都市 2016)。

東九条におけるゲストハウスは新しく建設・経営される場合もあるが、既存の空き家などを改修して経営されている例も多い。申請者の2割弱は会社組織ではなく、個人名での登録であり、外部からの経営ではなく、地域住民が経営している場合もある。なお、2018年6月15日に住宅宿泊事業法、いわゆる民泊新法が施行される以前には民泊が禁止されている UR 住宅や市営住宅がゲストハウスとして民泊仲介サイトに掲載する疑いのある例もあったが現在はサイト上ではみられない。

8 今後の課題と展望

東九条は、いま大きなターニングポイントにある。もともと、東九条には在日コリアンなどのマイノリティの人権保障という動きと、資本も含んだ地域経済の活性化という二つの動きが同時に進行していた。不良住宅地区の系譜をもつインナーエリアの宿命なのかもしれない。さらに、外国人観光客の増加によるゲストハウスの増加、京都市立芸術大学の崇仁地域への移転に伴う公民とものアート事業の増加するなかで「共に生きるまち東九条」はどうあるべきなのであろうか。いったい何が求められているのか最後に考えてみる。

地域の衰退が各地で課題になっている。このような時代において、特に都市部においては「住んでよし、訪れてよし、働いてよし」の地域像が求められている。暮らしている人の生活が基本的はあるが、そこに参入する人々が求められている一方、京都市全体かもしれないが、新しい住民や参加する主体を警戒する空気がある。しかし、都市とは様々な背景をもつ人間が混ざって住んでいる空間である。ゲストハウスであれ、アーティストであれ、彼らがまちづくりの主体となるのであれば、新しい主体が増えることはまちにとってプラスになることではないだろうか。

その一方で、若者及びアーティストはそもそもまちづくりを第一義的に

やってくる存在でもない。若者は若者、アーティストはアーティストであり、それぞれに自由な行動、表現は保障されるべきだ。彼らに無条件でまちづくりに貢献することを求めるのであれば、それなりのインセンティブづくりが必要ではないか。これまで暮らしてきた人々と新しく訪れる人々が、同じ地平で出会う中からそれぞれの可能性を引き出すアート・マネジメントが求められているのではないか。

　アート・マネジメントとは公演や展示といったアート活動が望まれる結果を得るために、芸術文化組織の目的を明確にし、時代環境の変化に適合させつつ、参加者の欲求を満足させつつ合理的にこれらを動かす業務を合理的に実行する経営戦略のことである (伊藤 2009:13)。1960年代末のアメリカにおいて様々な基金の支援を受けた民間芸術機関の社会的責任としてその必要性がいわれるようになり、1990年代以降、日本においても文化施設の事業実施に際して語られるようになったという。その担い手としては、文化施設や実演団体だけでなく芸術と社会を繋ごうとするアートNPOなどの芸術文化支援団体も登場している。HAPS及びアーツシード京都は京都での活躍の機会を求める若手アーティストたちと東九条で育まれてきた共に生きるまちづくりをどのように繋げるのか、その手腕が問われている。

　しかし、そうなると、「共に生きるまち東九条」は、海外にルーツをもつ人、高齢者、障害者などマイノリティの生活はどのようになるのだろうかという不安もある。が、東九条の中には安心居住を支える居住支援資源は豊富にあり、中でも公営住宅はマイノリティ居住のための砦である。むしろ、これからは民間住宅の活用や膨大に拡がる空き地、公的資金以外の資金、地域内外の市民や企業に対してのファンドレージング、福祉・住宅・経済・アートと幅広い要素に対応できるコミュニティ運営を開発することが必要とされている。

表 13-1　東九条をめぐる主だった動き（京都市の対策を中心に）

1967 年	京都市「京都市スラム対策基本計画」
1971 年	京都市「東九条地域社会福祉パイロットプラン」
1976 年	京都市「京都駅南口第一種市街地再開発事業」（1983 年度事業完了）
1982 年	京都市「東九条改善対策協議会」設置／地元住民による「東九条改善委員会」結成
1989 年	4 ヶ町において地上げ発生「地上げに反対する会」「東九条を守る会」結成
1991 年	京都市「東九条福祉地域改善対策室」設置
1992 年	国・京都府・京都市によって環境整備対策本部設置
1993 年	厚生省 4 ヶ町における「コミュニティ住宅環境整備事業」認可（2004 年度から住宅市街地総合整備事業、2017 年度事業完了予定）
1994 年	東松ノ木町として町名変更・東松ノ木団地第 1 棟完成
1995 年	東九条市営住宅（東九条のぞみの園を合築）完成
2001 年	京都駅南口周辺地区まちづくり指針
2010 年	イオンモール KYOTO オープン
2011 年	東岩本市営住宅（京都市地域・多文化ネットワークセンターを合築）完成
2014 年	京都市「京都市立芸大崇仁地域への移転整備」を決定
2016 年	京都市「京都駅八条口駅前広場整備事業」
2017 年	京都市「京都駅東南部エリア活性化方針」

注

1　1925 年に建設された東九条岩本町に京都協助会の協助会館も増加の一因といわれている。京都協助会とは 1924 年、朝鮮人に対する宿泊や、職業紹介、人事相談、貯蓄奨励など「社会教化事業」の実施を目的として発足した団体である。
2　戦前、崇仁地区にも在日コリアンが集住していた。また、逆に東九条にも崇仁地区出身の住民が少なからず居住しており、生活、自治、運動という複数の側面において同和地区出身者と在日コリアンとのかかわりがある。
3　同和対策事業の対象者の選定にあたり、同和地区に住む部落民であることを条件とすることをいう。
4　北河原団地は新幹線敷設工事のための立ち退き対象となった住民の移転先として建設された。
5　一般社団法人アーツシード京都ホームページ参照　https://askyoto.or.jp/e9/
6　本節及び図13-3 は京都市情報館「旅館業施設一覧（平成29 年11 月30 日現在）」を参照　http://www.city.kyoto.lg.jp/hokenfukushi/cmsfiles/contents/0000193/193116/1130jpn.pdf

参考文献

石川久仁子、2014、「『複合的不利地域』におけるコミュニティ実践に関する研究」関西学院大学審査博士学位論文。

石川久仁子、2015、「外国人集住地区における居住支援実践モデルの開発―民間非営利団体による3つの実践の比較検討から」、『大阪人間科学大学紀要』(14)：1-9頁。

宇野豊、2001、「京都東九条における朝鮮人の集住過程（一）」、『研究紀要』世界人権問題研究センター。

NPO法人京都コリアン生活センターエルファ、2006、『特定非営利活動法人京都コリアン生活センターエルファ5周年記念誌』。

京都市産業観光局、2016、『京都市民泊施設実態調査について』。

小林真理・片山泰輔編、2009、『アーツ・マネジメント概論 3訂版』水曜社。

高野昭雄、2009、『近代都市の形成と在日朝鮮人』人文書院。

地域福祉センター希望の家、2010、『地域と共に50年―希望の家創立50周年記念誌』。

東九条まちづくりサポートセンター、2011、『東九条を知るために～東九条地域の概要と歴史』。

本岡拓哉、2014、「戦後都市における河川敷居住の存続要因」『日本地理学会発表要旨集 2014s (0)』。

さらに勉強したい人のための文献案内

加藤博史、小澤亘編著、2017、『地域福祉のエンパワメント――協働がつむぐ共生と暮らしの思想』、晃洋書房。
　超高齢化社会である日本の地域社会においてどのような福祉実践が求められているのか、外国人福祉委員、地理情報システム、演劇を通じたまちづくりなど京都における新しい挑戦を紹介している。

コラム

東京におけるハウジングファースト型居住支援の実践

杉野衣代（お茶の水女子大学人間文化創成科学研究科博士後期課程）

ハウジングファーストとは？

　ハウジングファースト（Housing First、以下「HF」）は、1992年に米国ニューヨーク市で始まったホームレス支援方式であり、まず先に恒久的な住まいを確保し、その後当事者が必要とするケアを提供するというモデルである。居住生活を送りながら受けられるケアには精神保健サービスが含まれているのがHFの特徴であり、ホームレス状態を繰り返す人、重い精神疾患や依存症を抱えている人などに有効な支援方式である。また、まずケアを受けて行動の変容を求められ、その最終段階で住まいを得られる従来のホームレス支援策（ステップアップモデル）からドロップアウトしてしまう人たちにも適しているといわれている。HFは米国内で40都市以上、カナダ、フランス、イタリア、スペイン、ポルトガル、スウェーデン、オランダ、オーストラリアなど先進諸国で採用され普及している。

　いま、東京でもこの米国ではじまったHFが拡がりをみせている。日本では、2014年に東京において一般社団法人つくろい東京ファンドがこの米国型のHFの実践を開始した。現在HFは、世界の医療団日本、コミュニティホームべてぶくろ、NPO法人TENOHASI、訪問看護ステーションKAZOC、一般社団法人つくろい東京ファンド、ゆうりんクリニック、NPO法人ハビタット・フォー・ヒューマニティ・ジャパンの7団体で構成される「ハウジングファースト東京プロジェクト」が中心になって実践している。また、2019年2月からはLGBT当事者かつホームレス状態の人たち向けのHFが、一般社団法人つくろい東京ファンドが協力する形ではじまっている。こうした東京でのHFは、いわゆる「寄せ

場」ではなく、池袋駅と新宿駅という巨大ターミナルに程近い豊島区と中野区の住宅街で展開されている。これらの地域は簡易宿泊所（ドヤ）などの日雇い労働者向けの資源が乏しいため、アパートなどの空き家を活用しているのが特徴である。支援対象は、ホームレス期間が長く重い精神疾患や依存症がある人たちだけでなく、何らかの理由で公的なホームレス支援制度である自立支援制度が利用できなかった方も対象としている。そのため、ネットカフェなどで不安定な生活を余儀なくされていたものの路上生活経験がない人も支援に繋がっている。

ハウジングファーストの実践

　筆者は、2014年から TENOHASI、世界の医療団日本、べてぶくろの3団体を中心にホームレス支援を実施していた「東京プロジェクト」（後に、前述した4団体が加わり「HF東京プロジェクト」に改称）が実施する炊き出しなどにボランティアとして参加していた。その後、2017年からHF東京プロジェクト構成団体において、ボランティアスタッフとして支援活動に携わりながらアクションリサーチを行っている。筆者が携わった主な支援活動は次の通りである。アパート転宅のための同行支援、アパート入居者宅への訪問、医療機関への同行支援、居場所事業の運営補助、スタッフミーティングへの参加、シェルターの清掃等整備、夜回り・炊き出しへの参加である。

アパート転宅準備のためのシェルター

　東京でのHFでは、路上から直接アパートに移行するのではなく、まずシェルターに数ヶ月間滞在し転宅準備をしてからアパートへ居住する形態をとっている。シェルターはあくまでアパートへ転宅するための準備の場と位置付けられ、例えば就労自立に向けて就労支援を受けるといった自己変容は求められない。しかし、長年の不安定な生活によって心身の不調や債務を抱える人たちもあり、そのような相談を受ければ支援していく。なお、HFで使用するシェルターはすべて個室が確保され

ているのも特徴的である。

　シェルター入居中の基本的な支援は、生活保護の受給や住民票の設定、銀行口座の開設、携帯電話の契約などアパート生活開始に向けて必要な手続きにかんするものである。大抵の人たちはこうした手続きを数ヶ月間で完了した後、不動産屋で自ら物件を選び、物件が決まればアパートへの引越し準備を開始することとなる。シェルター入居中の人たちに同行して一緒に物件を吟味するのは支援活動の中でも楽しいひとときである。

アパート転宅後の居住支援
　多くの人たちは、シェルターから徒歩圏内にあるアパートに転宅していく。シェルター（3ヶ所）がある町は、どこもスーパーや総菜店などの商店が充実しており一人暮らしでも不便がない立地である。なお、生活保護を受給しながらのアパート生活となるため、居住するアパートは生活保護による住宅扶助費の範囲内（東京では単身で一月上限53,700円）の物件となる。

　また、ホームレス経験者へのアパート転宅後の支援はアフターケアと呼ばれ、これをどのように実施するかは今日的な課題となっている。HFでは誰もがアパートで最期まで暮らし続けられるという理念をもち、期限を定めずにアフターケアを行っているためアフターケアが支援活動の中心となっているといえる。実際に、アパートでの独居が難しいとされる依存症をもつ方も精神科診療や訪問看護の利用によってアパート生活の継続が可能となっている。ただ、全員がアパートでの生活が可能という訳ではなく、障害があり手厚いサポートが必要な場合には本人と話し合った上でグループホーム（3年間の通過型。個室）を利用することがある。

　また、HFはケアを受けることを住まいを得るための条件としていないが、実際には多くの人がHF東京プロジェクトが提供する何らかの支援を受けている。その中でも基本的に希望者全員を対象とする居住支援では、生活歴を聞いて目標を設定するといった支援方式をとっておらず、

日頃から本人のニーズを聞いてそれに対応していく方法をとっている。そのため、アパートに訪問してニーズを聞くことが支援活動のベースとなり、実際に筆者は20代から80代までの幅広い年代の方のご自宅を訪問させてもらいニーズの聞き取りをしている。

カフェ潮の路——ホームレス経験者もそうでない人も気軽に集える「場」

　支援に繋がる方の出身地は日本全国に渡り、さらに海外でホームレス状態にあった方もいらっしゃるため、ほとんどの人たちは馴染みのない土地でアパート生活を始めることになる。さらに、ホームレス経験者が社会的ネットワークを形成するのが難しいという実態もあるため、HF東京プロジェクトではカフェや食事会、娯楽会、日中活動など居場所事業が充実している。また、昨年は「BaseCamp」という作業所（就労継続支援B型）も開設し、今後もアパートで暮らしながら利用できる様々な事業の充実が期待される。

　こうしたアパート生活を支える多様な事業の中でも、ホームレスの人もホームレス経験者もそうでない人も気軽に集える「場」が、一般社団法人つくろい東京ファンドが運営する「カフェ潮の路」である。このカフェでは「お福わけ券」という「Pay it forward」のしくみを取り入れているため、お金がある時は「お福わけ券」を次に来る誰かのために購入し、お金がない時は「お福わけ券」を使ってランチが食べられるのである。

　ここには、アパート生活をおくるホームレス経験者を始め、ビッグイシュー販売の合間に立ち寄る方、子連れのママ、はるばる海外から来られた研究者など様々な人が訪れる。カフェは、主にアパート生活をおくるホームレス経験者同士の交流の場であるが、それだけに止まらない。「ビッグイシュー販売者から誘われてホームレスのダンスチームに入った」とか、「子連れのママさんに勧められて子ども食堂の手伝いに行った」などの多様な交流がここから生まれている話を、筆者はホームレス経験者からお伺いしている。

　さらに、カフェ潮の路はホームレス経験者の就労の場でもあり、カフェ

で提供されるコーヒー(もちろんフェアトレード!)の焙煎や販売などを当事者が担っている。このようにカフェ潮の路はHFの実践になくてはならない存在としてにぎわいをみせている。

今後の展望

　HF東京プロジェクトは活動開始からまだ4年目であり、そのしくみはまだ完成していない。これからもアパート生活をおくるホームレス経験者のニーズに合わせて支援活動が拡充されることが期待される。そして、その実践は地域における住まいとケアの提供の一事例として、日本における医療と福祉の提供体制に大きな影響を与えることになるのではないかと筆者は考えている。

コラム

居住支援における社会的不動産業の登場とその実態

水内俊雄（大阪市立大学都市研究プラザ／大学院文学研究科）

路上からアパートへ

　脱ホームレス支援において、長らくホームレス経験者、生活困窮者の地域アパート居住の最前線を追っかけてきた。ホームレス生活、路上から脱却において、1998年から2000年代当初にかけて、多くの路上の人々へのヒアリングを重ねると共に、そうした人々の見守りや脱路上にかかわる、脱ホームレス支援のNPO、民間団体と多く接触するようになった。きっかけは2002年、大阪市の自立支援センターおおよどの山本憲一施設長の下で、アフターケアの研究、調査を大阪府大の中山教授と行う中、脱ホームレスをした人々のアパート居住の実態に触れることがあった。同時におおよどの相談員であった佐々木敏明さんと、「なにわ路情」と題して、路上生活のお役立ち情報を季刊フリーペーパーにして、2003年から5年間、現場に配布したりする中で、公園や河川敷、高架下からどんどん路上生活の人々がみえなくなっていく現状を肌で感じていた。

　脱ホームレス支援への調査研究の軸足を路上から地域のアパート居住に移すきっかけは、この後矢継ぎ早にホームレス経験者の地域居住調査依頼を受けることへと展開していく。2005年の西成区福祉事務所の横石金男さんからの依頼による西成区単身高齢者の地域居住実態調査、2006年には参議院議員松岡徹さん、西成のまちづくり運動家、冨田一幸さんの依頼で、全国のホームレス支援団体の協力を得て、アパート生活の実態の大規模ヒアリング調査、名付けて「もう一つのホームレス全国調査」を行った。2007年には、救護施設今池平和寮の織田隆之さんの

依頼により、アフターケア（通所事業）を受けている人への家庭訪問調査など行った。

ホームレス支援団体はハウジング提供事業体でもある

　当時の北九州ホームレス支援機構（現 NPO 抱樸）の奥田知志代表が主導した、2007 年のホームレス支援全国ネットワーク設立準備会の結成（NPO 化は 2009 年）にひと肌脱ぐことができたのも、こうした全国調査のおかげであった。実はこの全国ネットワーク組織のかなりの団体は、筆者らが中間ハウジングと呼ぶところの宿泊所や支援付き住宅、サポーティブハウスを運営する団体でもあった。日本のホームレス支援の最前線を担う先進的取組み、しかも制度では用意されていない、出来立てほやほやの法律のみが存在する政策領域が新たに生まれた。そこでは、NPO の実践自体が新たな制度やしくみづくりに繋がる、という意味で、ハウジング支援の突き抜けた取組みを蓄積していくことになる。

　この支援にあたって、ハウジングそのもの確保や、中間ハウジング利用後の地域居住において、どのようにアパートを円滑にみつけるか、この過程において不動産業とのかかわりをうまく使っていることを発見した。その不動産業を初めて調査のターゲットとしたのは、2010 年の冨田一幸さんがかかわる NPO から受託した西成区北部での不動産業者調査であった。

不動産業として脱ホームレス支援事業体をみる

　ご存知の通り、大阪市は脱ホームレス支援において、独特の支援トラックを有していた。すなわちあいりん体制の福祉の根幹、更生施設、救護施設、行路病院を使うルートが古くから用意されていた。2000 年代に入り生活保護による居宅保護において、簡易宿所をアパートに転換したいわゆる福祉アパートへの流れが登場し、それでも収まり切らない需要から、地域の一般アパートへの居住も大きく進むようになった。福祉アパート、その先進部分はサポーティブハウスと呼ばれ、実態的には無料

低額宿泊所と似た管理人付き、支援、見守り付きの共居アパートであり、オーナーも簡易宿所経営期より、自ら不動産物件を所有、管理するまさしく社会的大家が、この流れを担った。そして一般アパートについては、地元の不動産業がその周旋を行うことになる。

簡易宿所から転換した福祉アパートについては、釜ヶ崎のまち再生フォーラムを主宰するありむら潜さんや、簡易宿所組合の理事、西口宗宏さんらが編み出した居住のハシゴのアイデアが、このメカニズムをうまく説明した。特に簡易宿所を不動産物件として所有し、この構造体そのものを支援付きアパートに転換し、共同スペースや居場所を用意しつつ24時間管理で運営する在り方は、いってみれば社会的大家があってこそ、実現したものであった。不在のオーナーがほとんどを占める賃貸アパートにおいて、簡易宿所を背景とするこのサポーティブハウス構想は出色の試みとなった。もちろん、こうしたオーナーのことを、社会的大家と呼んだことはなかったが、オーナー自体、社会的ミッションを強く感じるようになったことは大変重要な変化であった。

一方、一般賃貸アパートの周旋をする西成区内のごく普通の不動産業者にとって、ホームレスや日雇い経験者で生活保護者となった人々を受け入れるアパートの紹介は、以前ではそもそも生活保護が取れなかったこともあり、まったく想定外のことであったが、大きく進展することになった。事態は急激に変化した。

少々前置きが長くなったが、2010年の西成区内の調査体験は、サポーティブハウスに加えてそうした一般賃貸アパートを主に生活保護者に周旋する多くの不動産業者への聞き取りや接触する機会が増すことになった。その後の研究の軸足をまた転換する大きなきっかけとなった。

社会的不動産業と名付けて

おりから東京の山谷地域で、簡易宿所を利用しての脱ホームレス支援をしている水田恵代表の主宰するNPOふるさとの会の試みは、NPO自体が簡易宿所の所有者となり、無料低額宿泊所にしたりケア付きアパー

トとしてその支援の効果を大体的にアピールしていた。大阪とは異なり、簡易宿所のオーナーにNPOがなり、NPO自体も株式会社や不動産業をはじめつつ、保証人や保証金の問題をクリアーし、地域生活もサポートする取組みを見て、筆者としては社会的不動産業、社会的大家というネイミングを流布することにした。この社会的大家というタームは、2010年調査で、同僚であった佐藤由美さんが名付けたものであったが、それになぞらえて、社会的不動産業といってみた次第である。

　名付け親みたいになったわけであるが、2015年のふるさとの会研修会において、「『社会的不動産業・大家』による地域再生の可能性」として発表をした際に、ふるさとの会が配布された社会的不動産の解説文は以下のようになっている。

> 「商品・サービス」の流れとお金の流れが行政、NPO、社会的不動産と家主が、新たな社会的分業として、日本版CDC、地域再生にどのような役割を担うのかを見ていく。従来NPOは入居者（利用者）の住まいを探し、家主にお願いして生活支援も行ってきた。対価性が無くても。この役割を変え、NPOは入居者を紹介（営業）することと入居者への生活支援を行う。支援の方法をいわば開発していく。社会的不動産は、入居者営業ではなく物件を確保していく営業「満室経営」。その対価として家主は社会的不動産に管理コスト、サブリースや管理委託。社会的不動産はNPOへ民間委託として生活支援対価を支払う。

社会的不動産業の全国調査

　さらにこの社会的不動産業の実態を明らかにし、その社会性を社会に喧伝するために、厚労省の社会福祉推進事業の補助金を得て、2017年に、「生活困窮者や住宅確保要配慮者に対する居住確保と生活支援を総合的に行う人材の育成に関する研究事業」として、全国で該当すると思われる不動産業者調査を、支援団体の協力を得て行った。詳しくは、

NPO ホームレス支援全国ネットワークの web の参考資料欄からダウンロードしていただきたい。

　では、どこが不動産業の社会的なところなのであろうか？調査の着眼点を紹介する。登場人物は、不動産業者、居住支援団体、賃借人＝住宅確保要配慮者、オーナーである。住宅確保要配慮者（賃借人）は誰、どのような層の人？というところからはじまり、この賃借人を見える化する居住支援団体や公的制度との関係をつかむことが重要となる。次に入居前において賃借人と不動産業者のファーストコンタクトがどんなものであるのかをキャッチすることが重要になるか？中身としてインテイク、アセスメント、スクリーニングから構成される。さらに保証人の付け方が確立されていることや、受け入れる物件そのものの物理的状況も改善されていなければならない。入居後は、入居中の見守り支援が始まり、具体の支援の中身、特にトラブル処理や退去時の処理などが大変重要な業務となっている。

　こうした社会的不動産業の業務の範囲とその流れ、他アクターとの関係、支援を行うにあたってのネットワーク、行政や他団体の連携の中身も社会的、というスタンスの担保になっている。トータルに、こうした支援の経費の出所、ビジネスとして参入するオーナーへの環境づくり、関係づくりなども重要なビジネスの成立要因となっている。

　支援団体からするとアフターケアの領域を、こうした社会的不動産業者による地域での薄い見守り支援がカバーしていることになる。サポーティブハウス、支援付きアパート、無料低額宿泊所等のような濃い支援との間に、違いは当然ある。居住支援団体との連携も含め、不動産業者の得意とする分野と、居住支援団体との分担の絶妙な組み合わせが、社会的といわれるゆえんを高めている。

コラム

浅香地区におけるまちづくりの新たな展開

矢野淳士（AKYインクルーシブコミュニティ研究所）

浅香地区について

　浅香地区は大阪市住吉区にある被差別部落である。1960〜1970年代の浅香地区は、1960年に大阪市によって設置された地区内の北側を覆いつくす地下鉄車庫、西側に拡がる大阪市立大学杉本キャンパス、南側を流れる大和川、東側を南北に走る幹線道路に囲まれ、周辺地域から完全に孤立した不良住宅密集地域であった。浅香地区では、このような状況を打開するため、1965年に住民が立ち上がり、部落解放同盟浅香支部を結成し、以降部落解放運動を軸としたまちづくりを展開してきた。その結果、国による同和対策事業の一環として1960〜1970年代にかけて市営住宅の建設や上下水道等のインフラ整備に止まらず、解放会館（隣保館）をはじめとしたコミュニティ施設、診療所、共同浴場等の建設が進められ、劣悪な住環境が大幅に改善されてきた。さらに、1976年の大阪市との交渉によって実現した1987年の地下鉄車庫撤去後の跡地利用については、周辺の6連合町会(84,000人)も交えた話し合いの場である「地下鉄車庫跡地利用街づくり推進協議会」が中心的役割を果たし、AOTS関西研修センター、我孫子南中学校、特別養護老人ホーム、浅香中央公園、住吉区スポーツセンターといった施設が次々と整備されていった。また、このようなハード面の整備と並行して、教育、福祉、就労等のソフト面にかんしても、解放塾（後の青少年会館）における学習支援、解放会館における総合生活相談、社会福祉法人あさか会(1962年設立、2010年に社会福祉法人熱と光と合併)による介護・障がい福祉事業、アサカ・パーソナル・リレーションズ株式会社(1989年に設立された「浅香環境管理

事務所」が 1997 年に増資し、名称変更)によるビルメンテナンスの仕事づくり等、包括的かつ包摂的なまちづくりが展開されてきた。

　しかし、これまでの一連の同和対策事業の法的根拠となっていた特別措置法（以下、「特措法」）が失効した 2002 年あたりを境目に、浅香地区は新たな課題に直面している。最も大きな変化の一つは住民構成の変化である。もともと浅香地区は幅広い社会階層や世代に属する世帯が暮らす定住コミュニティであったが、1996 年の公営住宅法の改正により導入された応能応益家賃制度と 2002 年の特措法失効以降、市営住宅空き住戸の一般公募が開始されたことにより、比較的世帯収入の高い子育て層が地区外へ転出し、逆に単身高齢者、一人親世帯、障がい者世帯等の生活困窮世帯が地区内に転入してくるという構図により、地区内において偏った住民構成が形成され、再び生活状況が苦しい世帯が集住する地域となってきている。

　また、ハード面にかんしてもここ 10 年大きな変化が起きている。まず、2010 年には多様なまちづくり活動の発信地であり、かつ老若男女を問わず住民の居場所として機能してきた解放会館、青少年会館、老人福祉センターが大阪市の政策により「市民交流センター」として一つにまとめられた。さらに、2016 年 3 月には大阪市の財政難を理由にその市民交流センターまでもが廃止に追い込まれ、地区内外を含めた地域コミュニティの拠点施設が完全に失われることとなった。その結果、地区内には空き施設や空き地が増加し、地域の空洞化が進行している。また、コミュニティ施設がなくなったことで地域住民は居場所を失い、先述の住民構成の不均衡という問題と相まって地域住民どうしのコミュニケーションが希薄になり、毎年数件発生している孤独死によって象徴される「住民の孤立化」が進行している。

新たなまちづくりの展開

　2000 年代に入り新たに直面したこのような地域課題に対応するため、浅香地区は同じく大阪市内の被差別部落で共通した課題を抱えており、

以前から交流の深い加島、矢田、平野地区と共に、2009年に「4地区共同まちづくり研究会」(以下、「研究会」)を発足し、コーディネーター役として大阪市立大学都市研究プラザが加わった。翌々年の2011年に研究会は各地区が抱える課題を詳細に把握するための実態調査を実施した。その調査結果からは、高齢世帯、一人親世帯、障がい者世帯が2000年代に入ってから増加しており、特に単身高齢者の増加傾向が顕著なことが明らかとなった。また、近所付き合いや相談相手の有無にかんする質問に対する回答からは、ほとんどあるいはまったく人と関わらず孤立している住民が一定数存在していることが浮き彫りとなった。

　この結果を受け、研究会ではACHR(居住の権利のアジア連合)によるACCA(地域活動のためのアジア連合)プログラムの活動資金を活用し、浅香地区の市営住宅の1階空き住戸を改装し2013年9月にふれあいカフェ「コスモス」をオープンした。これはコスモスの運営主体である浅香振興町会が大阪市の「コミュニティビジネス等導入プロポーザル」事業に応募し、市営住宅の1階部分を目的外使用することを大阪市から認可され実現したものである。コスモスでは、日曜日を除く毎日10時〜15時までモーニング、ランチ、ドリンク提供のほか、最近では島根県や兵庫県の協力農家から提供してもらった野菜の店頭販売も行っている。もともと2011年の実態調査の結果を受け、高齢者の居場所をつくり、孤独死を防止することを目的としてオープンしたが、この5年間で日々来店する住民のつぶやきを拾うなかで、住民のニーズに合わせた営業形態へと変化してきている。例えば野菜販売にかんしては、ある高齢者の「わたしら玉ねぎ一つ買うのに3時間かかるねんで。」というつぶやきがきっかけとなり開始された。地区内の市民農園で住民が育てた野菜も提供してもらっており、冬場以外はほぼ毎日店頭に野菜が並ぶようになってきている。

　また、ここ数年浅香地区の若者が中心となって活動しているボランティアグループ「チャレンジ会」が市営住宅に居住する高齢者を対象として、「網戸張り替え隊」「MONO捨て隊」といった活動をイベント的に

楽しみながら展開している。前者は梅雨前の5月頃に高齢や経済的理由により自力で網戸を張り替えることが難しい住民宅の網戸の張り替えを行うもので、後者は年末の大掃除の時期に粗大ゴミの運び出しから処分までを行う。いずれも市場価格よりも低廉な料金設定にしており、経費を除いた売り上げは子ども食堂をはじめとしたまちづくり活動の費用に充てている。これらの活動は単に困っている高齢者を支援するということが目的ではなく、地域における若者と高齢者の顔と顔の見える関係性を再構築しながら、今後のまちづくりを担う人材を育成し組織化することを狙いとして実施している。

　これらの高齢者を対象とした活動に加え、子どもの貧困に対応した取組みも開始している。先述したように地区内には一人親世帯が増加しており、これまで子どもの居場所としても機能してきたコミュニティ施設が失われたことにより、地域では子どもの実態が見えにくい状況が生まれている。そこで、2016年9月よりチャレンジ会が中心となり、月1回のペースで子ども食堂を開催し、地域の子どもの実態把握、地域の大人と子どもの顔の見える関係性づくりに努めている。このような活動の中で、困難事例とも言える深刻な課題を抱えた子どもの存在も浮き彫りになってきており、そういった情報を小中学校の教職員と共有しながら今後の取組みを模索している。

今後の展望
　このように浅香地区では、2002年の特措法失効後の地域のハード、ソフト面の変化に対応するための新たなまちづくりを展開してきている。2010年の発足以降、地域課題を共に考えるため、浅香、加島、矢田地区に平野地区を加えた4地区で定例開催してきたまちづくり研究会は、2016年11月に浅香、加島、矢田の3地区が出資金を出し合い、地域共同のまちづくりをさらに進めていくためのコーディネイト組織として「3地区まちづくり合同会社AKYインクルーシブコミュニティ研究所」(以下、「AKY研究所」)という会社組織に発展した。現在は、大阪市立大学都

市研究プラザとの共同研究の一環として、定期的に「子どもの貧困対策セミナー」を開催し、地域の子ども食堂の取組みと連動させるかたちで、地域・大学・小中学校・行政という立場を超えた繋がりをつくる取組みを行っている。また、印刷物のデザイン、印刷製本、テープ起こし等の業務を大学から請け負うことで、周辺地域でひきこもり状態にある方や、事情により在宅でしか仕事できない方の仕事づくりにも取組み始めている。

　もう一つ最後に記しておきたいのが、浅香地区において 2019 年 3 月完成予定の新しいコミュニティ施設のことである。2016 年 3 月に閉館となった市民交流センターの代替施設として、社会福祉法人あさか会が建設し、もともと市民交流センターを委託運営していた一般社団法人よさみ人権協会が施設の管理運営を行うことになっている。新施設では、地域住民による様々なサークル活動の場を提供する貸室事業に加え、地域に貢献することを目的とした個人や団体の活動を支援する地域住民チャレンジ支援事業も展開する予定である。また、民間団体の助成金も活用し、学習支援と食事支援を組み合わせた子ども食堂を毎週開催するほか、高齢者の見守り、ふれあいの拠点として、定期的な見守り訪問や、ふれあい喫茶も行う予定である。今後、新施設を拠点として住民主体による多様な活動を展開しながら、互いに支え合うまちづくりが進んでいくことを期待している。

おわりに

　2011年に台北で、「第1回東アジア包摂都市ネットワークワークショップ」を開催して以来、毎年1回、東アジアの都市がもち回りでワークショップを開催してきた。今年が9回目となり、来年は第10回という節目の時期を迎えている。今後は、これまでの交流の成果を土台に、東アジアの都市間の協力に向けた新たなプラットフォームの形成を目指している。

　こうした都市間の交流や連携に向けた取組みは、実は、これまでも様々な形で行われている。例えば、途上国間の開発協力のための国際的な自治体共同体制として、韓国のソウル市に本部を置く「シティネット(正式名称は、「アジア太平洋都市間技術協力ネットワーク(Network of Local Authorities for the Management of Human Settlements)」が知られている。1987年に設立され、最初は横浜に本部を置きながら活動していた。東アジア、つまり本書でいう北東アジアとして諸国の社会・経済的事情は、シティネットの守備範囲とは異なり、独自の発展パラダイムによる社会・経済的な発展を経験してきた。ただ、各々の都市が抱えている都市問題の様相には相違がみられる。本書は、新たな都市間の交流や連携、そして協力を導いていくための、北東アジア諸国における福祉実践の事例を取りまとめたものである。それは、「はじめに」でも述べているように、本書の背景となっている二つの研究プロジェクトによるところが大きい。筆者らは、プロジェクトの共同研究者として、これまで4年間にわたり、共同研究体制を築き、現地の関連研究者との綿密な連携体制の下、現地での実地調査を進めてきた。これまで国際共同の研究体制の中で、相互に往来しながら、経験知や実践知、そして学知の共有の幅を広げてきた。研究期間中のプロセスや成果を振り返ってみたとき、すべての目的を達成できたかというと、そうではなく、むしろようやく研究の途に就いた、というのが正直な感想である。しかしながら、これまでの研究や実践的な調査過程

の中で、各都市の抱えている様々な都市問題を認識できたことは大きな成果の一つであったと思う。それは、本書でも取り上げられているように、ハードやソフトの相互にまたがる多様な側面への視点を要するものであった。今後は、各々の分野や地域に対する研究や交流をさらに深め、アジア都市の新たなプラットフォームの形成に結びつけていくことを追求していきたい。

　本書の刊行に当たっては、トヨタ財団国際助成プログラムによる助成金の一部を利用した。なお、厳しい出版事情にもかかわらず、快く本書の刊行を引き受けていただいた、東信堂下田勝司社長には、本書の構成をはじめ、様々な側面で助言をいただいた。ここに記して両者に感謝したい。

索引

アルファベット
AKYインクルーシブコミュニティ研究所 10
community based ……………………174
GONGO ……………………………… 40
Green care …………………………208
Mason M. S. Kim ……………………… 19
NIMBY ………………………… 29, 36
SNS ……………………………57, 59-61

あ行
アイデンティティ ……………………223
アクション・トレーニング・プログラム 13
新しい公共 …………………………177
アート・マネジメント ………………251
移住女性自助団体 ……………………147
一般扶助主義 ………………………… 69
移転の自由 …………………………100
居場所 ………………36, 167, 168, 174, 227
違法建築 ………………………… 47, 48
移民 ……………………………………34
　──政策 ……………………………147
岩田正美 ……………………………… 93
インナーシティ ……28-30, 34, 36, 37, 41, 42
ウォルチ、J. ………………………… 27
エスニック・アイデンティティ ………224
エスニック・マイノリティ …………219
エスニック・ルーツ …………………223
エンパワメント ……………………223

か行
外国人市民相談事業 …………………230
外国人労働者 …………………37-40, 42
外来人口 ………………………82, 91, 92
格差 ……………………………… 31, 37
価値伝達 ……………………………180
仮移転先 …………………………57, 61
感動 ……………………………214, 216
管理委員会 …………………………… 50
技能 ………………………210, 215, 216
キャッチアップ型工業化 ……………… 5
居住環境 ……………………………… 86
居住支援 ………………………… 46, 57
空間的排除 ……………………… 79, 92
草の根型 ……………………………180
グローバル化 ……………………… 28
経済型遊民就業促進実施計画 ………… 72
ゲストハウス ……………………248-250
結婚移住女性 ………………………147
合意形成 ……………………………… 61
公共住宅 …………………… 46, 57, 60
公共スペース ……30, 32, 33, 36, 41, 42
公的住宅 ………………………… 47, 48
公的都市 ………………………… 28, 29
国政野党 ……………………………109
国政与党 ………………………108, 109
国民住宅 ……………………………… 48
国民住宅条例 ………………………… 48
戸籍制度 ………………………… 79, 80
子どもの家事業 ………………173, 176
コミュニティアクションのための
　アジア連合（ACCA）……………… 11
コミュニティ・オーガナイジング ……172
コミュニティ実践 ……………………… 7
コミュニティワーカー ………………… 9
コモンズ ……………………………… 9
コンブバン …………………169-171, 173, 179

さ行
再開発 ………………… 28, 29, 32, 34, 37

在日朝鮮人 ････････････････････････220
　――運動 ･･･････････････････ 220, 229
サードセクター ･･････････････････････116
サービスハブ ････････････････････ 27-31
市営住宅（平価住宅）･･････････････ 70
ジェントリフィケーション ･･･････････28, 29
支援 ･･････････････････ 220, 221, 232
自己肯定感 ････････････････････････208
仕事づくり ････････････････････････215
自助ネットワーク ･････････････････ 30, 36
自尊感情 ･･････････････････････････167
失業率 ･･･････････････････････････108
児童センター ･･････････････････････169
児童福祉センター ･･････････････････168
斯文里三期 ････････････････････････ 53
社会開発戦略 ･･･････････････････････ 8
社会救助法 ････････････････････････ 65
社会住宅推進連盟 ･･････････････････ 15
社会人基礎力 ･･･････････････････212, 213
社会適応 ･･････････････ 205-207, 209, 210
社会的企業 ･･････････････････ 120, 123, 124
社会的協同組合 ･･･････････ 121, 123, 125, 126
社会的経済 ･･････････････ 116, 117, 119, 122, 127
社会的排除 ･････････････････････ 6, 79, 93
社会的分極化 ･･････････････････････ 38
社会保障基本法 ･･･････････････････101
借家住民世帯 ･･････････････････････ 49
自由韓国党 ･･･････････････････････108
集権的な政治体制 ･･････････････････ 98
集合住宅管理条例 ･･････････････････ 50
修繕費 ････････････････････････････ 51
住宅資源 ･･････････････････ 30-32, 34, 40, 41
住宅制度 ･･････････････････････････ 87
住宅貧困 ･･･････････････････････ 33, 34
住民参加 ･･･････････････････ 54, 55, 61
就労意欲 ･････････････････････････205
就労支援 ･･････････････････････ 203, 212
主体性 ････････････････････････････174

城中村 ･･････････････････････ 83, 84, 92
城市中的村庄 ･････････････････････ 85
剰余人口 ･････････････････ 27, 29, 30, 34, 36
自立支援 ････････････････････････202
自律性 ･･････････････････････ 210, 211, 215
シンガポール ････････････････････ 31, 37
新自由主義 ･････････････････････････ 29
　――的都市 ･････････････････････ 28
整建住宅 ･･････････････････････ 46-48, 53
制限扶助主義 ･･････････････････････ 69
政策実験 ･･････････････････ 97, 109, 110
生産主義アプローチ ･･････････････････ 3
生産主義的福祉資本主義 ･･･････････ 4
青年求職促進手当 ････････････････109
青年手当 ･･･････････････････ 101, 109, 110
セグリゲーション ･････････････････ 29
説明会 ･･････････････････････････ 55, 56
専業者都市改革組織 ･･･････････････ 15
相互行為秩序論 ････････････････････206
孫立 ･････････････････････････････ 87

た行
台北市国民住宅建設委員会 ･･････････ 48
台北市国民住宅と社区建設委員会 ･･･ 48
台北市政府国民住宅処 ･･･････････････ 48
多文化家族支援センター ･･････････････147
多文化家族支援法 ･････････････････147
多文化家庭 ････････････････････････151
多文化講師 ･･･････････････････････158
地域活性化 ･････････････････････ 243, 248
地域共生社会 ････････････････････132
地域効果 ･･･････････････････････････ 6
地域児童センター ･････････････ 170, 179, 180
地域生活コーディネーター ･･････････132
地域福祉計画 ･････････････････････133
地域包括ケアシステム ････････････132
崔媽媽基金會 ････････････････････ 15
地方自治制度の存在意義 ･････････････ 97

中間施設	32-34, 37
チョーギル	7
賃貸住宅改修事業	16
賃貸住宅市場	89
ディアー、M	27, 30
低収入戸	53, 59
ディズレーリ、ベンジャミン	94
底辺への競争	100
当事者	229, 232
同和対策	237, 244
都市化	84, 86, 92
都市更新	46, 53, 57, 60, 61
都市問題研究所	13
土地収用	83
土地使用権	90
共に生きるまち	235, 239, 243, 250, 251

な行

南機場忠勤里	17
二元社会	83
二重言語教育	147
二重言語教育政策	151, 156
日本語学習	223, 228
人間力	207, 210, 212, 216
農的福祉力	204, 207
農福連携	202, 204, 214-216
農民工	79, 82, 94
野宿者	202

は行

ハイパーメリトクラシー	207
朴元淳	110
朴槿恵	108
剥奪地域	28
発達促進的	175
発達保障	176
バーン、ディヴィット	93
ピアグループ	230

索引　273

東アジア包摂都市ネットワーク・ワークショップ	19
ひきこもり	165, 166
被支援	232
引越し支援事業	16
批評	208, 216
批評精神	207-209
貧困	28, 31, 35, 36
フェイスブック	59-61
福祉国家の理念	111
福祉国家批判	203
福祉政策	100, 110
福祉の磁石	100, 110
父権家族的福祉モデル	150
二つの国民	94
不法占拠地区	237, 241
部落解放運動	220
不良住宅地域	236
不良住宅地区	235
分権的な政治体制	98
放課後支援事業	178
包租代管	46, 57, 60
報復主義	28
保健福祉部	101
ボグンジャリ	13
ボグンジャリチーム	14
母語学習	225
ホームレス	31, 33-35, 202
ボランティアセクター	27, 30, 31, 37
香港	31

ま行

ミジレイ	8
三つの基本方針	54, 57
民族クラブ	223
文在寅	110
持家主義	87

や行
遊民 ………………………………… 65

ら行
ライン（LINE）……………………… 59-61
ルーツ語教室 ………………………229

レジリエンス ……………………… 29
連帯経済 …………………… 116, 117

わ行
ワークショップ …………………55, 56

執筆者紹介（執筆順）

全　泓奎（じょん　ほんぎゅ）　奥付編著者紹介参照。

箱田　徹（はこだ　てつ）
　　所属：天理大学人間学部准教授
　　専攻：思想史、現代社会論
　　最終学歴：神戸大学大学院総合人間科学研究科博士課程修了、博士（学術）
　　主要業績：J・ランシエール著『哲学者とその貧者たち』（共訳、航思社、2019年）、『フーコーの闘争―〈統治する主体〉の誕生』（慶應義塾大学出版会、2013年）等。

コルナトウスキ　ヒェラルド（Kornatowski Geerhardt）
　　所属：九州大学講師
　　専攻：人文地理学、都市社会学
　　最終学歴：大阪市立大学大学院文学研究科博士課程修了、博士（文学）
　　主要業績：『グローバル都市大阪の分極化の新たな位相―日本型ジェントリフィケーションの多様性―』（共編、大阪市立大学都市研究プラザ、2019年）、*Searching the Way Home: Narrating Homelessness in Hong Kong*（共編、St. James' Settlement、2017年）等。

蕭　閎偉（しょう　こうじ）
　　所属：大阪市立大学大学院工学研究科都市系専攻、工学部都市学科・建築学科講師
　　専攻：都市計画、まちづくり、都市デザイン、住宅政策
　　最終学歴：東京大学大学院工学系研究科都市工学専攻博士後期課程修了、博士（工学）
　　主要業績：2018年日本建築学会奨励賞、2017年度日本都市計画学会賞・論文奨励賞、「住民参加による中州地帯の開発計画づくりの実態に関する研究―台北市社子島地区における「生態社子島」を事例に―」『日本建築学会技術報告集』24 (57)、1239-1244頁（日本建築学会、2018年）、「文化財としてのスクォッターの保全・活用とそのプロセスに関する一考察：台北市・宝蔵厳集落における「宝蔵厳国際芸術村」の取り組みを事例に」『都市計画論文集』53 (2)、152-160頁（日本都市計画学会、2018年）。

中山　徹（なかやま　とおる）
　　所属：大阪府立大学名誉教授、大阪市立大学都市研究プラザ特別研究員
　　専攻：社会政策、社会保障
　　最終学歴：中央大学大学院経済学研究科博士課程満期退学。
　　主要業績：「台北市における遊民支援施策研究の意義について」『大阪府立大学地域福祉研究センター年報』2、9-11頁（大阪府立大学地域福祉研究センター、2014年）、『高齢在日韓国・朝鮮人―大阪における「在日」の生活構造と高齢福祉の課題』(共著、御茶の水書房、1997年)。

閻　和平（えん　わへい）
　　所属：大阪商業大学経済学部経済学科教授
　　専攻：都市経済学、住宅政策、中国経済論
　　最終学歴：京都大学大学院経済学研究科博士後期課程経済政策専攻満期退学、経済学博士（京都大学）

主要業績:「価格収入比でみる中国住宅バブルに関する学術知見の整理」『地域と社会』第18号(大阪商業大学比較地域研究所、2016年)、『岐路に立つ中国とロシア』(共著、創成社、2016年)、「中国の社会変容と住宅システム」『平成22~23年研究プロジェクト報告集』(大阪商業大学比較地域研究所、2012年)等。

阿部　昌樹(あべ　まさき)
　　所属:大阪市立大学大学院法学研究科教授、都市研究プラザ所長
　　専攻:法社会学
　　最終学歴:京都大学大学院法学研究科後期博士課程中途退学、博士(法学)
　　主要業績:『自治基本条例』(木鐸社、2019年)、『争訟化する地方自治』(勁草書房、2003年)、『ローカルな法秩序』(勁草書房、2002年)等。

水野　有香(みずの　ゆか)
　　所属:名古屋経済大学経済学部准教授
　　専攻:労働経済学
　　最終学歴:大阪市立大学大学院経済学研究科後期博士課程修了、博士(経済学)。
　　主要業績:「居住福祉問題に挑む社会的・連帯経済組織」『居住福祉研究』25、5-14頁(東信堂、2018年)、「情報化社会における労働の変容:非正規雇用化と間接雇用化の視点から」『名古屋経済大学教職支援室報』1、267-276頁(名古屋経済大学教職課程委員会、2018年)。

野村　恭代(のむら　やすよ)
　　所属:大阪市立大学大学院生活科学研究科准教授
　　　　専門社会調査士、社会福祉士、精神保健福祉士
　　専攻:社会福祉学、社会学
　　最終学歴:大阪大学大学院人間科学研究科修了(人間科学博士)
　　主要業績:『施設コンフリクト―対立から合意形成へのマネジメント―』(幻冬舎、2018年)等、2018年10月~「ハートフルステーション」(YES-fm、毎週水曜10:45~)パーソナリティ。

川本　綾(かわもと　あや)
　　所属:大阪市立大学都市研究プラザ特別研究員、甲南大学・四天王寺大学非常勤講師
　　専攻:社会学
　　最終学歴:大阪市立大学大学院文学研究科単位取得満期退学、博士(文学)
　　主要業績:『移民と「エスニック文化権」の社会学:在日コリアン集住地と韓国チャイナタウンの比較分析』(明石書店、2018年)、「韓国の移民政策と在韓華僑」、全泓奎編『包摂都市を構想する:東アジアにおける実践』(法律文化社、2016年)。

弘田　洋二(ひろた　ようじ)
　　所属:大阪市立大学生活科学研究科特任教授
　　専攻:臨床心理学
　　最終学歴:大阪市立大学大学院生活科学研究科後期博士課程単位取得退学
　　主要業績:「児童養護において求められる『家庭的なもの』について」『居住福祉研究』22、30-36頁(東信堂、2016年)、「若年労働者にみられる抑うつと人格特徴について」『産業ストレス研究』22(4)、293-298頁(日本産業ストレス学会、2015年)。

執筆者紹介

林　徳栄（いむ　どくよん）
　所属：LH土地住宅研究院・住居福祉研究室・責任研究員
　専攻：社会福祉学、居住福祉、居住貧困
　最終学歴：立命館大学大学院先端総合学術研究科修了、博士(学術)
　主要業績：『青年の居住問題と政策方案に関する研究』（共著・研究責任（韓国語）、LH土地住宅研究院、2017年）、「韓国の一九六〇年代における『浮浪児』の生成とその政策：ホームレス歴史の観点から」『生存学』9、288-301頁（生活書院、2016年）。

湯山　篤（ゆやま　あつし）
　所属：大阪市立大学都市研究プラザ特別研究員（PD）
　専攻：公的扶助、貧困、社会保障、福祉の国際比較
　最終学歴：ソウル大学校社会科学大学社会福祉学科（博士）
　主要業績：「長期療養制度の質の管理制度の多様性とその要因：ファジィセット質的比較分析を用いた14か国の比較」、韓国社会福祉研究会、『社会福祉研究』vol.46 (5)、257-283頁、2015年、社会評論（本文、韓国語）、「韓国と日本のホームレス問題の比較研究」、批判学会、『経済と社会』96、328-359頁、2012年、ハヌル出版（本文、韓国語）。

志賀　信夫（しが　のぶお）
　所属：県立広島大学保健福祉学部人間福祉学科講師
　専攻：社会政策、貧困理論、公的扶助
　最終学歴：一橋大学大学院社会学研究科博士後期課程修了、博士（社会学）
　主要業績：『貧困理論の再検討―相対的貧困から社会的排除へ』（法律文化社、2016年）、『地方都市から子どもの貧困をなくす―市民・行政のいまとこれから』（旬報社、2016年）等。

掛川　直之（かけがわ　なおゆき）
　所属：立命館大学衣笠総合研究機構専門研究員
　専攻：司法福祉学、地域福祉援助、都市共生社会論
　最終学歴：大阪市立大学大学院創造都市研究科博士課程修了、博士（創造都市）
　主要業績：『不安解消！出所者支援』（単編著、旬報社、2018年）、『地域で支える出所者の住まいと仕事』（共著、法律文化社、2016年）。

鄭　栄鎭（ちょん　よんぢん）
　所属：大阪市立大学都市研究プラザ特任講師
　専攻：社会学、多文化共生論
　最終学歴：大阪市立大学大学院創造都市研究科博士課程修了、博士（創造都市）
　主要業績：「部落解放運動と在日朝鮮人運動の関係にかんする考察―トッカビ子ども会の事例をめぐって―」『人権問題研究』16（大阪市立大学人権問題研究センター、2019年）、『在日朝鮮人アイデンティティの変容と揺らぎ』（法律文化社、2018年）。

綱島　洋之（つなしま　ひろゆき）
　所属：大阪市立大学都市研究プラザ特任講師
　専攻：農学∩社会福祉学
　最終学歴：京都大学大学院アジアアフリカ地域研究研究科、博士（地域研究）
　主要業績：*An Alternative Way of Agricultural Development by the Koya people in Andhra Pradesh, India*, Rubi Enterprise: Dhaka (2012).

石川　久仁子（いしかわ　くにこ）
　　所属：大阪人間科学大学人間科学部社会福祉学科准教授
　　専攻：社会福祉学、地域福祉学
　　最終学歴：関西学院大学大学院社会学研究科博士課程後期課程単位取得退学、博士（人間福祉学）
　　主要業績：「京都における居住困窮をめぐる実践の変遷」『関西社会福祉研究』5、1-9頁（日本社会福祉学会、2019年）、「共に生き抜くコミュニティづくりの模索」小澤亘・加藤博史編著、『地域福祉のエンパワーメント』（晃洋書房、2017年）。

水内　俊雄（みずうち　としお）
　　所属：大阪市立大学 都市研究プラザ 兼 大学院文学研究科教授
　　専攻：地理学
　　最終学歴：京都大学大学院文学研究科　博士（文学）大阪市立大学
　　主要業績：『グローバル都市大阪の分極化の新たな位相』（都市研究プラザ、2019年）、『都市の包容力』（法律文化社、2017年）。

杉野　衣代（すぎの　きぬよ）
　　所属：お茶の水女子大学大学院人間文化創成科学研究科博士後期課程在学中
　　専攻：社会学
　　最終学歴：上記所属と同じ
　　主要業績：「シェア住居において生活再建を試みるDV被害者の生活実態」『人間文化創成科学論叢』19、255-263頁（お茶の水女子大学大学院人間文化創成科学研究科、2017年）。

矢野　淳士（やの　あつし）
　　所属：3地区まちづくり合同会社 AKYインクルーシブコミュニティ研究所研究員
　　専攻：都市計画
　　最終学歴：大阪大学大学院工学研究科修士課程修了（現在、博士課程在学中）
　　主要業績：「地域共同のまちづくりによる社会的不利地域の再生に向けたアクションリサーチ―AKYインクルーシブコミュニティ研究所の実践」『第8回東アジア包摂都市ネットワークワークショップ発表論文集』90-91頁、2018年、「ホームレスコミュニティによる共同自立に関する研究」『居住福祉研究』15、44-55頁（東信堂、2013年）。

編著者

全 泓奎（じょん　ほんぎゅ）
　生年：1969年ソウル市生まれ
　所属：大阪市立大学都市研究プラザ教授・同副所長
　専攻：アジア都市論、居住福祉論
　最終学歴：東京大学大学院工学系研究科博士課程修了、博士（工学）
　主要業績：『東アジア福祉資本主義の比較政治経済学：社会政策の生産主義モデル』（共監訳、東信堂、2019年）、『包摂都市のレジリエンス：理念モデルと実践モデルの構築』（共編著、水曜社、2017年）、『包摂都市を構想する：東アジアにおける実践』（編著、法律文化社、2016年）、『包摂型社会：社会的排除アプローチとその実践』（法律文化社、2015年）等。

東アジア都市の居住と生活：福祉実践の現場から

2019年6月20日　　初　版第1刷発行　　　　　　　　　　　〔検印省略〕
　　　　　　　　　　　　　　　　　　　　定価はカバーに表示してあります。

編著者Ⓒ全泓奎／発行者　下田勝司　　　　　　　　　　印刷・製本／中央精版印刷

東京都文京区向丘 1-20-6　　郵便振替 00110-6-37828　　　　　　　発行所
〒113-0023　TEL (03) 3818-5521　FAX (03) 3818-5514　　株式会社　東信堂
　　　　　　Published by TOSHINDO PUBLISHING CO., LTD.
　　　　　　1-20-6, Mukougaoka, Bunkyo-ku, Tokyo, 113-0023, Japan
　　　　　　E-mail : tk203444@fsinet.or.jp　http://www.toshindo-pub.com

ISBN978-4-7989-1564-7　C3036 Ⓒ JEON Hong Gyu

東信堂

書名	著者	価格
海外日本人社会とメディア・ネットワーク──バリ日本人社会を事例として	吉原直樹編著	四六〇〇円
移動の時代を生きる──人・権力・コミュニティ	今野裕昭・西原和久・松本行真編著	三三〇〇円
国際社会学の射程 国際社会学ブックレット1──日韓の事例と多文化主義再考	吉原直樹監修 芝真里編訳	二二〇〇円
国際移動と移民政策 国際社会学ブックレット2──日韓の事例と多文化主義再考	西原和久・有田伸編著	二四〇〇円
トランスナショナリズムと社会のイノベーション 国際社会学ブックレット3──越境する国際社会学とコスモポリタン的志向	西原和久	二二〇〇円
外国人単純技能労働者の受け入れと実態──技能実習生を中心に	西原和久	一三〇〇円
開発援助の介入論──インドの河川浄化政策に見る国境と文化を越える困難	坂本幸夫	一五〇〇円
食品公害と被害者救済──カネミ油症事件の被害と政策過程	西谷内博美	四六〇〇円
吉野川住民投票──市民参加のレシピ	武田真一郎	一八〇〇円
園田保健社会学の形成と展開	須田木綿子・天田城介・平岡公一編著	三六〇〇円
社会的健康論	園田恭一	二五〇〇円
保健・医療・福祉の研究・教育・実践	山手茂・米林恭男編	三四〇〇円
研究道 学的探求の道案内	山田昌弘編	二八〇〇円
福祉政策の理論と実際（改訂版）福祉社会学研究入門	平岡公一・黒田浩一郎監修	二五〇〇円
認知症家族介護を生きる──新しい認知症ケア時代の臨床社会学	三重野卓・平岡公一編	四二〇〇円
社会福祉における介護時間の研究──タイムスタディ調査の応用	井口高志	五四〇〇円
発達障害支援の社会学	渡邊裕子	三六〇〇円
東アジア都市の居住と生活：福祉実践の現場から	全泓奎編著	二八〇〇円
東アジア福祉資本主義の比較政治経済学──社会政策の生産主義モデル	メイソン・キム著 阿部・全・箱田監訳	二六〇〇円
東アジアの高齢者ケア──国・地域・家族のゆくえ	須田木綿子・平岡公一・森川美絵編著	三八〇〇円
対人サービスの民営化──行政・営利・非営利の境界線	須田木綿子	二三〇〇円

〒113-0023　東京都文京区向丘1-20-6　TEL 03-3818-5521　FAX 03-3818-5514　振替 00110-6-37828
Email tk203444@fsinet.or.jp　URL:http://www.toshindo-pub.com/

※定価：表示価格（本体）＋税

東信堂

さまよえる大都市・大阪――「都心回帰」とコミュニティ	鰺坂学・徳田剛・西村雄郎・丸山真央 編著	三八〇〇円
日本コミュニティ政策の検証――自治体内分権と地域自治へ向けて〈コミュニティ政策叢書1〉	山崎仁朗編著	四六〇〇円
高齢者退職後生活の質的創造――アメリカ地域コミュニティの事例〈コミュニティ政策叢書2〉	加藤泰子	三七〇〇円
原発災害と地元コミュニティ――福島県川内村奮闘記〈コミュニティ政策叢書3〉	鳥越皓之編著	三六〇〇円
自治体行政と地域コミュニティの関係性の変容と再構築――「平成大合併」は地域に何をもたらしたか〈コミュニティ政策叢書4〉	役重眞喜子	四二〇〇円
被災と避難の社会学	松井克浩	三二〇〇円
故郷喪失と再生への時間――新潟県への原発避難と支援の社会学	関礼子編著	二三〇〇円
豊田とトヨタ――産業グローバル化先進地域の現在	丹辺宣彦・山岡茂徳史・也彦編著	四六〇〇円
社会階層と集団形成の変容――集合行為と「物象化」のメカニズム	丹辺宣彦	六五〇〇円
世界の都市社会計画――グローバル時代の都市社会計画	橋本和孝・藤田弘夫・吉原直樹編著	二三〇〇円
都市社会計画の思想と展開	橋本和孝・藤田弘夫・吉原直樹編著	二三〇〇円
〈アーバン・ソーシャル・プランニングを考える・全2巻〉		
地域社会の政策とガバナンス	岩崎信彦・矢澤澄子監修	二七〇〇円
グローバリゼーション／ポスト・モダンと地域社会	古城利明監修	二五〇〇円
地域社会学の視座と方法	似田貝香門監修	三一〇〇円
〈地域社会学講座 全3巻〉		
防災の社会学〔第二版〕――防災コミュニティの社会設計へ向けて	吉原直樹編	三八〇〇円
防災の心理学――ほんとうの安心とは何か	仁平義明編	三三〇〇円
防災の法と仕組み	生田長人編	三三〇〇円
防災教育の展開	今村文彦編	三三〇〇円
防災と都市・地域計画	増田聡編	続刊
防災の歴史と文化	平川新編	続刊
〈シリーズ防災を考える・全6巻〉		

〒113-0023 東京都文京区向丘1-20-6　TEL 03-3818-5521　FAX 03-3818-5514　振替 00110-6-37828
Email tk203444@fsinet.or.jp　URL:http://www.toshindo-pub.com/

※定価：表示価格（本体）＋税

東信堂

「居住福祉資源」の思想——生活空間原論序説	早川和男	二九〇〇円
検証 公団居住60年——〈居住は権利〉公共住宅を守るたたかい	多和田栄治	二八〇〇円

〈居住福祉ブックレット〉

居住福祉資源発見の旅…新しい福祉空間、懐かしい癒しの場	早川和男	七〇〇円
どこへ行く住宅政策…進む市場化、なくなる居住のセーフティネット	本間義人	七〇〇円
漢字の語源にみる居住福祉の思想	李桓	七〇〇円
日本の居住政策と障害をもつ人	大本圭野	七〇〇円
障害者・高齢者と麦の郷のこころ…住民、そして地域とともに	伊藤静美	七〇〇円
地場工務店とともに…健康住宅普及への途	加藤直樹	七〇〇円
子どもの道くさ	山本中見	七〇〇円
居住福祉法学の構想	水月昭道	七〇〇円
奈良町の暮らしと福祉…市民主体のまちづくり	吉田邦彦	七〇〇円
精神科医がめざす近隣力再建	黒田睦子	七〇〇円
…進む「子育て」砂漠化、はびこる「付き合い拒否」症候群	中澤正夫	七〇〇円
住むことは生きること…鳥取県西部地震と住宅再建支援	片山善博	七〇〇円
最下流ホームレス村から日本を見れば	ありむら潜	七〇〇円
世界の借家人運動…あなたは住まいのセーフティネットを信じられますか？	髙島一夫	七〇〇円
「居住福祉学」の理論的構築	柳中秀權萍	七〇〇円
居住福祉資源発見の旅Ⅱ…地域の福祉力・教育力・防災力	早川和男	七〇〇円
医療・福祉の世界…早川和男対談集	張秀萍	七〇〇円
…岩手県西和賀町のまちづくり	高橋典成	七〇〇円
居住福祉の沢内と地域演劇の湯田	早川和男	七〇〇円
「居住福祉資源」の経済学	金持伸子	七〇〇円
長生きマンション・長生き団地	神野武美	七〇〇円
高齢社会の住まいづくり・まちづくり	山下千代佳夫	八〇〇円
シックハウス病への挑戦…その予防・治療・撲滅のために	後藤田千三	七〇〇円
韓国・居住貧困とのたたかい…居住福祉の実践を歩く	全泓奎	七〇〇円
精神障碍者の居住福祉…宇和島における実践（二〇〇六〜二〇一一）	迎田財団法人光会編	七〇〇円

〒113-0023 東京都文京区向丘 1-20-6
TEL 03-3818-5521 FAX03-3818-5514 振替 00110-6-37828
Email tk203444@fsinet.or.jp URL:http://www.toshindo-pub.com/

※定価：表示価格（本体）＋税

東信堂

〈シリーズ 社会学のアクチュアリティ：批判と創造 全12巻〉

クリティークとしての社会学——現代を批判的に見る眼	西原和久・宇都宮京子 編	一八〇〇円
都市社会とリスク——豊かな生活をもとめて	藤野正弘 編	二〇〇〇円
言説分析の可能性——社会学的方法の迷宮から	三浦直樹 編	二〇〇〇円
グローバル化とアジア社会——ポストコロニアルの地平	吉原直樹 編	二三〇〇円
公共政策の社会学——社会的現実との格闘	武川正吾・重川真直 編	二二〇〇円
社会学のアリーナへ——21世紀社会を読み解く	友枝敏雄 編	二一〇〇円
モダニティと空間の物語——社会学のフロンティア	佐藤敏雄 編	二〇〇〇円
戦後日本社会学のリアリティ——せめぎあうパラダイム	池岡義孝・西原和久 編	二六〇〇円

〈地域社会学講座 全3巻〉

地域社会学の視座と方法	似田貝香門 監修	二五〇〇円
グローバリゼーション/ポスト・モダンと地域社会	古城利明 監修	二五〇〇円
地域社会の政策とガバナンス	矢澤澄子 監修	二七〇〇円

〈シリーズ世界の社会学・日本の社会学〉

書名	著者	価格
タルコット・パーソンズ——最後の近代主義者	中野秀一郎	
ゲオルグ・ジンメル——現代分化社会における個人と社会	居安正	
ジョージ・H・ミード——社会的自我論の展開	船津衛	
アラン・トゥレーヌ——現代社会のゆくえと新しい社会運動	杉山光信	
アルフレッド・シュッツ——主観的時間と社会的空間	森元孝	
エミール・デュルケム——社会の連帯性	中島道男	
レイモン・アロン——危機の時代の再建と社会学	岩城完之	
フェルディナンド・テンニエス——透徹した警世家ゲマインシャフトとゲゼルシャフト	吉田浩	
カール・マンハイム——時代を診断する亡命者	澤井敦	
ロバート・リンド——アメリカ文化の内省的批判者	園部雅久	
アントニオ・グラムシ——『獄中ノート』と批判社会学の生成	鈴木富久	
費孝通の社会学——民族自省の社会学	佐々木衛	
奥井復太郎——都市社会学と生活論の創始者	藤田弘夫	
新明正道——綜合社会学の探究	山本鎭雄	
米田庄太郎——新総合社会学の先駆者	北島滋	
高田保馬——理論と政策の無媒介的統一	川合隆男	
戸田貞三——実証社会学の軌跡——家族研究・民主化と社会学	副田義也	

〒113-0023　東京都文京区向丘 1-20-6　TEL 03-3818-5521　FAX03-3818-5514　振替 00110-6-37828
Email tk203444@fsinet.or.jp　URL:http://www.toshindo-pub.com/

※定価：表示価格（本体）+税

東信堂

書名	著者	価格
放送大学に学んで――未来を拓く学びの軌跡	放送大学中国・四国ブロック学習センター編	二〇〇〇円
ソーシャルキャピタルと生涯学習	J・フィールド 矢野裕俊監訳	二五〇〇円
成人教育の社会学――パワー・アート・ライフコース	高橋満編著	三二〇〇円
NPOの公共性と生涯学習のガバナンス	高橋満	二八〇〇円
コミュニティワークの教育的実践	高橋満	二〇〇〇円
学級規模と指導方法の社会学――実態と教育効果	山崎博敏	二三〇〇円
高等専修学校における適応と進路	伊藤秀樹	四六〇〇円
「夢追い」型進路形成の功罪――高校改革の社会学	荒川葉	二八〇〇円
進路形成に対する「在り方生き方指導」の功罪――高校進路指導のセーフティネット	望月由起	三六〇〇円
教育から職業へのトランジション――若者の就労と進路職業選択の社会学	山内乾史編著	二六〇〇円
教育と不平等の社会理論――再生産論をこえて	小内透	三二〇〇円
マナーと作法の社会学	加野芳正編著	二四〇〇円
マナーと作法の人間学	矢野智司編著	二〇〇〇円
〈シリーズ 日本の教育を問いなおす〉 拡大する社会格差に挑む教育	倉元直樹・大森不二雄編	二四〇〇円
混迷する評価の時代――教育評価を根底から問う	西村和雄・大森不二雄 倉元直樹・木村拓也編	二四〇〇円
教育における評価とモラル	西村和雄・大森不二雄 倉元直樹・木村拓也編	二四〇〇円
《大転換期と教育社会構造：地域社会変革の学習社会論的考察》	西戸瀬信之編	
第1巻 教育社会史――日本とイタリアと	小林甫	七八〇〇円
第2巻 現代的教養 I――地域、的、展開 生活者生涯学習の	小林甫	六八〇〇円
第2巻 現代的教養 II――技術者生涯学習の生成と展望	小林甫	六八〇〇円
第3巻 学習力変革――地域自治と社会構築	小林甫	近刊
第4巻 社会共生力――東アジアと成人学習	小林甫	近刊

〒113-0023 東京都文京区向丘1-20-6
TEL 03-3818-5521 FAX 03-3818-5514 振替 00110-6-37828
Email tk203444@fsinet.or.jp URL:http://www.toshindo-pub.com/

※定価：表示価格（本体）＋税